经济管理学术文库 · 管理类

基于复杂模糊信息的多属性决策方法及其应用

Multi-attribute Decision-making Method Based on Complex Fuzzy Information and Its Application

金　云／著

经济管理出版社
ECONOMY & MANAGEMENT PUBLISHING HOUSE

图书在版编目（CIP）数据

基于复杂模糊信息的多属性决策方法及其应用/金云著．—北京：经济管理出版社，2024. 5

ISBN 978-7-5096-9704-7

Ⅰ. ①基…　Ⅱ. ①金…　Ⅲ. ①决策方法—研究　Ⅳ. ①C934

中国国家版本馆 CIP 数据核字(2024)第 095044 号

组稿编辑：张巧梅
责任编辑：张巧梅
责任印制：许　艳
责任校对：张晓燕

出版发行：经济管理出版社
（北京市海淀区北蜂窝 8 号中雅大厦 A 座 11 层　100038）
网　　址：www. E-mp. com. cn
电　　话：（010）51915602
印　　刷：唐山昊达印刷有限公司
经　　销：新华书店
开　　本：720mm×1000mm/16
印　　张：13. 5
字　　数：249 千字
版　　次：2024 年 6 月第 1 版　　2024 年 6 月第 1 次印刷
书　　号：ISBN 978-7-5096-9704-7
定　　价：88. 00 元

前　言

不确定多属性决策理论作为决策理论的核心，是现代决策科学的重要内容之一。不确定多属性决策相关理论被广泛应用于工程设计、生产与质量管理、供应商选择以及国防军事等领域。近年来，随着决策问题复杂性的提升及决策环境的动态演化，不确定多属性决策的相关理论及实践逐步成为学者关注的焦点，尤其是模糊多属性群决策，引起越来越多学者的关注。然而，在实际决策过程中，复杂和不可预测的环境往往导致更加复杂和困难的主观评价，使得在不确定多属性决策过程中很难准确地度量或量化备选方案，基于传统模糊集等表达的评价信息可能不能准确地反映决策信息固有的不确定性和模糊性。目前，基于直觉不确定语言信息、单值中智集、球形模糊集、情景模糊集和广义正交模糊软集等复杂模糊信息及其决策方法已成为国内外学者的研究热点，其相应的研究成果较为丰富，但在理论及应用方面还有一些不足之处，有待进一步改进和完善。针对现有基于复杂模糊信息的多属性决策理论的局限性，本书将理论方法与实际应用相结合，对多类复杂模糊信息的决策理论进行剖析，提出基于信息集成算子、相关系数等的多属性决策模型和框架，并以数值分析验证本书所提方法的可行性和优越性。

本书包括九章内容。第一章为绪论，主要对复杂模糊信息的决策背景、研究的意义进行分析和阐述，并对基于复杂模糊信息的多属性决策理论的国内外研究现状进行系统梳理和归纳，指出现有理论方法的不足之处，且进一步提出本书的研究内容、思路和方法，由此提炼出本书的创新点和研究特色。

第二章为直觉不确定语言信息集成算子及决策方法研究。依据直觉不确定语言信息理论，结合 Hamacher 算子的优越性，构建了一簇直觉不确定语言 Hamacher 信息集成算子，提出了基于直觉不确定语言信息集成算子的多属性决策方法。此外，本章对这些信息集成算子进行数学证明，并对不同的集成算子进行性质分析和对比分析，扩展并延伸了代数和爱因斯坦信息集成算子在直觉不确定语言变量集中的应用。最后，通过数值分析对所提方法的有效性和优越性进行验证。

第三章为球形模糊信息集成算子及决策方法研究。基于熵在描述不确定信息方面的优越性，以及球形模糊集在表达模糊信息方面的广泛性，提出了球形模糊熵的概念。在此基础上，将球形模糊熵应用于获取未知的属性权重值。依据球形模糊集和对数运算规则，提出球形模糊对数运算规则，并提出一簇对数球形模糊信息集成算子，进而构建了基于对数球形模糊信息集成算子和模糊熵的多属性决策方法，并研究了一系列信息集成算子的幂等性、有界性和单调性等优良性质。最后，通过数值分析对所提方法的有效性和优越性进行验证。

第四章为区间值 T-球形模糊信息集成算子及决策方法研究。鉴于区间值 T-球形模糊集以隶属度、犹豫度、非隶属度和拒绝度四个维度处理不确定和模糊信息，且四个维度都是区间［0，1］的子集，因此相较于 T-球形模糊集，区间值 T-球形模糊集的优势更为明显。基于此，提出一簇区间值 T-球形模糊 Hamacher 信息集成算子，并对所提出的基于区间值 T-球形模糊集的 Hamacher 信息集成算子进行研究，同时对这些算子的相关性质进行讨论，进一步提出基于区间值 T-球形模糊 Hamacher 信息集成算子的多属性决策方法。最后，通过数值分析对所提方法的有效性和优越性进行验证。

第五章为广义正交模糊软粗糙信息集成算子及决策方法研究。作为直觉模糊集和毕达哥拉斯模糊集的拓展，学者 Yager 提出了广义正交模糊集的概念，其最重要的特点是含有参数 q ，当 q 增大时，其涵盖模糊信息的边界范围也增大。因此，广义正交模糊集表达模糊信息更加灵活、更具弹性和适用性。基于此，进一步考虑到软集和粗糙集的相关特征，提出广义正交模糊软粗糙集的概念，并提出一簇广义正交模糊软粗糙信息集成算子，如广义正交模糊软粗糙加权平均算子、广义正交模糊软粗糙有序加权平均算子、广义正交模糊软粗糙混合平均算子等，并对这些集成算子的基本性质进行探讨，进一步提出了基于广义正交模糊软粗糙信息集成算子的多属性决策方法。最后，通过数值分析对所提方法的有效性和优越性进行验证。

第六章为两类复杂模糊信息的新型相关系数及决策方法研究。相关系数是确定模糊环境下对象间相似度的重要工具，将传统的实数集之间的 Pearson 相关系数拓展到情景模糊环境中，提出一种新的 Pearson 情景模糊相关系数及决策方法以解决不确定环境下的情景模糊决策问题。其中，提出加权 Pearson 情景模糊相关系数以获取属性权重，并提出一种基于情景模糊加权相关贴近系数来描述与情景模糊正理想点和负理想点之间的相关程度。考虑到情景模糊集在表达模糊信息方面的局限性，引入 T-球形模糊集，进一步将 T-球形模糊集与相关系数相结合，提出一种新型 T-球形模糊相关系数及决策方法以克服现有方法的局限性，同时对新型相关系数的一些性质进行讨论分析。最后，通过数值分析对所提方法的有效性和优越性进行验证。

第七章为单值中智模糊距离测度及决策方法研究。作为一个混合模糊集，单值中智集可表征不确定、不精确、部分和不一致信息。基于此，提出两种新的单值中智模糊距离测度，进而提出了基于两种新型距离测度的多属性决策方法。通过两种距离测度的数值分析，对比现有不同距离测度以说明提出的两种距离测度的优越性。

第八章为智能产品供应商决策应用。本章研究互联网商业模式下产品智能化对供应商选择的影响、供应链结构的相应影响，以及智能产品供应商评价指标体系构建问题。对比传统产品与互联网模式下智能产品的不同，构建新的智能产品供应商评价指标体系，提出智能产品供应商评价的不确定语言模糊多属性决策方法。

第九章为本书的结论与展望。本章对本书的研究成果和局限进行归纳和分析，并进一步指出后续的研究方向及展望。

目　录

第一章　绪论

第一节　研究背景

多属性决策复杂且跨学科，并不断地演变和发展，吸引了学术界广泛的兴趣。决策者在现实问题中通常需要综合考虑众多属性，而这些属性之间的关系往往是动态且模糊的，给决策过程带来了极大的挑战。因此，为了更准确地描述和解决多属性决策问题，学者们在不同领域积极探索创新的方法和工具。决策理论已成为管理学和经济学的重要理论分支，其有狭义和广义之分，狭义的决策理论包括多属性决策、多目标决策、随机决策、行为决策、群决策和社会选择理论，而广义的决策理论则包括灰色决策、模糊决策和序贯决策等。近年来，多属性决策理论与应用研究备受学者关注，尤其是对模糊多属性群决策相关理论及方法的探讨。

多属性决策指在有限备选方案的基础上做出偏好决策，例如备选方案排序和综合评价，其基本构成包括多个属性、备选方案、属性权重和不同量纲四个特征。备选方案通常由一些相互不兼容的属性描述，各属性的度量单位及相对重要性不一致，属性数量则取决于问题性质。决策时必须考虑属性的相对重要性。一般而言，多属性决策问题可划分为确定型模糊多属性决策、随机型多属性决策和粗糙多属性决策问题等。在决策理论中，由群体做出的决策称为群决策或多人决策。群体可能包括领导集体、代表大会、咨询机构等，其中每个成员都具有独特的长处和喜好。如何有效地收集各成员的意见和建议，充分利用其经验和智慧，最终形成群体认可的意见并作出决策，是群决策所面临的挑战。群决策既具备决策科学性，又注重决策民主性，二者需要协调与统一。

多属性群决策（即限定方案个数的多目标决策）本质上是在已知信息的前提下，通过多个决策专家的讨论形成多套解决方案。在针对这些解决方案时，需要选择合适的方式对备选方案进行排序，最终选取最符合目标的方案。多属性群决策的关键在于决策信息的提取和集成，其中属性权重成为研究的焦点。决策信息的集成则涉及采用何种方式将决策信息集成，并对有限备选方案进行排序。多属性群决策是在有限备选方案的前提下，通过多个决策专家的讨论形成多套解决方案，并采用何种方式对备选方案进行排序和选择最符合目标方案的决策过程。但是在实际决策过程中存在着大量无法或难以量化的专家权重值、属性值和属性权重值等问题。而模糊集理论的不断深化也为多属性群决策问题的研究提供了新的视角和可能性。直觉模糊集、单值中智模糊集、T-球形模糊集、广义正交模糊软集、情景模糊集等多种复杂模糊集的引入，使得研究者们能够更全面、灵活地理解和处理决策问题中的不确定性和模糊性。这些模糊集的广泛应用为多属性群决策提供了一系列创新的理论和方法。

在实际应用中，多属性群决策方法在最优战略合作伙伴选择、经营绩效评价、厂址选择、投资决策、项目评价等领域得到了广泛的应用。然而，虽然已经有一些关于多属性群决策的著作，但在以复杂模糊信息为基础的方法和应用方面的深入研究仍然相对有限。当前的著作主要聚焦于传统的决策方法和理论，对于复杂模糊信息的充分挖掘和应用尚未得到充分关注。

因此，对基于复杂模糊信息的多属性群决策方法与应用的深入研究，将有助于更好地解决现实决策问题，提高决策的科学性和实用性。这也是本书的核心关注点，旨在为决策理论与实践领域的发展贡献新的思路和方法。本书将对各类复杂模糊集的特性进行综合考虑，融合多属性群决策的实际需求，力求提出创新性、可操作的方法和模型。本书意在弥补这一研究领域的不足，旨在深入探究基于复杂模糊信息的多属性决策方法与应用，为决策者提供更为灵活、可行且实用的工具，推动多属性决策领域的发展。通过深入研究复杂模糊信息，我们将致力于构建一套系统而普适的理论框架，以更好地解决决策者在复杂场景中面对的问题。同时，本书还将关注实际应用，通过对具体案例的深入分析和应用，验证所提方法的有效性和优越性，以确保其在实际多属性决策问题中的实用性。通过扩展研究范围和深化理论探讨，本书旨在为决策科学领域的进一步发展提供有益的参考和启示。

第二节　研究意义

多属性群决策作为一个涉及多领域的复杂跨学科的研究课题，在决策理论的发展和应用中发挥着重要作用。本书旨在深入研究基于复杂模糊信息的多属性决策方法与应用，填补了现有著作在以复杂模糊信息为基础的方法和应用方面的相对不足。在理论和实际两个维度上，本书将探讨多属性群决策问题的复杂性，并以此为基础建立创新性的理论框架，力求提供更为精细和全面的工具，以更好地解决决策者在面对复杂场景中的问题时的需求。

一、理论意义

多属性群决策涉及多个决策专家和动态模糊属性关系，其理论研究意义在于推动决策理论的发展。通过对各类模糊集特性的综合考虑，本书力图建立一个系统而普适的理论框架，以更准确地描述和解决多属性群决策问题。本书聚焦于基于复杂模糊信息的多属性决策方法与应用，弥补了现有著作在以复杂模糊信息为基础的方法和应用方面的相对不足。本书专注于模糊集理论的深度应用，特别是单值中智集、T-球形模糊集、广义正交模糊软集以及情景模糊集等的引入，旨在为决策理论的发展提供新的理论思路。本书理论框架的建立不仅丰富了决策理论的分支，还为多属性群决策理论的探索提供了更为精细和全面的工具。

二、现实意义

在实际应用中，多属性群决策方法在最优战略合作伙伴选择、经营绩效评价等领域展现了广泛的应用前景。然而，尽管已有著作涉及多属性群决策，但对于基于复杂模糊信息的深入研究仍显得相对有限。本书的现实意义在于填补了这一研究领域的不足，强调在复杂模糊信息环境下的多属性决策方法与应用。通过对具体案例的深入分析和验证，将证实所提方法在实际决策问题中的实用性。此实践验证旨在为决策者提供更灵活、可行且实用的决策工具，促进决策理论与实践领域的进一步创新。对复杂模糊信息的深入研究和实际应用，将进一步丰富多属性群决策理论与方法，并为决策科学提供有益的理论参考和方法启示。

第三节　国内外研究现状

基于不确定信息的多属性决策作为现代决策科学的重要内容之一，已经成为国内外学者的研究热点。本节主要简述国内外学者的相关研究成果，大体分为以下五个方面：

一、不确定信息的拓展与应用研究

多属性决策（Multi-Attribute Decision Making，MADM）是决策学中最著名的分支，旨在多个属性相互冲突的情况下，从一组方案中选择最合适的备选方案。鉴于决策问题的不确定性和决策条件的模糊性，多属性决策因易于应用而被认为是一种重要的技术。为了解决信息不确定性的问题，Zadeh[1] 提出模糊集（Fuzzy Set，FSs）理论，它在［0，1］区间上描述隶属度（Membership Degree，MD）信息，为处理不确定性提供了一个灵活的工具。考虑到 FSs 仅描述 MD 信息的单一和局限性，Atanassov[2] 提出直觉模糊集（Intuitionistic Fuzzy Set，IFS）的概念，可同时描述 MD 和非隶属度（Non-Membership Degree，NMD）的信息，两者之和位于［0，1］之间。尽管 IFS 为处理不确定信息提供了更好的依据，但它仍存在一定的限制，且几乎不存在灵活性。因此，Yager[3-4] 提出了毕达哥拉斯模糊集（Pythagorean Fuzzy Set，PyFS）和广义正交模糊集（q-Rung Orthopair Fuzzy Set，q-ROFS）的概念，这两种模糊集理论放宽了 IFS 的限制条件，从而在处理 MD 和 NMD 信息时更具灵活性。此外，Atanassov[5] 通过改进 Zadeh[6] 的区间值模糊集（Interval-Valued Fuzzy Set，IVFS），提出了区间值直觉模糊集（Interval-Valued Intuitionistic Fuzzy Set，IVIFS）的概念，IVIFS 保留了区间［0，1］的子集而非精确数表示 MD 和 NMD 的优点。基于此，Peng 和 Yang[7] 进一步提出了区间值毕达哥拉斯模糊集（Interval-Valued Pythagorean Fuzzy Set，IVPyFS）的概念，Joshi 等[8] 提出了区间值广义正交模糊集（Interval-Valued q-Rung Orthopair Fuzzy Set，IVq-ROPFS）的概念。尽管 IFS、PyFS 和 q-ROFS 理论可处理不确定和复杂信息，但仅能表达决策者肯定、否定的态度，而对中立或放弃的态度无法体现，即忽略了中立度（Neutral Degree，AD）和拒绝度（Refusal Degree，

RD），导致信息存在丢失的情形。因此，Cuong 和 Kreinovich[9] 提出了基于 MD、AD、NMD 和 RD 四个维度的情景模糊集（Picture Fuzzy Set，PFS）的概念，其 MD、AD 和 NMD 之和位于区间［0，1］。基于此，Cuong 和 Kreinovich[9] 进一步提出了区间值情景模糊集（Interval-Valued Picture Fuzzy Set，IVPFS）理论，Liu 等[10] 对其做了进一步研究，且 IVPFS 理论已被一些学者应用于诸多领域[11-13]。考虑到情景模糊集只能刻画隶属度、中立度和非隶属度小于等于 1 的情况，而在日常生活中往往出现它们之和会超过 1 的情况。例如，如果一个人以隶属度、中立度和非隶属度的形式对某一特定对象给出偏好是 0.7、0.3 和 0.5，那么这种情况显然不是用情景模糊集能够处理的。因此，Mahmood 等[14] 放宽了 PFS 的约束条件，提出了球形模糊集（Spherical Fuzzy Set，SFS）和 T-球形模糊集（T-Spherical Fuzzy Set，TSFS）的概念，其中 MD、AD 和 NMD 的范围是不受局限的。Ullah 等[15] 进一步提出了区间值 T-球形模糊集（Interval-Valued T-Spherical Fuzzy Set，IVTSFS）的概念，其中 MD、AD、NMD 和 RD 为区间［0，1］的闭合子区间，而不是［0，1］中的精确数，一些学者在众多领域对 TSFSs 理论进行广泛应用[16-21]。

此外，Pawlak[22] 提出了粗糙集理论，该理论将经典集合论推广到处理不精确、模糊和不确定信息中。根据粗糙集的定义，一个泛集的特征是两个近似集，即上近似集和下近似集，其中上近似集由与子集具有非空交集的备选方案组成，下近似集由包含子集的备选方案组成。基于此，众多学者基于非等效结构来构建广义结构[23-29]。Chakrabarty 等[30] 提出了粗糙集和 IFS 的混合结构，即 IF 粗糙集（IF Rough Set，IFRS）的概念，IFRS 成为研究者们的热点和前沿领域[31-34]。

Molodtsov[35] 提出了著名的、开创性的软集（Soft Set，S_tS）概念，它是对经典集合论的概括，摆脱了当代理论所面临的复杂性。S_tS 理论是处理不确定、模糊和不精确数据的强大数学工具。众多学者将 S_tS 和 IFS、PFS、q-ROFS 相结合，提出一些新的模糊集概念。如 Maji 等[36-37] 将 S_tS 与模糊集和 IFS 相结合，提出了模糊 S_tS 和 IFS_tS。Agarwal 等[38] 进一步提出了广义 IFS_tS 的概念。Hussain 等[39] 将 S_tS、粗糙集和 PyFS 相结合，提出了 PyF 软粗糙集的新概念。Riaz 和 Hashmi[40] 将 S_tS、粗糙集、PyFS 和 m-极模糊集相结合，提出了 PyFS m-极软粗糙集的新概念。Hussain 等[41] 提出了 q-ROFS_tS 的概念。

二、不确定信息集成方式研究

在决策信息融合的过程中，信息集成算子发挥着至关重要的作用。Xu[42] 研究了 IF 环境下的一系列集成算子，包括 IF 加权平均（IF Weighted Averaging，IF-WA）算子、IF 有序加权平均（IF Ordered Weighted Averaging，IFOWA）算子和 IF 混合平均（IF Hybrid Averaging，IFHA）算子。Xu 和 Yager[43] 提出了一系列几何算子，即 IF 加权几何（IF Weighted Geometric，IFWG）算子、IF 有序加权几何（IF Ordered Weighted Geometric，IFOWG）算子和 IF 混合几何（IF Hybrid Geometric，IFHG）算子。基于此，Zhao 等[44] 利用 IF 信息进一步提出了广义 IF-WA、广义 IFOWA 和广义 IFHA 算子。Wang 和 Liu[45-46] 利用 Einstein 算子，提出了 IF Einstein WA（OWA）算子、IF Einstein WG（OWG）算子。考虑到 IFS 表达范围有限，Yager[47] 基于 PyF 信息提出相应的 WA 算子。鉴于属性间的相关性，结合 Choquet 积分的优良性质，Peng 和 Yang[48] 提出了 PyF Choquet 积分平均算子和 PyF Choquet 积分几何算子。Garg[49-50] 提出了一些 PyF Einstein 平均算子和 PyF Einstein 几何算子，并分析了这些算子的特征。考虑到 Hamacher 算子的灵活性，Wu 和 Wei[51] 进一步提出了基于 Hamacher 算子的 PyF 平均算子和几何算子。基于决策者对评估对象的熟悉程度，Garg[52] 提出了置信 PyF 加权平均算子和置信 PyF 有序加权平均算子，并研究了这些算子的性质。Wei 和 Lu[53] 提出了 PyF 幂平均算子和 PyF 幂几何算子，并对两个算子的特性进行分析。Wei[54] 利用 PyF 信息提出一些交互平均和几何算子。鉴于 IFS 和 PyFS 表达范围的局限性，Liu 和 Wang[55] 进一步提出了 q-ROF 加权平均（q-ROF Weighted Averaging，q-ROFWA）算子和 q-ROF 加权几何（q-ROF Weighted Geometric，q-ROFWG）算子。Liu 和 Liu[56] 将 Bonferroni 平均（Bonferroni Mean，BM）算子与 q-ROFS 相结合，提出 q-ROF BM 算子，并研究了 q-ROF BM 算子的性质。Jana 等[57] 提出了 q-ROF Dombi 平均聚合算子和几何聚合算子，并分析了这些算子的基本特征。Wang 等[58] 将 Muirhead 平均（Muirhead Mean，MM）算子与 q-ROFS 相结合，提出 q-ROF MM 算子等。Joshi 和 Gegov[59] 在 q-ROF 环境下，结合置信度的概念，提出了一簇信息集成算子，如置信 q-ROFWA（Fonfidence q-ROFWA，Cq-ROFWA）算子、置信 q-ROFWG（Confidence q-ROFWG，Cq-ROFWG）算子、置信 q-ROFOWA 算子和置信 q-ROFOWG 算子。Yang 等[60] 提出了 q-RO 正态模糊集的概念，并定义了 q-RO 正规模糊集的运算规则和得分函数。同时提出了一簇信息集成算子，如 q-RO 正态模糊加权平均（q-RO Normal Fuzzy Weighted Averaging，q-RONFWA）和 q-RO 正态模糊有序加权几何（q-RO Normal Fuzzy Ordered Weighted Geometric，q-RONFOWG）算子。此外，Hussain 等[61] 提出犹

豫 q-ROFWA 算子和犹豫 q-ROFWG 算子，并讨论了它们的性质。Hussain 等[62]基于 q-ROF 信息提出广义平均算子和群广义平均算子。

针对 S_tS，也有众多学者对其集成算子进行研究，Ali 等[63] 改进了现有 S_tS 理论中的一些定义和算子。Arora 和 Garg[64] 提出 IFS_t 加权平均（IFS_t Weighted Averaging，IFS_tWA）算子和 IFS_t 加权几何（IFS_t Weighted Geometric，IFS_tWG）算子。Garg 和 Arora[65] 基于广义 IFS_tS 提出一些幂平均算子和几何算子。Arora[66] 基于 Einstein 算子提出相应的 IFS_tWA 和 IFS_tWG 算子。Hussain 等[41] 将 S_tS 与 q-ROFS 相结合，进一步提出 q-ROFS_tS 的概念，并提出一系列信息集成算子，如 q-ROFS_t 加权平均（q-ROFS_t Weighted Averaging，q-ROFS_tWA）算子、q-ROFS_t 有序加权平均（q-ROFS_t Ordered Weighted Averaging，q-ROFS_tOWA）算子和 q-ROFS_t 混合平均（q-ROFS_t Hybrid Averaging，q-ROFS_tHA）算子。

此外，Verma[67] 提出了广义 Bonferroni 平均算子，Verma 和 Sharma[68] 提出了利用直觉模糊信息测量不精确度的方法。Ashraf 等[69] 提出了基于 t-norm 的球形模糊集成算子。Jana 等[70] 构建了几种用于情景模糊决策分析的 Dombi 集成方法。Ashraf 等[71] 利用 t-norm 和 t-conorm，提出了情景模糊加权几何集成算子来处理多属性决策问题。

三、不确定信息测度研究

距离测度、相似性测度（Similarity Measure，SM）和相关系数（Correlation Coefficient，CC）是模糊集理论中非常重要的信息度量工具，已被广泛应用于各个领域，如模糊识别、医疗诊断、聚类分析、供应商选择等。其中，相似性测度和相关系数是在［0，1］的范围内量化目标间关联性的实值函数。SM 和 CC 两者性质类似，均通过距离维度来分析目标间的相似程度。针对 SM 与模糊集理论的结合研究，Hwang 等[72] 提出了一种基于 Hausdorff 距离的新型测度方式来研究 IFSs 间的相似性。Zeng 等[73] 基于社会网络构建了一种新的多属性决策模型，通过直觉模糊信任 SM 来确定决策者的权重值，并将其应用于评估数字化改革。Boran 和 Akay[74] 提出一系列 IFS 环境下的 SMs，并将其应用于模式识别领域。鉴于 IFS 表达范围的局限性，Firzoja 等[75] 探讨了 PyFSs 的相似性测度。Zeng 等[76] 提出了应用于无人配送车评价的 PyFS SM 及相应的集成算子。Zhang 等[77] 提出了一种新的基于指数函数的 PyFS SM，并讨论了其在模式识别、医疗诊断、企业资源规划系统选择方面的应用。作为 IFS 和 PyFS 的拓展形式，q-ROFS 表达模糊信息更为灵活，Farhadinia 等[78] 创新性提出一系列 q-ROFS SMs，并讨论了其在多属性决策案例中的应用。Garg 等[79] 提出了一种复杂 q-ROFS 的广义 Dice SM。鉴于 IFS、PyFS 以及 q-ROFS 无法表征决策者否定或中立的态度，Luo 和 Zhang[80] 提出了一种新的 PFS 环境下的 SM。Zhao 等[81] 提出了一种基于 PFS 的距离度量，并研究了其在多属性决策环境中的应用。Verma 和 Rohtagi[82] 提出了一种基于 PFS 的 SM 框架，并分析了其在模式识别和医学诊断中的应用。针对 CC 与模糊集的结合研究，Mitchell[83] 提出了一种 IFS 间的 CC，并研究了其应用领域。Thao[84] 提出了一种新型 IFS 环境下的 CC 模型。Garg 和 Rani[85] 提出了一类稳健 CC 用于处理复杂 IFS 间的相似性度量。考虑到 IFS 表达范围的局限性，Thao[86] 进一步提出了新型 PyFS 环境下的 CC 模型，并分析其在模式识别案例中的应用。同时 Garg[87] 针对 IFS CC 的局限性，提出了一种新型 PyFS CC 和加权 CC，并分析了其在模式识别和医疗诊断中的应用。一种适用于立方双极 FSs 的 CC 被 Riaz 等[88] 研究讨论。考虑到 IFS 和 PyFS 表达范围的局限性，Mahmood 和 Ali[89] 利用 q-ROFS 表达模糊信息的灵活性和广泛性，提出了一种基于熵测度和 CC 的 TOPSIS 模型，并分析其在防火墙产品选择中的应用。Singh 和 Ganie[90] 提出了一种 PFS 环境下的 CC，并将其应用于模式识别领域。Joshi 和 Kumar[91] 提出了一种基于 PF 加权 CC 的新型 VIKOR 模型。

四、多属性决策模型与方法

多属性决策由经典信息拓展到模糊信息，再到多种类型模糊信息，在理论上丰富了多属性决策的理论和方法，并且进一步适应了实际应用中存在的种种模糊性。李兴国[92] 构建了基于灰色关联分析的犹豫模糊多属性决策模型，将之应用于中外大学评价体系的相关性研究中。具体而言，根据隶属度由离散且数值不等的犹豫模糊数组成的犹豫模糊集，提出基于灰色关联的犹豫模糊多属性决策模型，对中国大学评价体系与 ESI 评价体系的相关性进行分析，结果显示该方法与应用统计学中常用方法所得结果是一致的。王军[93] 基于 PyFS，提出了毕达哥拉斯模糊信息集成算子，在正交模糊信息集成方法和多属性决策方法，以及广义正交模糊信息集成方式的基础上，提出一系列广义正交模糊信息集成算子。Peng 和 Yang[94] 对现有的 PyFS 的集成方法进行了总结，并建立了优劣势排序的多属性决策方法。Zhang[95] 提出了一种基于贴近度的 PyFS 多准则决策方法。Zeng 等[96] 提出了基于混合距离测度的毕达哥拉斯模糊决策方法。

钟方源[97] 在考虑方案可比性及属性关联性的基础上引入模糊理论，通过产品创新设计方案的选择拓展了模糊信息形式在此类方案选择问题中的应用。Herrera 等[98] 研究了群决策问题，其中专家提供的关于备选方案的评价信息可以通过不同的偏好表示结构（偏好排序、效用函数和乘法偏好关系）来呈现，通过转换函数将偏好排序和效用函数与乘法偏好关系相结合，利用有序加权几何算子集成信息对备选方案进行排序。Xu[99] 探究了一致性问题，为群决策中的应用奠定了理论基础。Wei 等[100] 构建了一种基于 PFS 的投影方法，将其应用于新兴技术公司的评估。Wang 等[101] 提出了一种归一化的 PFS 投影方法，并将其应用于建设项目的选择中。Zhang 等[102] 提出了一种基于 PFS 的近海风电场选择方法。Zeng 等[103] 构建了一种新的 PFS 信息测度，并将其用于解决医疗诊断和模式识别问题中。此外，Liu 和 You[104] 以及 Zhang 等[105] 进一步丰富了现有模糊多属性决策方法。

五、供应商选择方法和智能产品供应商决策

供应商决策是企业的一项重要决策，在供应链条件下选择合适的供应商，对于提升供应链的整体竞争能力具有重要意义。在供应链管理中，供应商是供应链的制造中心、质量成本控制中心和售后服务保障中心。因此，供应商既是供应链运行的基础，更是企业获取供应链核心竞争力的关键[106]。

第一，供应商评价指标体系一直是国内外学者的研究热点问题。Dickson[107] 最早系统地研究了供应商评价问题，他通过调查 170 个采购代理和采购管理者总结出 23 个供应商选择准则。Jiang 和 Han[108] 扩展了 Dickson 的研究成果，通过对 74 篇供应商选择文献的分析，得出价格、交货期、质量与能力是最重要的评价指标的结论。Wilson[109] 构建了由质量、价格、服务、技术等构成的指标体系。Yahya 和 Kingsman[110] 构建了基于 Saaty 的层次分析过程方法的新方法，该方法能够解决多标准决策问题，克服了与分类和简单的线性加权平均标准排序方法相关的困难，最后基于层次分析法给出了各指标的权重系数。邹平和袁亦男[111] 构建了 4 个一级指标和 18 个二级指标组成的供应商评价指标体系。关于供应商评价指标体系方面，可参见马士华和林勇[112] 的《供应链管理》、胡奇英[113] 的《供应链管理与商业模式：分析与设计》、郭亚军[114] 的《综合评价理论、方法及应用》和苏为华[115] 的《综合评价技术的扩展与集成问题研究》等文献。

第二，关于供应商的选择方法，一是定性选择方法，这类方法简单易行，但主观性太强，在实际应用中难以得到准确的结果，如协商选择法、基于经验的直观判断法等。二是定量选择方法，这类方法在确定环境下可以解决特定的问题，但也仅限于确定性的评价指标，而对于一些难以量化的定性指标，则难以满足供应链环境下不确定信息的处理要求，如成本分析法[116]、线性加权法[117]、绿色包络分析法[118]、灰色关联分析法[119]、扩展的 VIKOR 法[120-122]、多目标整数规划模型[123-125] 等。三是定性与定量相结合的选择方法，这类方法通过建立相适应的供应商选择组合模型和量化评价指标方法，可更科学有效地解决实际问题，如二元语义模型[126-127]、模糊推理系统法（FIS）[128]、灰色系统和不确定理论综合分析法[129-130]、直觉模糊 TOPSIS 法[131-132]、NGT-VIKOR 法[133]、模糊 TOPSIS 和混合整数规划综合分析法[134] 等，但面对供应商选择中的不确定性和决策环境的复杂性时难以很好处理。

第三，智能产品供应商决策相关文献关注点主要集中在物联网技术上，考虑其对供应链管理的影响。物联网技术如射频识别技术（RFID）等在供应链库存和仓储中有比较突出的体现，可实现多目标远距离的实时信息交互，有助于提高供应链的可视化[135]。Lee 和 Lee[136] 指出随着射频识别（RFID）技术的快速发展和主要零售商开始推动其供应商采用该技术，RFID 成本效益分析已成为一个非常受关注的主题，作者介绍了供应链 RFID 投资评估模型，为加深对 RFID 价值创造、衡量以及最大化 RFID 技术价值的方法的理解提供了基础。Gaukler 等[137] 构建了一个由一个制造商和一个零售商组成的供应链，在此零售供应链的背景下，提供了一个商品级 RFID 优势的分析模型。通过分析主导制造商的情况以及主导零售商的情况，将单品级 RFID 引入此类供应链的结果，在每个场景下，展示了如何在供应链合作伙伴之间分配项目级 RFID 的成本，以便优化供应链利润。Grunow 和 Piramuthu[138] 从分销商、零售商和消费者等多个角度，对高度易腐烂的食品供应链中启用传感器的 RFID 生成的项目级信息的效用进行建模和研究，还研究了在高度易腐烂的食品供应链中的 RFID 投资决策。Ketzenberg 等[139] 解决了在销售受随机需求和销售损失影响的随机终身产品的零售商的背景下，基于时间和温度信息的使用和价值来管理易腐烂物品，将流动时间和温度历史信息可用并用于库存管理的情况与此类信息不可用的基本情况进行比较，并使用具有代表性的真实世界供应链参数通过广泛的模拟来评估信息的价值。此外，刘晓慧和郑广泽[140] 通过对 C2M 模式的理解及实例讨论，对比传统定制产业，总结出

C2M 模式在服装行业中的智能化、个性化、定制化优势，最后阐述了 C2M 模式下服装行业未来发展中所需考虑与面临的问题。徐婧[141] 分析了电子商务平台从 C2B 向 C2M 模式变革中面临的机遇与挑战，但也仅限于定性分析。

上述关于不确定信息下的模糊多属性决策理论已有较多研究成果，然而并未对几类重要的不确定复杂模糊信息进行系统性的研究，基于此，本书提出几类不确定复杂模糊信息的多属性决策方法，包括基于复杂模糊信息的集成算子研究、新型相关系数研究、距离测度以及熵测度研究，以丰富现有不确定多属性决策的研究内容。同时，在供应商评价及选择方法中，已有文献研究的着重点在于传统产品的供应商评价指标体系和选择方法，特别是定性与定量相结合方面的深入探讨。而对于互联网商业模式下智能产品供应商选择问题，研究只停留在引入物联网技术对供应链管理影响的理论研究上或相关商业模式的定性分析层面上，既没有深入分析在新的商业模式下，智能产品供应商选择机制的设计及评价指标体系的构建问题，也没有考虑其对供应商选择的影响和对供应链结构的相应影响，需要在已有研究的基础上从互联网企业运作模式的角度对上述问题展开研究。

第四节 研究内容

研究基于复杂模糊信息的多属性决策问题将为实际应用提供更为可行和有效的决策方法。本书将结合理论推导、数值分析和实证研究，确保所提出的方法在各种情境下具有可靠性和实用性，通过这一系列研究，为多属性决策领域的发展贡献新的理论思路和实践方法。在实际决策过程中，专家意见和属性信息通常以模糊形式存在，本书将通过引入或提出单值中智集、T-球形模糊集、广义正交模糊软粗糙集以及情景模糊集等多种模糊集概念，对模糊信息进行更全面、灵活的理解和处理。借助这些模糊集的特性，旨在构建更具鲁棒性和适应性的模糊信息挖掘方法，以更准确地捕捉决策问题中的不确定性和模糊性。同时，本书将剖析模糊信息的融合方式，探索新的集成方法，提供更为精确、可解释和可操作的多属性决策模型，以应对实际决策中的复杂性和不确定性。

一、直觉不确定语言信息集成算子及决策方法研究

保加利亚学者 Atanassov 在 Zadeh 经典模糊集理论的基础上创造性地提出了

直觉模糊集的概念，其被视为模糊集理论发展历程上的里程碑，它将不确定现象的描述划分为隶属度和非隶属度两个维度，打破了经典模糊集理论的局限性，促进了模糊集理论的发展，为后续学者研究模糊集理论奠定了基础。第二章研究了直觉不确定语言信息集成算子及其多属性决策方法，针对直觉不确定语言评估标度以及 Hamacher 运算法则，依据现有模糊信息与 Hamacher 运算法则的融合规则，提出了若干直觉不确定语言信息集成算子，本章是现有算术平均算子和有序加权平均算子的拓展和推广，包括直觉不确定语言推广的 Hamacher 加权平均算子、直觉不确定语言推广的 Hamacher 有序加权平均算子以及直觉不确定语言推广的 Hamacher 混合加权平均算子，同时对这些信息集成算子的数学性质进行了深入研究。在此基础上，提出了基于所提信息集成算子的多属性决策方法以解决供应商排序和科学评价问题。

二、球形模糊信息集成算子及决策方法研究

对于多属性决策问题中的模糊性和不确定性信息，经典方法往往不能有效地处理，如情景模糊集只能刻画正、中性和负隶属度小于等于 1 的情况。在实际情况下，往往出现它们之和会超过 1 的情况。因此，第三章引入球形模糊集，其正、中性和负隶属度的平方和小于等于 1，其表达范围更为广泛，进一步提出了球形模糊信息集成算子及决策方法。针对球形模糊集，提出了相应的对数运算规则和一系列 SFSs 对数集成算子，包括对数球形加权平均算子、对数球形有序加权平均算子、对数球形混合加权平均算子、对数球形加权几何算子、对数球形有序加权几何算子、对数球形混合加权几何算子等。同时，在决策属性权重未知的情形下，提出了球形模糊熵以获取属性权重值。在此基础上，提出了一种基于对数球形模糊信息集成算子和球形模糊熵的多属性决策方法，并将其应用于解决高新技术企业的选择问题。

三、区间值 T-球形模糊信息集成算子及决策方法研究

鉴于区间值 T-球形模糊集以隶属度、犹豫度、非隶属度和拒绝度四个维度处理不确定和模糊信息方面的优越性，且四个维度都是区间 [0, 1] 的子集，第四章以区间值 T-球形模糊集为决策背景，提出一簇 Hamacher 信息集成算子。首先，基于 Hamacher t-norm 和 t-conorm 提出一簇集成算子，包括区间值 T-球形模糊 Hamacher 加权平均算子、区间值 T-球形模糊 Hamacher 有序加权平均算子、

区间值T-球形模糊 Hamacher 混合加权平均算子、区间值T-球形模糊 Hamacher 加权几何算子、区间值T-球形模糊 Hamacher 有序加权几何算子以及区间值T-球形模糊 Hamacher 混合加权几何算子。其次，对所提出的区间值T-球形模糊 Hamacher 信息集成算子进行研究，并研究了这些算子的性质，如单调性、有界性和幂等性。最后，提出基于 Hamacher 信息集成算子的多属性决策方法，并应用于解决高新技术企业择优排序问题。

四、广义正交模糊软粗糙信息集成算子及决策方法研究

作为 IFS 和 PyFS 的拓展，学者 Yager 提出了 q-ROFS 的概念，其含有参数 q，因此表达模糊信息更加灵活、更具弹性和适用性。当 q 增大时，其表征模糊信息的范围也在增大。第五章旨在结合 S_tS 、粗糙集与 q-ROFS，提出广义正交模糊软粗糙集的概念及其信息集成方法，包括广义正交模糊软粗糙加权平均算子、广义正交模糊软粗糙有序加权平均算子、广义正交模糊软粗糙混合平均算子、广义正交模糊软粗糙加权几何算子、广义正交模糊软粗糙有序加权几何算子以及广义正交模糊软粗糙混合几何算子，并详细讨论了这些集成算子的性质。本节进一步提出基于广义正交模糊软粗糙信息集成算子的多属性决策方法，并应用于解决企业财务业绩评估问题。

五、两类复杂模糊信息的新型相关系数及决策方法研究

相关系数 CC 具有对称性，是确定模糊环境下对象间相似度的重要工具。第六章首先基于相关系数测度，结合 PFS 理论和 TOPSIS 评价方法，研究了基于 Pearson 情景模糊相关的多属性决策方法，并根据与情景模糊正理想点的相对接近度以及与情景模糊负理想点的相对距离，定义了新的 Pearson 情景模糊相关系数以及相关情景模糊贴近系数。其次，考虑到 PFS 和球形模糊集在表达模糊信息方面的局限性，进一步结合 T-球形模糊集理论，提出一种新型 T-球形模糊相关系数，该新型相关系数兼具广义性和灵活性，能处理多维信息下的不确定性情形。基于此，进一步提出基于新型 T-球形模糊相关系数的多属性决策方法，并应用于解决风险投资项目选择、医学诊断和模式识别问题等。

六、单值中智模糊距离测度及决策方法研究

第七章依据单值中智模糊距离测度的局限性，提出了一种新的基于单值中智

模糊距离的多属性决策方法，以测算两个单值中智模糊集之间的距离。作为一个混合模糊集，单值中智集在实际决策过程中被广泛应用于表征不确定、不精确、部分和不一致的信息，基于此，提出两种新的单值中智模糊距离测度 d_{η}（G，Y）和 d_{ζ}（G，Y），进而提出了基于两种新型距离测度的多属性决策方法，并应用于解决候选人的评估问题。

七、智能产品供应商决策应用

随着科技的飞速发展，微电子和芯片的应运产生正在改变人们对智能产品的认知，它们可以直接从现场获取信息，并替代人做出判断和选择，并已发展到广义上的集网络、信息、数字于一体的综合系统。智能产品研究已广泛应用于企业生产制造、供应链、产品生命周期管理等领域。第八章研究了智能产品供应商决策应用，对产品智能化对供应商选择及供应链结构的影响进行了深入研究，讨论了产品智能化商业模式下的供应商选择和供应链结构问题。综合对智能产品供应商评价指标的分析，以及 C2M 供应链管理的特征，从指标选取的原则和评价指标的分析两个方面着手，构建了迭代度、成本、质量、售后服务和运营能力共 5 个指标作为智能产品供应商评价一级指标，及时性、服务质量和信用情况、注册资本、营收利润分别作为售后服务和运营能力的二级指标的智能产品供应商评价指标体系。以飞机制造公司波音对发动机传感器智能产品厂商选择问题为例，依据第二章的直觉不确定语言信息集成算子及决策方法对智能产品供应商进行选择决策。

第五节　研究目标、研究思路与研究方法

一、研究目标

本书的主要目标在于深入研究基于复杂模糊信息的多属性决策问题，通过综合考虑复杂模糊信息的集成方式、新型相关系数、距离测度等多个方面，旨在为多属性决策领域的发展贡献新的理论思路和实践方法。具体而言，研究的核心目标包括：

（1）深入研究模糊信息挖掘与融合，构建更具鲁棒性和适应性的模糊信息挖掘方法，提高决策信息的一致性。

（2）引入或提出多种模糊集理论，包括直觉不确定语言信息、单值中智集、T-球形模糊集、广义正交模糊软粗糙集以及情景模糊集等，建立了基于不同复杂模糊信息的集成方法，探索新的多属性决策方法并应用于实际问题，提高决策模型的表达力和适应性。

（3）针对不同复杂模糊信息类型，构建新型相关系数、距离测度等，如Pearson情景模糊相关系数、单值中智模糊距离测度等，进一步丰富和拓展了现有基于距离测度和相关系数的决策理论。

（4）在智能产品供应商决策应用方面，通过对产品智能化的影响进行深入研究，构建智能产品供应商评价指标体系，并运用基于直觉不确定语言信息的多属性群决策方法进行实证分析。

二、研究思路

为实现以上研究目标，本书采取以下研究思路：

（1）文献回顾：对多属性决策、模糊集理论及其扩展、不确定信息等领域的文献进行深入综述，明确研究现状、存在的问题和已有的解决方法。

（2）模型建立：基于复杂模糊信息，建立适应不同决策情境的多属性决策模型，考虑属性权重计算、信息集成等关键问题，提高模型的准确性和可解释性。

（3）方法探索：针对不同类型的模糊信息，探索新的决策方法，如直觉不确定语言信息下的集成算子、球形模糊信息下的对数运算规则等，提高决策方法的适用性和创新性。

（4）实证研究：以智能产品供应商决策为例，运用所提方法进行实证研究，验证方法的可行性和有效性，同时，对比不同方法的性能，为方法的实际应用提供支持。

（5）系统总结：对研究所得结果进行系统总结，明确新的理论思路和实践方法，并提出未来研究方向，为多属性决策领域的进一步发展提供有益的参考和启示。

三、研究方法

本书采用理论推导、数值分析和实证研究相结合的方法，以确保所提出的方法在理论上具有可靠性，在实践中具有实用性。具体的研究方法包括：

（1）理论推导：通过深入分析模糊集理论及其扩展，推导出适用于复杂模糊信息的决策模型和方法，确保理论的严密性和创新性。

（2）数值分析：通过数值实验和对比分析，验证所提出方法在不同情境下的性能，评估方法的稳健性和适应性。

（3）实证研究：以实际案例为基础，对所提方法进行实证研究，检验方法在实际问题中的有效性和优越性。

（4）文献回顾：对相关领域的文献进行回顾，总结已有的研究成果和方法，为研究提供理论基础。

本书将致力于在多属性决策领域推动理论的创新和实践方法的发展，为决策科学领域的进一步发展提供有益的参考和启示。

第六节　研究内容创新性与特点

本书涵盖了多属性决策领域的诸多方面，充分考虑了模糊集理论的多个拓展和延伸，为解决实际决策问题提供了广泛的方法和模型。在研究目标方面，本书提出基于不同复杂模糊信息的多属性决策方法，旨在弥补现有著作在复杂模糊信息决策方法和应用方面的局限和不足。本书着眼于解决实际决策中的问题，特别是那些涉及无法或难以量化的属性值和未知的属性权重值等问题。

本书在研究内容上的创新性和特点主要表现在对复杂模糊信息的综合处理、多属性决策模型的建立、新型模糊集的应用、广泛的应用领域覆盖以及新型相关系数、距离测度的提出与应用等方面。这一系列创新和特色使得本专著在多属性决策领域具有独特的价值和贡献。

本书针对现有研究的不足之处，主要开展以下几个方面的创新性工作：

（1）复杂模糊信息的挖掘与融合。通过引入多种模糊集概念，包括直觉不确定语言信息、球形模糊集、情景模糊集、广义正交模糊集、软集、粗糙集等，本书拓展了模糊信息挖掘的范围，使其更全面、灵活地处理决策问题中的不确定性和模糊性。

（2）多属性决策模型的建立。本书结合多个模糊集理论，特别是直觉不确定语言信息、单值中智模糊集、T-球形模糊集、广义正交模糊软粗糙集以及情景模糊集等，提出了集成算子、对数运算规则、相关系数、距离测度等，建立了更具表达力和适应性的多属性决策模型，为处理特定模糊信息类型的多属性决策问题提供了新的理论和方法。

（3）广泛的应用领域覆盖。通过在实际应用中的广泛尝试，如风险投资项目评估、企业财务业绩评价、智能产品供应商选择等，充分展示了多属性决策方法在不同领域的适用性。

本书的主要特点如下：

（1）专注于模糊信息集成方式，探索新的集成方法，旨在提高决策信息的一致性，强调信息集成在决策中的关键作用。同时，强调对决策权重问题的关注，提出新的属性权重计算方法，以更准确地反映不同属性对决策结果的贡献，为决策模型的优化提供了实质性的方法论。

（2）关注实际应用。如智能产品供应商决策，通过算例分析和方法比较，验证了方法的有效性和优越性，使理论研究更贴近实际应用。

（3）在每个应用案例中都深入分析了具体情境，验证了方法的有效性，使著作更具实践导向。如在医学诊断和模式识别等领域的应用案例中验证了新型相关系数的有效性，展示了方法的实际应用效果。

本书在研究目标、研究思路与研究方法上展现了深度和广度，且具有高度的理论和实践创新，为多属性决策领域的发展提供了有益的理论思路和实践方法。

第二章　直觉不确定语言信息集成算子及决策方法研究

本章综合直觉语言数对客观世界中模糊信息的刻画以及不确定语言标度对人类思维的模糊性的勾勒，提出直觉不确定语言集的概念；基于直觉不确定语言数构建得分函数与精确函数，提出直觉不确定语言评估标度及其运算法则，进一步提出相应的信息集成算子，包括算术集成算子和几何集成算子，延伸并拓展了代数集成算子和爱因斯坦集成算子。同时，本章在对其数学性质进行研究的基础上，将这些集成算子应用到直觉不确定语言多属性决策问题中。

第一节　直觉不确定语言集及 Hamacher 算子

一、直觉不确定语言集理论

定义 2.1　设 X 为一个非空集合，不确定语言变量 $\bar{s}=[s_{\alpha(x)}, s_{\beta(x)}]\in\bar{S}$，称

$$A=\{\langle x[[s_{\alpha(x)}, s_{\beta(x)}], (\mu_A(x), \nu_A(x))]\rangle | x\in X\} \tag{2-1}$$

为直觉不确定语言集（IULS），$\mu_A(x)$：$X\to[0, 1]$和 $\nu_A(x)$：$X\to[0, 1]$分别表示 x 对于不确定语言变量$[s_{\alpha(x)}, s_{\beta(x)}]$的隶属度与非隶属度，当 $\forall x\in X$ 时，$0\leqslant\mu_A(x)+\nu_A(x)\leqslant 1$。同时，$\pi_A(x)=1-\mu_A(x)-\nu_A(x)$表示 x 对于不确定语言变量$[s_{\alpha(x)}, s_{\beta(x)}]$的犹豫度，或称为直觉不确定语言模糊指数。

定义 2.2　设 $A=\{\langle x[[s_{\alpha(x)}, s_{\beta(x)}], (\mu_A(x), \nu_A(x))]\rangle | x\in X\}$为直觉不确定语言集，称四元组$\langle[s_{\alpha(x)}, s_{\beta(x)}], (\mu_A(x), \nu_A(x))\rangle$为直觉不确定语言数（IULN），或称为直觉不确定语言变量，其中，$[s_{\alpha(x)}, s_{\beta(x)}]$称为直觉不确定语言

数的不确定语言部，$(\mu_A(x),\ \nu_A(x))$称为直觉不确定语言数的直觉部。

设 $a_1=\langle[s_{\alpha(x_1)},\ s_{\beta(x_1)}],\ (\mu_A(x_1),\ \nu_A(x_1))\rangle$ 和 $a_2=\langle[s_{\alpha(x_2)},\ s_{\beta(x_2)}],\ (\mu_A(x_2),\ \nu_A(x_2))\rangle$为两个直觉不确定语言变量，运算法则和排序方法如下：

（1） $a_1\oplus a_2=\langle[s_{\alpha(x_1)+\alpha(x_2)},\ s_{\beta(x_1)+\beta(x_2)}],\ (1-(1-\mu_A(x_1))(1-\mu_A(x_2)),\ \nu_A(x_1)\nu_A(x_2))\rangle$。

（2） $a_1\otimes a_2=\langle[s_{\alpha(x_1)\times\alpha(x_2)},\ s_{\beta(x_1)\times\beta(x_2)}],\ (\mu_A(x_1)\mu_A(x_2),\ \nu_A(x_1)+\nu_A(x_2)-\nu_A(x_1)\nu_A(x_2))\rangle$。

（3） $\lambda a_1=\langle[s_{\lambda\alpha(x_1)},\ s_{\lambda\beta(x_1)}],\ (1-(1-\mu_A(x_1))^{\lambda},\ (\nu_A(x_1))^{\lambda})\rangle,\ \lambda\geqslant 0$。

（4） $a_1^{\lambda}=\langle[s_{(\alpha(x_1))^{\lambda}},\ s_{(\beta(x_1))^{\lambda}}],\ (\mu_A(x_1))^{\lambda},\ 1-(1-\nu_A(x_1))^{\lambda})\rangle,\ \lambda\geqslant 0$。

显然，以上定义集成的结果仍为直觉不确定语言变量，且进一步可以得出：

（5） $a_1\oplus a_2=a_2\oplus a_1$。

（6） $a_1\otimes a_2=a_2\otimes a_1$。

（7） $\lambda(a_1\oplus a_2)=\lambda a_1\oplus\lambda a_2,\ \lambda\geqslant 0$。

（8） $(\lambda_1+\lambda_2)a_1=\lambda_1 a_1\oplus\lambda_2 a_1,\ \lambda_1,\ \lambda_2\geqslant 0$。

（9） $a_1^{\lambda_1}\otimes a_1^{\lambda_2}=(a_1)^{\lambda_1+\lambda_2},\ \lambda_1,\ \lambda_2\geqslant 0$。

（10） $a_1^{\lambda_1}\otimes a_2^{\lambda_1}=(a_1\otimes a_2)^{\lambda_1},\ \lambda_1\geqslant 0$。

二、Hamacher 算子

基于阿基米德 t-norm 和 t-conorm，王中兴等[142] 定义直觉不确定语言变量的运算法则如下：

$$\lambda\alpha_1=\langle[s_{\alpha(x_1)},\ s_{\beta(x_1)}],\ (1-(1-\mu_A(x_1))^{\lambda},\ (\nu_A(x_1))^{\lambda})\rangle,\ \lambda\geqslant 0 \tag{2-2}$$

$$\alpha_1^{\lambda}=\langle[s_{\alpha(x_1)},\ s_{\beta(x_1)}],\ ((\mu_A(x_1))^{\lambda},\ 1-(1-\nu_A(x_1))^{\lambda})\rangle,\ \lambda\geqslant 0 \tag{2-3}$$

$$\alpha_1\oplus\alpha_2=\left\langle\left[s_{\sum_{i=1}^{2}\frac{\alpha(x_i)\ln[(1-\mu_A(x_i))\nu_A(x_i)]}{\sum_{i=1}^{2}\ln[(1-\mu_A(x_i))\nu_A(x_i)]}},\ s_{\sum_{i=1}^{2}\frac{\beta(x_i)\ln[(1-\mu_A(x_i))\nu_A(x_i)]}{\sum_{i=1}^{2}\ln[(1-\mu_A(x_i))\nu_A(x_i)]}}\right],\ (\mu_A(x_1)+\mu_A(x_2)-\mu_A(x_1)\mu_A(x_2),\ \nu_A(x_1)\nu_A(x_2))\right\rangle \tag{2-4}$$

$$\alpha_1\otimes\alpha_2=\left\langle\left[s_{\sum_{i=1}^{2}\frac{\alpha(x_i)\ln[(1-\nu_A(x_i))\mu_A(x_i)]}{\sum_{i=1}^{2}\ln[(1-\nu_A(x_i))\mu_A(x_i)]}},\ s_{\sum_{i=1}^{2}\frac{\beta(x_i)\ln[(1-\nu_A(x_i))\mu_A(x_i)]}{\sum_{i=1}^{2}\ln[(1-\nu_A(x_i))\mu_A(x_i)]}}\right],\ (\mu_A(x_1)\mu_A(x_2),\ \nu_A(x_1)+\nu_A(x_2)-\nu_A(x_1)\nu_A(x_2))\right\rangle \tag{2-5}$$

对比以上式（2-1）~式（2-4）和式（2-2）~式（2-5）可以看出，等式中的直觉部是相同的，而不同的是不确定语言部。式（2-2）~式（2-5）的主要优点在于不仅将阿基米德 t-norm 和 t-conorm 考虑进去，且不会出现不确定语言部的越界可能，即集成结果不会超出原定语言变量标度集的范围，这更符合决策者的直觉特性。因此，从这个角度来讲，式（2-2）~式（2-5）优于式（2-1）~式（2-4），特别在不确定决策环境下的封闭性方面。此外，它们依然满足直觉不确定语言变量的一些数学性质，如交换性、线性等。

事实上，阿基米德 t-norm 和 t-conorm 可以看作是 t-norm 和 t-conorm 的推广，如代数、爱因斯坦、Hamacher 和 Frank t-norm 和 t-conorm 等。而 Hamacher t-norm 和 t-conorm 又可以看作是代数 t-norm 和 t-conorm、爱因斯坦 t-norm 和 t-conorm 的推广。Hamacher t-norm 和 t-conorm 定义如下[143]：

$$T_{\zeta}(x,\ y)=\frac{xy}{\zeta+(1-\zeta)(x+y-xy)},\ \zeta>0 \tag{2-6}$$

$$S_{\zeta}(x,\ y)=\frac{x+y-xy-(1-\zeta)xy}{1-(1-\zeta)xy},\ \zeta>0 \tag{2-7}$$

特别地，当 $\zeta=1$ 时，Hamacher t-norm 和 t-conorm 分别退化为代数 t-norm $T(x,\ y)=xy$ 和 t-conorm $S(x,\ y)=x+y-xy$；当 $\zeta=2$ 时，Hamacher t-norm 和 t-conorm 分别退化为爱因斯坦 t-norm$T(x,\ y)=\frac{xy}{1+(1-x)(1-y)}$和 t-conorm $S(x,\ y)=\frac{x+y}{1+xy}$。

对于两个直觉模糊变量 $\tilde{a}_1=(a_1,\ b_1)$ 和 $\tilde{a}_2=(a_2,\ b_2)$，作为代数 t-norm 和 t-conorm 的应用，代数乘 $\tilde{a}_1\otimes\tilde{a}_2$ 和代数加 $\tilde{a}_1\oplus\tilde{a}_2$ 可以通过定义 t-norm 和 t-conorm 得到。当 $T(x,\ y)=xy$ 和 $S(x,\ y)=x+y-xy$ 时，可得两个直觉模糊变量的运算法则。

第二节　直觉不确定语言推广的 Hamacher（有序）加权平均算子

一、直觉不确定语言 Hamacher 运算法则

对于两个直觉不确定语言变量 $\alpha_1=\langle[s_{\alpha(x_1)},\ s_{\beta(x_1)}],\ (\mu(x_1),\ \nu(x_1))\rangle$ 和

$\alpha_2=\langle[s_{\alpha(x_2)}, s_{\beta(x_2)}], (\mu(x_2), \nu(x_2))\rangle$，设 $\zeta>0$，据式（2-2）~式（2-5），以及 Hamacher t-norm 和 t-conorm 的式（2-6）~式（2-7），可以得到如下两个直觉不确定语言变量间的运算法则：

$$\lambda\alpha_1=\left\langle[s_{\alpha(x_1)}, s_{\beta(x_1)}], \left(\frac{(1+(\zeta-1)\mu(x_1))^\lambda-(1-\mu(x_1))^\lambda}{(1+(\zeta-1)\mu(x_1))^\lambda+(\zeta-1)(1-\mu(x_1))^\lambda}, \frac{\zeta(\nu(x_1))^\lambda}{(1+(\zeta-1)(1-\nu(x_1)))^\lambda+(\zeta-1)(\nu(x_1))^\lambda}\right)\right\rangle, \ \lambda\geqslant 0 \tag{2-8}$$

$$\alpha_1^\lambda=\left\langle[s_{\alpha(x_1)}, s_{\beta(x_1)}], \left(\frac{\zeta(\mu(x_1))^\lambda}{(1+(\zeta-1)(1-\mu(x_1)))^\lambda+(\zeta-1)(\mu(x_1))^\lambda}, \frac{(1+(\zeta-1)\nu(x_1))^\lambda-(1-\nu(x_1))^\lambda}{(1+(\zeta-1)\nu(x_1))^\lambda+(\zeta-1)(1-\nu(x_1))^\lambda}\right)\right\rangle, \ \lambda\geqslant 0 \tag{2-9}$$

$$\alpha_1\oplus_h\alpha_2=\left\langle\left[s_{\sum_{i=1}^{2}\frac{\alpha(x_i)\ln[(1-\mu(x_i))\nu(x_i)]}{\sum_{i=1}^{2}\ln[(1-\mu(x_i))\nu(x_i)]}}, s_{\sum_{i=1}^{2}\frac{\beta(x_i)\ln[(1-\mu(x_i))\nu(x_i)]}{\sum_{i=1}^{2}\ln[(1-\mu(x_i))\nu(x_i)]}}\right], \left(\frac{\mu(x_1)+\mu(x_2)-\mu(x_1)\mu(x_2)-(1-\zeta)\mu(x_1)\mu(x_2)}{1-(1-\zeta)\mu(x_1)\mu(x_2)}, \frac{\nu(x_1)\nu(x_2)}{\zeta+(1-\zeta)(\nu(x_1)+\nu(x_2)-\nu(x_1)\nu(x_2))}\right)\right\rangle \tag{2-10}$$

$$\alpha_1\otimes_h\alpha_2=\left\langle\left[s_{\sum_{i=1}^{2}\frac{\alpha(x_i)\ln[(1-\nu(x_i))\mu(x_i)]}{\sum_{i=1}^{2}\ln[(1-\nu(x_i))\mu(x_i)]}}, s_{\sum_{i=1}^{2}\frac{\beta(x_i)\ln[(1-\nu(x_i))\mu(x_i)]}{\sum_{i=1}^{2}\ln[(1-\nu(x_i))\mu(x_i)]}}\right], \left(\frac{\mu(x_1)\mu(x_2)}{\zeta+(1-\zeta)(\mu(x_1)+\mu(x_2)-\mu(x_1)\mu(x_2))}, \frac{\nu(x_1)+\nu(x_2)-\nu(x_1)\nu(x_2)-(1-\zeta)\nu(x_1)\nu(x_2)}{1-(1-\zeta)\nu(x_1)\nu(x_2)}\right)\right\rangle \tag{2-11}$$

其中，$\alpha_1\oplus_h\alpha_2$ 和 $\alpha_1\otimes_h\alpha_2$ 分别表示直觉不确定语言变量 α_1 和 α_2 的 Hamacher 加和 Hamacher 乘。

定理 2.1 设 $\alpha_j=\langle[s_{\alpha(x_j)}, s_{\beta(x_j)}], (\mu(x_j), \nu(x_j))\rangle$，$j=1, 2$ 为两个直觉不确定语言变量，$\zeta>0$，有

$$\alpha_1\oplus_h\alpha_2=\alpha_2\oplus_h\alpha_1 \tag{2-12}$$

$$\alpha_1 \otimes_h \alpha_2 = \alpha_2 \otimes_h \alpha_1 \tag{2-13}$$

$$\lambda(\alpha_1 \oplus_h \alpha_2) = \lambda\alpha_1 \oplus_h \lambda\alpha_2,\ \lambda>0 \tag{2-14}$$

$$\lambda_1\alpha_1 \oplus_h \lambda_2\alpha_1 = (\lambda_1+\lambda_2)\alpha_1,\ \lambda_1,\ \lambda_2>0 \tag{2-15}$$

$$\alpha_1^{\lambda} \otimes_h \alpha_2^{\lambda} = (\alpha_1 \otimes_h \alpha_2)^{\lambda},\ \lambda>0 \tag{2-16}$$

$$\alpha_1^{\lambda_1} \otimes_h \alpha_1^{\lambda_2} = (\alpha_1)^{\lambda_1+\lambda_2},\ \lambda_1,\ \lambda_2>0 \tag{2-17}$$

证明：由式（2-10）~式（2-11），易得式（2-12）~式（2-13）。由式（2-8）和式（2-10），有

$$\lambda(\alpha_1 \oplus_h \alpha_2) = \left\langle \left[s_{\sum_{i=1}^{2}\frac{\alpha(x_i)\ln[(1-\mu(x_i))\nu(x_i)]}{\sum_{i=1}^{2}\ln[(1-\mu(x_i))\nu(x_i)]}},\ s_{\sum_{i=1}^{2}\frac{\beta(x_i)\ln[(1-\mu(x_i))\nu(x_i)]}{\sum_{i=1}^{2}\ln[(1-\mu(x_i))\nu(x_i)]}} \right],\right.$$

$$\left(\frac{(1+(\zeta-1)(\mu(x_1)+\mu(x_2)-\mu(x_1)\mu(x_2)))^{\lambda}-(1-(1-\zeta)\mu(x_1)\mu(x_2))^{\lambda}}{(1+(\zeta-1)(1-(1-\zeta)\mu(x_1)\mu(x_2)))^{\lambda}+(\zeta-1)(1-(1-(1-\zeta)\mu(x_1)\mu(x_2)))^{\lambda}},\right.$$

$$\left.\left.\frac{\zeta(\nu(x_1)\nu(x_2))^{\lambda}}{(1+(\zeta-1)(1-(\zeta+(1-\zeta)(\nu(x_1)+\nu(x_2)-\nu(x_1)\nu(x_2)))))^{\lambda}+(\zeta-1)(\zeta+(1-\zeta)(\nu(x_1)+\nu(x_2)-\nu(x_1)\nu(x_2)))^{\lambda}}\right)\right\rangle$$

$$=\left\langle [s_{\alpha(x_1)},\ s_{\beta(x_1)}],\ \left(\frac{(1+(\zeta-1)\mu(x_1))^{\lambda}-(1-\mu(x_1))^{\lambda}}{(1+(\zeta-1)\mu(x_1))^{\lambda}+(\zeta-1)(1-\mu(x_1))^{\lambda}},\right.\right.$$

$$\left.\left.\frac{\zeta(\nu(x_1))^{\lambda}}{(1+(\zeta-1)(1-\nu(x_1)))^{\lambda}+(\zeta-1)(\nu(x_1))^{\lambda}}\right)\right\rangle$$

$$\oplus_h \left\langle [s_{\alpha(x_2)},\ s_{\beta(x_2)}],\ \left(\frac{(1+(\zeta-1)\mu(x_2))^{\lambda}-(1-\mu(x_2))^{\lambda}}{(1+(\zeta-1)\mu(x_2))^{\lambda}+(\zeta-1)(1-\mu(x_2))^{\lambda}},\right.\right.$$

$$\left.\left.\frac{\zeta(\nu(x_2))^{\lambda}}{(1+(\zeta-1)(1-\nu(x_2)))^{\lambda}+(\zeta-1)(\nu(x_2))^{\lambda}}\right)\right\rangle = \lambda\alpha_1 \oplus_h \lambda\alpha_2$$

故式（2-14）得证，同理可证式（2-15）~式（2-17），此处省略。

二、直觉不确定语言 Hamacher（有序）加权平均算子

定义 2.3 设 $\alpha_j = \langle [s_{\alpha(x_j)},\ s_{\beta(x_j)}],\ (\mu(x_j),\ \nu(x_j))\rangle$，$j=1,\ 2,\ \cdots,\ n$ 为一组直觉不确定语言变量，则 IULGHWA：$\Omega^n \to \Omega$

$$IULGHWA(\alpha_1,\ \alpha_2,\ \cdots,\ \alpha_n) = \left(\bigoplus_{j=1}^{n}{}_h(\omega_j\alpha_j^{\lambda})\right)^{1/\lambda} \tag{2-18}$$

其中，Ω 为直觉不确定语言变量集，$\lambda>0$，$\omega=(\omega_1,\ \omega_2,\ \cdots,\ \omega_n)^T$ 为 α_j 的权重

向量，满足 $\omega_j \in [0,\ 1]$，$\sum_{j=1}^{n}\omega_j=1$，则称 IULGHWA 为直觉不确定语言推广的 Hamacher 加权平均算子。

定义 2.4　设 $\alpha_j=\langle [s_{\alpha(x_j)},\ s_{\beta(x_j)}],\ (\mu(x_j),\ \nu(x_j))\rangle$，$j=1,\ 2,\ \cdots,\ n$ 为一组直觉不确定语言变量，$w=(w_1,\ w_2,\ \cdots,\ w_n)^T$ 为 n 维关联向量，满足 $w_j \in [0,\ 1]$，$\sum_{j=1}^{n} w_j=1$，则 IULGHOWA：$\Omega^n \to \Omega$

$$IULGHOWA(\alpha_1,\ \alpha_2,\ \cdots,\ \alpha_n)=\left(\bigoplus_{h,\,j=1}^{n}(w_j\alpha_{\sigma_j}^{\lambda})\right)^{1/\lambda} \tag{2-19}$$

其中，Ω 为直觉不确定语言变量集，$\lambda>0$，$(\sigma_1,\ \sigma_2,\ \cdots,\ \sigma_n)$ 是 $(1,\ 2,\ \cdots,\ n)$ 的一个排列，满足 $\alpha_{\sigma_{j-1}} \geqslant \alpha_{\sigma_j}$，$\forall j$，称 IULGHOWA 为直觉不确定语言推广的 Hamacher 有序加权平均算子。

注 1：IULGHWA 算子和 IULGHOWA 算子具有一些良好的数学性质，如有界性、幂等性、交换性等。

证明：不妨考虑 $\lambda=1$ 时的情形，若 $\lambda=1$，则 IULGHWA 算子退化为 Hamacher 直觉不确定语言加权平均（HIULWA）算子，且

$$HIULWA(\alpha_1,\ \alpha_2,\ \cdots,\ \alpha_n)=\left\langle \left[s_{\sum_{j=1}^{n}\omega_j\alpha(x_j)},\ s_{\sum_{j=1}^{n}\omega_j\beta(x_j)}\right],\right.$$

$$\left(\frac{\prod_{j=1}^{n}(1+(\zeta-1)\mu(x_j))^{\omega_j}-\prod_{j=1}^{n}(1-\mu(x_j))^{\omega_j}}{\prod_{j=1}^{n}(1+(\zeta-1)\mu(x_j))^{\omega_j}+(\zeta-1)\prod_{j=1}^{n}(1-\mu(x_j))^{\omega_j}},\right.$$

$$\left.\left.\frac{\zeta\prod_{j=1}^{n}\nu(x_j)^{\omega_j}}{\prod_{j=1}^{n}(1+(\zeta-1)(1-\nu(x_j)))^{\omega_j}+(\zeta-1)\prod_{j=1}^{n}\nu(x_j)^{\omega_j}}\right)\right\rangle \tag{2-20}$$

在式（2-20）中，当 $\zeta=1$ 时为直觉不确定语言加权平均（IULWA）算子，且可得

$$IULWA(\alpha_1,\ \alpha_2,\ \cdots,\ \alpha_n)=\left\langle \left[s_{\sum_{j=1}^{n}\omega_j\alpha(x_j)},\ s_{\sum_{j=1}^{n}\omega_j\beta(x_j)}\right],\ \left(1-\prod_{j=1}^{n}(1-\mu(x_j))^{\omega_j},\ \prod_{j=1}^{n}\nu(x_j)^{\omega_j}\right)\right\rangle$$

当 $\zeta=2$ 时，为爱因斯坦直觉不确定语言加权平均（EIULWA）算子：

$$EIULWA(\alpha_1, \alpha_2, \cdots, \alpha_n) = \left\langle \left[s_{\sum_{j=1}^{n}\omega_j\alpha(x_j)}, s_{\sum_{j=1}^{n}\omega_j\beta(x_j)} \right], \left(\frac{\prod_{j=1}^{n}(1+\mu(x_j))^{\omega_j} - \prod_{j=1}^{n}(1-\mu(x_j))^{\omega_j}}{\prod_{j=1}^{n}(1+\mu(x_j))^{\omega_j} + \prod_{j=1}^{n}(1-\mu(x_j))^{\omega_j}}, \frac{2\prod_{j=1}^{n}\nu(x_j)^{\omega_j}}{\prod_{j=1}^{n}(2-\nu(x_j))^{\omega_j} + \prod_{j=1}^{n}\nu(x_j)^{\omega_j}} \right) \right\rangle \tag{2-21}$$

（1）交换性。

$$IULGHWA(a'_1, a'_2, \cdots, a'_n) = IULGHWA(\alpha_1, \alpha_2, \cdots, \alpha_n)$$

$$IULGHOWA(a'_1, a'_2, \cdots, a'_n) = IULGHOWA(a_1, a_2, \cdots, a_n) \tag{2-22}$$

这里，$(a'_1, a'_2, \cdots, a'_n)$和$(a_1, a_2, \cdots, a_n)$为直觉不确定语言数，且$(a'_1, a'_2, \cdots, a'_n)$为$(a_1, a_2, \cdots, a_n)$的任意置换。

（2）幂等性。

若对于任意$j=1, 2, \cdots, n$，都有$a_j=a$，则

$$IULGHWA(a_1, a_2, \cdots, a_n) = a$$

$$IULGHOWA(a_1, a_2, \cdots, a_n) = a \tag{2-23}$$

成立。

同理可证对于$\lambda \to 0$时的情形也满足相应性质，证毕。

可以看出，以上集成算子适用于决策信息为直觉不确定语言数（IULNs）时的情形。同时，IULGHWA 算子和 IULGHOWA 算子包含两个参数λ和ζ，下面将对参数λ和ζ进行详细讨论。

（1）若$\lambda=1$，则 IULGHWA 算子退化为 Hamacher 直觉不确定语言加权平均（HIULWA）算子，且

$$HIULWA(\alpha_1, \alpha_2, \cdots, \alpha_n) = \left\langle \left[s_{\sum_{j=1}^{n}\omega_j\alpha(x_j)}, s_{\sum_{j=1}^{n}\omega_j\beta(x_j)} \right], \left(\frac{\prod_{j=1}^{n}(1+(\zeta-1)\mu(x_j))^{\omega_j} - \prod_{j=1}^{n}(1-\mu(x_j))^{\omega_j}}{\prod_{j=1}^{n}(1+(\zeta-1)\mu(x_j))^{\omega_j} + (\zeta-1)\prod_{j=1}^{n}(1-\mu(x_j))^{\omega_j}}, \frac{\zeta\prod_{j=1}^{n}\nu(x_j)^{\omega_j}}{\prod_{j=1}^{n}(1+(\zeta-1)(1-\nu(x_j)))^{\omega_j} + (\zeta-1)\prod_{j=1}^{n}\nu(x_j)^{\omega_j}} \right) \right\rangle \tag{2-24}$$

当$\zeta=1$时，式（2-24）退化为直觉不确定语言加权平均（IULWA）算子[144]，且由式（2-24）可得

$$IULWA(\alpha_1, \alpha_2, \cdots, \alpha_n)=\left\langle \left[s_{\sum_{j=1}^{n}\omega_j\alpha(x_j)}, s_{\sum_{j=1}^{n}\omega_j\beta(x_j)}\right], \left(1-\prod_{j=1}^{n}(1-\mu(x_j))^{\omega_j}, \prod_{j=1}^{n}\nu(x_j)^{\omega_j}\right)\right\rangle \tag{2-25}$$

当$\zeta=2$时，式（2-24）退化为爱因斯坦直觉不确定语言加权平均（EIULWA）算子，且

$$EIULWA(\alpha_1, \alpha_2, \cdots, \alpha_n)=\left\langle \left[s_{\sum_{j=1}^{n}\omega_j\alpha(x_j)}, s_{\sum_{j=1}^{n}\omega_j\beta(x_j)}\right], \left(\frac{\prod_{j=1}^{n}(1+\mu(x_j))^{\omega_j}-\prod_{j=1}^{n}(1-\mu(x_j))^{\omega_j}}{\prod_{j=1}^{n}(1+\mu(x_j))^{\omega_j}+\prod_{j=1}^{n}(1-\mu(x_j))^{\omega_j}}, \frac{2\prod_{j=1}^{n}\nu(x_j)^{\omega_j}}{\prod_{j=1}^{n}(2-\nu(x_j))^{\omega_j}+\prod_{j=1}^{n}\nu(x_j)^{\omega_j}}\right)\right\rangle \tag{2-26}$$

（2）若$\lambda\to0$，则IULGHWA算子退化为Hamacher直觉不确定语言加权几何平均（HIULWGA）算子，且

$$HIULWGA(\alpha_1, \alpha_2, \cdots, \alpha_n)=\left\langle \left[s_{\sum_{j=1}^{n}\omega_j\alpha(x_j)}, s_{\sum_{j=1}^{n}\omega_j\beta(x_j)}\right], \left(\frac{\zeta\prod_{j=1}^{n}\mu(x_j)^{\omega_j}}{\prod_{j=1}^{n}(1+(\zeta-1)(1-\mu(x_j)))^{\omega_j}+(\zeta-1)\prod_{j=1}^{n}\mu(x_j)^{\omega_j}}, \frac{\prod_{j=1}^{n}(1+(\zeta-1)\nu(x_j))^{\omega_j}-\prod_{j=1}^{n}(1-\nu(x_j))^{\omega_j}}{\prod_{j=1}^{n}(1+(\zeta-1)\nu(x_j))^{\omega_j}+(\zeta-1)\prod_{j=1}^{n}(1-\nu(x_j))^{\omega_j}}\right)\right\rangle \tag{2-27}$$

当$\zeta=1$时，式（2-27）退化为直觉不确定语言加权几何平均（IULWGA）算子[145]，且由式（2-27）可得

$$IULWGA(\alpha_1, \alpha_2, \cdots, \alpha_n)=\left\langle \left[s_{\sum_{j=1}^{n}\omega_j\alpha(x_j)}, s_{\sum_{j=1}^{n}\omega_j\beta(x_j)}\right], \left(\prod_{j=1}^{n}\mu(x_j)^{\omega_j},\right.\right.$$

$$1-\prod_{j=1}^{n}(1-\nu(x_j))^{\omega_j}\Big)\Big\rangle \tag{2-28}$$

当$\zeta=2$时，式（2-27）退化为爱因斯坦直觉不确定语言加权几何平均（EIULWGA）算子，且

$$EIULWGA(\alpha_1, \alpha_2, \cdots, \alpha_n)=\left\langle \left[s_{\sum_{j=1}^{n}\omega_j\alpha(x_j)}, s_{\sum_{j=1}^{n}\omega_j\beta(x_j)}\right],\right.$$

$$\left.\left(\frac{2\prod_{j=1}^{n}\mu(x_j)^{\omega_j}}{\prod_{j=1}^{n}(2-\mu(x_j))^{\omega_j}+\prod_{j=1}^{n}\mu(x_j)^{\omega_j}}, \frac{\prod_{j=1}^{n}(1+\nu(x_j))^{\omega_j}-\prod_{j=1}^{n}(1-\nu(x_j))^{\omega_j}}{\prod_{j=1}^{n}(1+\nu(x_j))^{\omega_j}+\prod_{j=1}^{n}(1-\nu(x_j))^{\omega_j}}\right)\right\rangle \tag{2-29}$$

（3）若$\lambda=1$，则 IULGHOWA 算子退化为 Hamacher 直觉不确定语言有序加权平均（HIULOWA）算子，且

$$HIULOWA(\alpha_1, \alpha_2, \cdots, \alpha_n)=\left\langle \left[s_{\sum_{j=1}^{n}w_j\alpha(x_{\sigma_j})}, s_{\sum_{j=1}^{n}w_j\beta(x_{\sigma_j})}\right],\right.$$

$$\left(\frac{\prod_{j=1}^{n}(1+(\zeta-1)\mu(x_{\sigma_j}))^{w_j}-\prod_{j=1}^{n}(1-\mu(x_{\sigma_j}))^{w_j}}{\prod_{j=1}^{n}(1+(\zeta-1)\mu(x_{\sigma_j}))^{w_j}+(\zeta-1)\prod_{j=1}^{n}(1-\mu(x_{\sigma_j}))^{w_j}},\right.$$

$$\left.\left.\frac{\zeta\prod_{j=1}^{n}\nu(x_{\sigma_j})^{w_j}}{\prod_{j=1}^{n}(1+(\zeta-1)(1-\nu(x_{\sigma_j})))^{w_j}+(\zeta-1)\prod_{j=1}^{n}\nu(x_{\sigma_j})^{w_j}}\right)\right\rangle \tag{2-30}$$

当$\zeta=1$时，式（2-30）退化为直觉不确定语言有序加权平均（IULOWA）算子，且由式（2-30）可得

$$IULOWA(\alpha_1, \alpha_2, \cdots, \alpha_n)=\left\langle \left[s_{\sum_{j=1}^{n}w_j\alpha(x_{\sigma_j})}, s_{\sum_{j=1}^{n}w_j\beta(x_{\sigma_j})}\right], \left(1-\prod_{j=1}^{n}(1-\mu(x_{\sigma_j}))^{w_j},\right.\right.$$

$$\left.\left.\prod_{j=1}^{n}\nu(x_{\sigma_j})^{w_j}\right)\right\rangle \tag{2-31}$$

当$\zeta=2$时，式（2-30）退化为爱因斯坦直觉不确定语言有序加权平均（EIULOWA）算子，且

$$EIULOWA(\alpha_1, \alpha_2, \cdots, \alpha_n)=\left\langle \left[s_{\sum_{j=1}^{n} w_j\alpha(x_{\sigma_j})}, s_{\sum_{j=1}^{n} w_j\beta(x_{\sigma_j})}\right], \right.$$

$$\left.\left(\frac{\prod_{j=1}^{n}(1+\mu(x_{\sigma_j}))^{w_j}-\prod_{j=1}^{n}(1-\mu(x_{\sigma_j}))^{w_j}}{\prod_{j=1}^{n}(1+\mu(x_{\sigma_j}))^{w_j}+\prod_{j=1}^{n}(1-\mu(x_{\sigma_j}))^{w_j}}, \frac{2\prod_{j=1}^{n}\nu(x_{\sigma_j})^{w_j}}{\prod_{j=1}^{n}(2-\nu(x_{\sigma_j}))^{w_j}+\prod_{j=1}^{n}\nu(x_{\sigma_j})^{w_j}}\right)\right\rangle \tag{2-32}$$

（4）若 $\lambda \to 0$，则 IULGHOWA 算子退化为 Hamacher 直觉不确定语言有序加权几何平均（HIULOWGA）算子，且

$$HIULOWGA(\alpha_1, \alpha_2, \cdots, \alpha_n)=\left\langle \left[s_{\sum_{j=1}^{n} w_j\alpha(x_{\sigma_j})}, s_{\sum_{j=1}^{n} w_j\beta(x_{\sigma_j})}\right], \right.$$

$$\left(\frac{\zeta\prod_{j=1}^{n}\mu(x_{\sigma_j})^{w_j}}{\prod_{j=1}^{n}(1+(\zeta-1)(1-\mu(x_{\sigma_j})))^{w_j}+(\zeta-1)\prod_{j=1}^{n}\mu(x_{\sigma_j})^{w_j}}, \right.$$

$$\left.\left.\frac{\prod_{j=1}^{n}(1+(\zeta-1)\nu(x_{\sigma_j}))^{w_j}-\prod_{j=1}^{n}(1-\nu(x_{\sigma_j}))^{w_j}}{\prod_{j=1}^{n}(1+(\zeta-1)\nu(x_{\sigma_j}))^{w_j}+(\zeta-1)\prod_{j=1}^{n}(1-\nu(x_{\sigma_j}))^{w_j}}\right)\right\rangle \tag{2-33}$$

当 $\zeta=1$ 时，式（2-33）退化为直觉不确定语言有序加权几何平均（IULOWGA）算子，且由式（2-33）可得

$$IULOWGA(\alpha_1, \alpha_2, \cdots, \alpha_n)=\left\langle \left[s_{\sum_{j=1}^{n} w_j\alpha(x_{\sigma_j})}, s_{\sum_{j=1}^{n} w_j\beta(x_{\sigma_j})}\right], \left(\prod_{j=1}^{n}\mu(x_{\sigma_j})^{w_j}, 1-\prod_{j=1}^{n}(1-\nu(x_{\sigma_j}))^{w_j}\right)\right\rangle \tag{2-34}$$

当 $\zeta=2$ 时，式（2-33）退化为爱因斯坦直觉不确定语言有序加权几何平均（EIULOWGA）算子，且

$$EIULOWGA(\alpha_1, \alpha_2, \cdots, \alpha_n)=\left\langle \left[s_{\sum_{j=1}^{n} w_j\alpha(x_{\sigma_j})}, s_{\sum_{j=1}^{n} w_j\beta(x_{\sigma_j})}\right], \right.$$

$$\left(\frac{2\prod_{j=1}^{n}\mu(x_{\sigma_j})^{w_j}}{\prod_{j=1}^{n}(2-\mu(x_{\sigma_j}))^{w_j}+\prod_{j=1}^{n}\mu(x_{\sigma_j})^{w_j}},\ \frac{\prod_{j=1}^{n}(1+\nu(x_{\sigma_j}))^{w_j}-\prod_{j=1}^{n}(1-\nu(x_{\sigma_j}))^{w_j}}{\prod_{j=1}^{n}(1+\nu(x_{\sigma_j}))^{w_j}+\prod_{j=1}^{n}(1-\nu(x_{\sigma_j}))^{w_j}}\right)\right\rangle \tag{2-35}$$

第三节　直觉不确定语言推广的 Hamacher 混合加权平均算子

通过以上分析，可知 IULGHWA 算子考虑了直觉不确定语言变量的自身权重，而 IULGHOWA 算子考虑了其所在位置的权重。也就是说，它们分别只考虑了权重的不同方面而已，为了克服这个缺陷，下面我们给出 Hamacher 混合算子：

定义 2.5　设 $\alpha_j=\langle[s_{\alpha(x_j)},\ s_{\beta(x_j)}],\ (\mu(x_j),\ \nu(x_j))\rangle$，$j=1,\ 2,\ \cdots,\ n$ 为一组直觉不确定语言变量，$w=(w_1,\ w_2,\ \cdots,\ w_n)^T$ 为 n 维关联向量，满足 $w_j\in[0,\ 1]$，$\sum_{j=1}^{n}w_j=1$，则 IULGHHWA：$\Omega^n\to\Omega$

$$IULGHHWA(\alpha_1,\ \alpha_2,\ \cdots,\ \alpha_n)=\bigoplus_{j=1}^{n}{}_h(w_j\beta_{\sigma_j}) \tag{2-36}$$

其中，Ω 为直觉不确定语言变量集，β_{σ_j} 为 β_j 中第 j 大的值（$\beta_j=n\omega_j\alpha_j=\langle[s_{\widetilde{\alpha}(x_j)},\ s_{\widetilde{\beta}(x_j)}],\ (\widetilde{\mu}(x_j),\ \widetilde{\nu}(x_j))\rangle$，$j=1,\ 2,\ \cdots,\ n$），$\omega=(\omega_1,\ \omega_2,\ \cdots,\ \omega_n)^T$ 为 α_j 的权重向量，且 $\omega_j\in[0,\ 1]$，$\sum_{j=1}^{n}\omega_j=1$，n 为平衡系数，$(\sigma_1,\ \sigma_2,\ \cdots,\ \sigma_n)$ 是 $(1,\ 2,\ \cdots,\ n)$ 的一个排列，满足 $\alpha_{\sigma_{j-1}}\geqslant\alpha_{\sigma_j}$，$\forall j$，称 IULGHHWA 为直觉不确定语言推广的 Hamacher 混合加权平均算子。

定理 2.2　设 $\alpha_j=\langle[s_{\alpha(x_j)},\ s_{\beta(x_j)}],\ (\mu(x_j),\ \nu(x_j))\rangle$，$j=1,\ 2,\ \cdots,\ n$ 为一组直觉不确定语言变量，则

$$IULGHHWA(\alpha_1,\ \alpha_2,\ \cdots,\ \alpha_n)=\left\langle\left[s_{\sum_{j=1}^{n}w_j\widetilde{\alpha}(x_{\sigma_j})},\ s_{\sum_{j=1}^{n}w_j\widetilde{\beta}(x_{\sigma_j})}\right],\right.$$

$$\left(\frac{\zeta\left(\prod_{j=1}^{n}\widetilde{\phi}_{\sigma_j}^{w_j}-\prod_{j=1}^{n}\widetilde{\varphi}_{\sigma_j}^{w_j}\right)^{1/\lambda}}{\left(\prod_{j=1}^{n}\widetilde{\phi}_{\sigma_j}^{w_j}+(\zeta^2-1)\prod_{j=1}^{n}\widetilde{\varphi}_{\sigma_j}^{w_j}\right)^{1/\lambda}+(\zeta-1)\left(\prod_{j=1}^{n}\widetilde{\phi}_{\sigma_j}^{w_j}-\prod_{j=1}^{n}\widetilde{\varphi}_{\sigma_j}^{w_j}\right)^{1/\lambda}},\right.$$

$$\left.\frac{\left(\prod_{j=1}^{n}\widetilde{\vartheta}_{\sigma_j}^{w_j}+(\zeta^2-1)\prod_{j=1}^{n}\widetilde{\psi}_{\sigma_j}^{w_j}\right)^{1/\lambda}-\left(\prod_{j=1}^{n}\widetilde{\vartheta}_{\sigma_j}^{w_j}-\prod_{j=1}^{n}\widetilde{\psi}_{\sigma_j}^{w_j}\right)^{1/\lambda}}{\left(\prod_{j=1}^{n}\widetilde{\vartheta}_{\sigma_j}^{w_j}+(\zeta^2-1)\prod_{j=1}^{n}\widetilde{\psi}_{\sigma_j}^{w_j}\right)^{1/\lambda}+(\zeta-1)\left(\prod_{j=1}^{n}\widetilde{\vartheta}_{\sigma_j}^{w_j}-\prod_{j=1}^{n}\widetilde{\psi}_{\sigma_j}^{w_j}\right)^{1/\lambda}}\right)\right\rangle \tag{2-37}$$

其中，$(\sigma_1, \sigma_2, \cdots, \sigma_n)$为$(1, 2, \cdots, n)$的一个排列，满足$\alpha_{\sigma_{j-1}}\geqslant\alpha_{\sigma_j}$，$\forall j$，$\zeta>0$，$\widetilde{\varphi}_j=(1+(\zeta-1)(1-\widetilde{\mu}(x_j)))^{\lambda}-\widetilde{\mu}(x_j)^{\lambda}$，$\widetilde{\vartheta}_j=(1+(\zeta-1)\widetilde{\nu}(x_j))^{\lambda}+(\zeta^2-1)(1-\widetilde{\nu}(x_j))^{\lambda}$，$\widetilde{\psi}_j=(1+(\zeta-1)\widetilde{\nu}(x_j))^{\lambda}-(1-\widetilde{\nu}(x_j))^{\lambda}$。

$$\widetilde{\mu}(x_j)=\frac{\zeta\mu(x_j)^{n\omega_j}}{(1+(\zeta-1)(1-\mu(x_j)))^{n\omega_j}+(\zeta-1)\mu(x_j)^{n\omega_j}}$$

$$\widetilde{\nu}(x_j)=\frac{(1+(\zeta-1)\nu(x_j))^{n\omega_j}-(1-\nu(x_j))^{n\omega_j}}{(1+(\zeta-1)\nu(x_j))^{n\omega_j}+(\zeta-1)(1-\nu(x_j))^{n\omega_j}} \tag{2-38}$$

证明：（1）当$n=1$时，可得$w_1=1$，$\omega_1=1$，先看式（2-37）的等式左边

$IULGHHWA(\alpha_1, \alpha_2, \cdots, \alpha_n)=\beta_{\sigma_1}=\alpha_{\sigma_1}=\alpha_1=\langle[s_{\alpha(x_1)}, s_{\beta(x_1)}], (\mu(x_1), \nu(x_1))\rangle$

等式右边

$$\left[[s_{\alpha(x_1)}, s_{\beta(x_1)}], \left(\frac{\zeta(\phi_1-\varphi_1)^{1/\lambda}}{(\phi_1+(\zeta^2-1)\varphi_1)^{1/\lambda}+(\zeta-1)(\phi_1-\varphi_1)^{1/\lambda}},\right.\right.$$

$$\left.\left.\frac{(\vartheta_1+(\zeta^2-1)\psi_1)^{1/\lambda}-(\vartheta_1-\psi_1)^{1/\lambda}}{(\vartheta_1+(\zeta^2-1)\psi_1)^{1/\lambda}+(\zeta-1)(\vartheta_1-\psi_1)^{1/\lambda}}\right)\right]=\langle[s_{\alpha(x_1)}, s_{\beta(x_1)}], (\mu(x_1), \nu(x_1))\rangle,$$

其中，

$\phi_1=(1+(\zeta-1)(1-\mu(x_1)))^{\lambda}+(\zeta^2-1)\mu(x_1)^{\lambda}$，$\varphi_1=(1+(\zeta-1)(1-\mu(x_1)))^{\lambda}-\mu(x_1)^{\lambda}$

$\vartheta_1=(1+(\zeta-1)\nu(x_1))^{\lambda}+(\zeta^2-1)(1-\nu(x_1))^{\lambda}$，$\psi_1=(1+(\zeta-1)\nu(x_1))^{\lambda}-(1-\nu(x_1))^{\lambda}$

因此，当$n=1$时，式（2-37）成立。

（2）设对于$n=k$等式成立，则

$$IULGHHWA(\alpha_1, \alpha_2, \cdots, \alpha_k)=\left\langle\left[s_{\sum_{j=1}^{k}w_j\widetilde{\alpha}(x_{\sigma_j})}, s_{\sum_{j=1}^{k}w_j\widetilde{\beta}(x_{\sigma_j})}\right],\right.$$

$$\left(\frac{\zeta\left(\prod_{j=1}^{k}\widetilde{\phi}_{\sigma_j}^{w_j}-\prod_{j=1}^{k}\widetilde{\varphi}_{\sigma_j}^{w_j}\right)^{1/\lambda}}{\left(\prod_{j=1}^{k}\widetilde{\phi}_{\sigma_j}^{w_j}+(\zeta^2-1)\prod_{j=1}^{k}\widetilde{\varphi}_{\sigma_j}^{w_j}\right)^{1/\lambda}+(\zeta-1)\left(\prod_{j=1}^{k}\widetilde{\phi}_{\sigma_j}^{w_j}-\prod_{j=1}^{k}\widetilde{\varphi}_{\sigma_j}^{w_j}\right)^{1/\lambda}},\right.$$

$$\left.\frac{\left(\prod_{j=1}^{k}\widetilde{\vartheta}_{\sigma_j}^{w_j}+(\zeta^2-1)\prod_{j=1}^{k}\widetilde{\psi}_{\sigma_j}^{w_j}\right)^{1/\lambda}-\left(\prod_{j=1}^{k}\widetilde{\vartheta}_{\sigma_j}^{w_j}-\prod_{j=1}^{k}\widetilde{\psi}_{\sigma_j}^{w_j}\right)^{1/\lambda}}{\left(\prod_{j=1}^{k}\widetilde{\vartheta}_{\sigma_j}^{w_j}+(\zeta^2-1)\prod_{j=1}^{k}\widetilde{\psi}_{\sigma_j}^{w_j}\right)^{1/\lambda}+(\zeta-1)\left(\prod_{j=1}^{k}\widetilde{\vartheta}_{\sigma_j}^{w_j}-\prod_{j=1}^{k}\widetilde{\psi}_{\sigma_j}^{w_j}\right)^{1/\lambda}}\right)\right\rangle$$

当 $n=k+1$ 时，

$$IULGHHWA(\alpha_1,\ \alpha_2,\ \cdots,\ \alpha_k,\ \alpha_{k+1})=IULGHHWA(\alpha_1,\ \alpha_2,\ \cdots,\ \alpha_k)\oplus_h$$

$$(w_{k+1}\beta_{k+1})=\left\langle\left[s_{\sum_{j=1}^{k}w_j\widetilde{\alpha}(x_{\sigma_j})},\ s_{\sum_{j=1}^{k}w_j\widetilde{\beta}(x_{\sigma_j})}\right],\right.$$

$$\left(\frac{\zeta\left(\prod_{j=1}^{k}\widetilde{\phi}_{\sigma_j}^{w_j}-\prod_{j=1}^{k}\widetilde{\varphi}_{\sigma_j}^{w_j}\right)^{1/\lambda}}{\left(\prod_{j=1}^{k}\widetilde{\phi}_{\sigma_j}^{w_j}+(\zeta^2-1)\prod_{j=1}^{k}\widetilde{\varphi}_{\sigma_j}^{w_j}\right)^{1/\lambda}+(\zeta-1)\left(\prod_{j=1}^{k}\widetilde{\phi}_{\sigma_j}^{w_j}-\prod_{j=1}^{k}\widetilde{\varphi}_{\sigma_j}^{w_j}\right)^{1/\lambda}},\right.$$

$$\left.\frac{\left(\prod_{j=1}^{k}\widetilde{\vartheta}_{\sigma_j}^{w_j}+(\zeta^2-1)\prod_{j=1}^{k}\widetilde{\psi}_{\sigma_j}^{w_j}\right)^{1/\lambda}-\left(\prod_{j=1}^{k}\widetilde{\vartheta}_{\sigma_j}^{w_j}-\prod_{j=1}^{k}\widetilde{\psi}_{\sigma_j}^{w_j}\right)^{1/\lambda}}{\left(\prod_{j=1}^{k}\widetilde{\vartheta}_{\sigma_j}^{w_j}+(\zeta^2-1)\prod_{j=1}^{k}\widetilde{\psi}_{\sigma_j}^{w_j}\right)^{1/\lambda}+(\zeta-1)\left(\prod_{j=1}^{k}\widetilde{\vartheta}_{\sigma_j}^{w_j}-\prod_{j=1}^{k}\widetilde{\psi}_{\sigma_j}^{w_j}\right)^{1/\lambda}}\right)\right\rangle$$

$$\oplus_h\left\langle\left[s_{\widetilde{\alpha}(x_{k+1})},\ s_{\widetilde{\beta}(x_{k+1})}\right],\ \left(\frac{(1+(\zeta-1)\widetilde{\mu}(x_{k+1}))^{w_{k+1}}-(1-\widetilde{\mu}(x_{k+1}))^{w_{k+1}}}{(1+(\zeta-1)\widetilde{\mu}(x_{k+1}))^{w_{k+1}}+(\zeta-1)(1-\widetilde{\mu}(x_{k+1}))^{w_{k+1}}},\right.\right.$$

$$\left.\left.\frac{\zeta(\widetilde{\nu}(x_{k+1}))^{w_{k+1}}}{(1+(\zeta-1)(1-\widetilde{\nu}(x_{k+1})))^{w_{k+1}}+(\zeta-1)(\widetilde{\nu}(x_{k+1}))^{w_{k+1}}}\right)\right\rangle$$

$$=\left\langle\left[s_{\sum_{j=1}^{k+1}w_j\widetilde{\alpha}(x_{\sigma_j})},\ s_{\sum_{j=1}^{k+1}w_j\widetilde{\beta}(x_{\sigma_j})}\right],\right.$$

$$\left(\frac{\zeta\left(\prod_{j=1}^{k+1}\widetilde{\phi}_{\sigma_j}^{w_j}-\prod_{j=1}^{k+1}\widetilde{\varphi}_{\sigma_j}^{w_j}\right)^{1/\lambda}}{\left(\prod_{j=1}^{k+1}\widetilde{\phi}_{\sigma_j}^{w_j}+(\zeta^2-1)\prod_{j=1}^{k+1}\widetilde{\varphi}_{\sigma_j}^{w_j}\right)^{1/\lambda}+(\zeta-1)\left(\prod_{j=1}^{k+1}\widetilde{\phi}_{\sigma_j}^{w_j}-\prod_{j=1}^{k+1}\widetilde{\varphi}_{\sigma_j}^{w_j}\right)^{1/\lambda}},\right.$$

$$\frac{\left(\prod_{j=1}^{k+1}\widetilde{\vartheta}_{\sigma_j}^{w_j}+(\zeta^2-1)\prod_{j=1}^{k+1}\widetilde{\psi}_{\sigma_j}^{w_j}\right)^{1/\lambda}-\left(\prod_{j=1}^{k+1}\widetilde{\vartheta}_{\sigma_j}^{w_j}-\prod_{j=1}^{k+1}\widetilde{\psi}_{\sigma_j}^{w_j}\right)^{1/\lambda}}{\left(\prod_{j=1}^{k+1}\widetilde{\vartheta}_{\sigma_j}^{w_j}+(\zeta^2-1)\prod_{j=1}^{k+1}\widetilde{\psi}_{\sigma_j}^{w_j}\right)^{1/\lambda}+(\zeta-1)\left(\prod_{j=1}^{k+1}\widetilde{\vartheta}_{\sigma_j}^{w_j}-\prod_{j=1}^{k+1}\widetilde{\psi}_{\sigma_j}^{w_j}\right)^{1/\lambda}}\Bigg)\Bigg\rangle$$

因此，当 $n=k+1$ 时，式（2-37）成立。

（3）由（1）和（2），定理得证。

注 2：若分别令 $\omega=\left(\frac{1}{n},\ \frac{1}{n},\ \cdots,\ \frac{1}{n}\right)^T$ 和 $w=\left(\frac{1}{n},\ \frac{1}{n},\ \cdots,\ \frac{1}{n}\right)^T$，可得 IULGHWA 和 IULGHOWA 算子分别是 IULGHHWA 算子的特例。

第四节 基于直觉不确定语言信息集成算子的多属性决策方法及其数值分析

一、基于直觉不确定语言 Hamacher 混合加权平均算子的多属性决策方法

记 $X=\{x_1,\ x_2,\ \cdots,\ x_n\}$ 为方案集，$G=\{g_1,\ g_2,\ \cdots,\ g_l\}$ 为属性集，$\omega=(\omega_1,\ \omega_2,\ \cdots,\ \omega_l)^T$ 为属性权重，满足 $\omega_i\in[0,\ 1]$，$i=1,\ 2,\ \cdots,\ l$，$\sum_{i=1}^{l}\omega_i=1$，$d_k\in D=\{d_1,\ d_2,\ \cdots,\ d_m\}$ 和 $u=(u_1,\ u_2,\ \cdots,\ u_m)^T$ 分别为决策者集合和其权重向量，满足条件 $u_k\geqslant 0$，$\sum_{k=1}^{m}u_k=1$。设 $A^{(k)}=(\alpha_{ij}^{(k)})_{l\times n}$ 为决策矩阵，其中，$\alpha_{ij}^{(k)}=\langle[s_{\alpha_{x(ij)}^k},\ s_{\beta_{x(ij)}^k}],\ (\mu_{x(ij)}^k,\ \nu_{x(ij)}^k)\rangle$ 为直觉不确定语言变量，由决策者 $d_k(k=1,\ 2,\ \cdots,\ m)$ 对方案 $x_j\in X(j=1,\ 2,\ \cdots,\ n)$ 根据属性 $g_i\in G$ 给出，且 $0\leqslant\mu_{x(ij)}^k\leqslant 1$，$0\leqslant\nu_{x(ij)}^k\leqslant 1$，$\mu_{x(ij)}^k+\nu_{x(ij)}^k\leqslant 1$，$[s_{\alpha_{x(ij)}^k},\ s_{\beta_{x(ij)}^k}]\in\widetilde{S}$。下面，我们给出直觉不确定语言信息下基于 Hamacher 集成算子的多属性决策方法：

步骤 1： 对直觉不确定语言变量标准化。当然，若所有属性具有相同测度单元或已最大化，则不用进行标准化。设决策矩阵 $A^{(k)}=(\alpha_{ij}^{(k)})_{l\times n}$ 标准化后的相关矩阵为 $\hat{A}^{(k)}=(\hat{\alpha}_{ij}^{(k)})_{l\times n}$，其中 $i=1,\ 2,\ \cdots,\ l$，$j=1,\ 2,\ \cdots,\ n$，则对应的属性最小化时的标准形式可以表示为 $\hat{\alpha}_{ij}^{(k)}=\langle[neg(s_{\hat{\beta}_{x(ij)}^k}),\ neg(s_{\hat{\alpha}_{x(ij)}^k})],\ (\hat{\nu}_{x(ij)}^k,\ \hat{\mu}_{x(ij)}^k)\rangle$。

步骤 2：利用 IULGHHWA 算子将决策矩阵 $\hat{A}^{(k)}=(\hat{\alpha}_{ij}^{(k)})_{l\times n}$，$k=1, 2, \cdots, m$ 集成为综合直觉不确定语言决策矩阵

$$\hat{\alpha}_{ij}=IULGHHWA(\hat{\alpha}_{ij}^{(1)}, \hat{\alpha}_{ij}^{(2)}, \cdots, \hat{\alpha}_{ij}^{(m)}) \tag{2-39}$$

步骤 3：利用 IULGHHWA 算子计算综合群体偏好值 $\hat{\alpha}_j$（$j=1, 2, \cdots, n$）

$$\hat{\alpha}_j=IULGHHWA(\hat{\alpha}_{1j}, \hat{\alpha}_{2j}, \cdots, \hat{\alpha}_{lj}) \tag{2-40}$$

步骤 4：计算综合群体偏好值 $\hat{\alpha}_j(j=1, 2, \cdots, n)$的期望值 $E(\hat{\alpha}_j)$和精确函数 $H(\hat{\alpha}_j)$（如需要）

$$E(\alpha_i)=\frac{[\mu(x_i)+(1-\nu(x_i))][\alpha(x_i)+\beta(x_i)]}{4} \tag{2-41}$$

$$H(\alpha_i)=\frac{[\mu(x_i)+\nu(x_i)][\alpha(x_i)+\beta(x_i)]}{2} \tag{2-42}$$

若 $E(\alpha_1)<E(\alpha_2)$，则 $\alpha_1<\alpha_2$；若 $E(\alpha_1)>E(\alpha_2)$，则 $\alpha_1>\alpha_2$；若 $E(\alpha_1)=E(\alpha_2)$，则需进一步比较精确函数；若 $H(\alpha_1)<H(\alpha_2)$，则 $\alpha_1<\alpha_2$；若 $H(\alpha_1)=H(\alpha_2)$，则 $\alpha_1=\alpha_2$。

步骤 5：通过期望值 $E(\hat{\alpha}_j)$和精确函数 $H(\hat{\alpha}_j)$对方案 $x_j\in X(j=1, 2, \cdots, n)$排序并择优。

步骤 6：结束。

二、数值分析

Z 企业为一家基础设施施工企业，为了突出表现企业的风险管控对经营绩效的影响，企业近年来致力于系统开展风险评价活动和风险管理体系的构建，从而更好地对其供应商进行筛选和科学评价。

Z 企业一施工项目现公开招标大宗物资材料（钢筋、水泥）供应权，有 4 个供应商，记为 $x_j(j=1, 2, 3, 4)$。3 个专家 $d_k(k=1, 2, 3)$以直觉不确定语言标度集 A 的形式对其进行评价，基于对风险管理的战略性重视程度，Z 企业首要考虑系统性风险分析和风险管理体系方面。建立健全的风险管理体系包括风险点收集（外部环境信息、内部环境信息）、风险准则的确定、风险评估（风险识别、风险分析、风险评价）、风险应对（风险管理策略）、风险管理组织架构、风险预警管理、风险管理信息系统和风险管控问责措施等多个方面[146]。风险评估是识别并评估影响企业目标实现的各类活动，包括组织内部运营风险和外部风险两类，作为风险管理的重要环节，风险评估是风险管理体系的重要组成部分。在风

险评估中，对目标有阻碍作用的风险和积极影响的机遇识别同样重要，总体来说，企业目标实现是风险与机遇共存的动态发展过程。首先，风险评价是整个风险评估过程的重要一环，对于初步识别出来的极高风险和高风险等级，要进行科学的风险评价。其次，对于供应商的行业发展、资源端、政治因素和绿色供应等方面也是 Z 企业考虑合作伙伴的重要参考前提[147]。基于此，本章在文献研究和专家问卷反复论证的基础上，从如下 3 个属性考虑对以上供应商进行评价，g_1：风险分析（风险识别、风险评估和风险应对策略）；g_2：发展分析（行业发展、竞争对手和资源条件）；g_3：社会政治、绿色发展因素影响分析，由主客观赋权法可得其权重为 $\omega=(0.4, 0.4, 0.2)^T$。决策者基于以上 3 个属性对供应商达成共识得到以直觉不确定语言数表示的决策矩阵 $A^{(k)}$，如表 2-1 至表 2-3 所示。

表 2-1　决策矩阵 $A^{(1)}$

属性	x_1	x_2	x_3	x_4
g_1	$\langle[s_1, s_2], (0.5, 0.4)\rangle$	$\langle[s_2, s_3], (0.4, 0.5)\rangle$	$\langle[s_2, s_3], (0.5, 0.3)\rangle$	$\langle[s_2, s_3], (0.5, 0.3)\rangle$
g_2	$\langle[s_1, s_2], (0.5, 0.2)\rangle$	$\langle[s_2, s_4], (0.6, 0.2)\rangle$	$\langle[s_2, s_2], (0.4, 0.5)\rangle$	$\langle[s_1, s_1], (0.2, 0.4)\rangle$
g_3	$\langle[s_2, s_3], (0.4, 0.2)\rangle$	$\langle[s_1, s_2], (0.2, 0.3)\rangle$	$\langle[s_1, s_3], (0.2, 0.4)\rangle$	$\langle[s_1, s_2], (0.6, 0.1)\rangle$

表 2-2　决策矩阵 $A^{(2)}$

属性	x_1	x_2	x_3	x_4
g_1	$\langle[s_1, s_2], (0.6, 0.4)\rangle$	$\langle[s_1, s_2], (0.4, 0.3)\rangle$	$\langle[s_2, s_2], (0.5, 0.2)\rangle$	$\langle[s_2, s_2], (0.4, 0.3)\rangle$
g_2	$\langle[s_2, s_3], (0.7, 0.1)\rangle$	$\langle[s_1, s_2], (0.5, 0.2)\rangle$	$\langle[s_2, s_3], (0.5, 0.5)\rangle$	$\langle[s_2, s_3], (0.4, 0.3)\rangle$
g_3	$\langle[s_2, s_2], (0.8, 0.2)\rangle$	$\langle[s_1, s_2], (0.4, 0.3)\rangle$	$\langle[s_2, s_2], (0.2, 0.4)\rangle$	$\langle[s_3, s_4], (0.7, 0.1)\rangle$

表 2-3　决策矩阵 $A^{(3)}$

属性	x_1	x_2	x_3	x_4
g_1	$\langle[s_1, s_2], (0.6, 0.3)\rangle$	$\langle[s_2, s_3], (0.5, 0.5)\rangle$	$\langle[s_1, s_2], (0.6, 0.3)\rangle$	$\langle[s_1, s_2], (0.4, 0.4)\rangle$
g_2	$\langle[s_2, s_3], (0.7, 0.3)\rangle$	$\langle[s_1, s_2], (0.7, 0.2)\rangle$	$\langle[s_1, s_2], (0.5, 0.5)\rangle$	$\langle[s_1, s_2], (0.3, 0.4)\rangle$
g_3	$\langle[s_3, s_4], (0.5, 0.2)\rangle$	$\langle[s_1, s_2], (0.2, 0.5)\rangle$	$\langle[s_3, s_4], (0.6, 0.4)\rangle$	$\langle[s_2, s_3], (0.7, 0.1)\rangle$

基于以上决策信息，利用直觉不确定语言多属性决策方法进行求解，步骤如下：

步骤 1：由于所有属性值具有相同测度单元属性最大化，因此无须进行决策信息标准化。

步骤 2：利用 IULGHHWA 算子通过式（2-39）对决策矩阵 $A^{(k)}=(\alpha_{ij}^{(k)})_{3\times4}$，$k=1$，2，3 进行集成，得到综合直觉不确定语言决策矩阵 $A=(\alpha_{ij})_{3\times4}$。这里，与 IULGHHWA 算子关联的权重向量为 $w=(0.2429, 0.5142, 0, 2429)^T$，可通过 Gaussian 分布法得出（不失一般性地，令 $\lambda=1$、$\zeta=2$）。

$$A=(a_{ij})_{3\times4}=\begin{bmatrix} \langle[s_1, s_{2.3}], (0.46, 0.28)\rangle & \langle[s_2, s_{3.6}], (0.45, 0.33)\rangle \\ \langle[s_2, s_{2.5}], (0.35, 0.49)\rangle & \langle[s_{1.3}, s_{1.8}], (0.36, 0.44)\rangle \\ \langle[s_{1.8}, s_{2.4}], (0.76, 0.2)\rangle & \langle[s_1, s_{2.1}], (0.43, 0.29)\rangle \\ \langle[s_{2.1}, s_{2.7}], (0.41, 0.45)\rangle & \langle[s_{2.3}, s_3], (0.48, 0.28)\rangle \\ \langle[s_2, s_3], (0.66, 0.32)\rangle & \langle[s_{1.3}, s_{2.4}], (0.58, 0.38)\rangle \\ \langle[s_{1.3}, s_{2.4}], (0.5, 0.49)\rangle & \langle[s_{1.2}, s_{2.3}], (0.38, 0.35)\rangle \end{bmatrix}$$

步骤 3：通过 IULGHHWA 算子进一步计算综合群体偏好值 $\alpha_j(j=1, 2, 3, 4)$，（设决策者权重 $u=(u_1, u_2, u_3)^T=(0.3, 0.5, 0.2)^T$），得到：

$\alpha_1=\langle[s_{1.9}, s_{2.8}], (0.71, 0.28)\rangle$

$\alpha_2=\langle[s_{1.4}, s_{2.8}], (0.46, 0.38)\rangle$

$\alpha_3=\langle[s_2, s_{2.6}], (0.39, 0.54)\rangle$

$\alpha_4=\langle[s_{2.2}, s_3], (0.4, 0.39)\rangle$

步骤 4：计算综合群体偏好值 $\alpha_j(j=1, 2, 3, 4)$ 的期望值 $E(\alpha_j)$

$E(\alpha_1)=1.68$，$E(\alpha_2)=1.13$，$E(\alpha_3)=0.98$，$E(\alpha_4)=1.31$

步骤 5：由 $E(\alpha_j)$ 对方案进行排序择优，有

$E(\alpha_1)>E(\alpha_4)>E(\alpha_2)>E(\alpha_3)$

因此，最优供应商（方案）为 x_1。

此外，令 $\lambda=1$、$\zeta=1$，在以上步骤 2～步骤 3 中，IULGHHWA 将退化为直觉不确定语言混合加权平均 IULHWA 算子，由式（2-39）可得综合直觉不确定语言决策矩阵：

$$A=(a_{ij})_{3\times4}=\begin{bmatrix}\langle[s_1, s_{2.3}], (0.5, 0.24)\rangle & \langle[s_2, s_{3.6}], (0.53, 0.28)\rangle & \langle[s_2, s_{2.5}], (0.42, 0.42)\rangle & \langle[s_{1.3}, s_{1.8}], (0.38, 0.26)\rangle \\ \langle[s_{1.8}, s_{2.4}], (0.71, 0.17)\rangle & \langle[s_1, s_{2.1}], (0.48, 0.25)\rangle & \langle[s_{2.1}, s_{2.7}], (0.48, 0.38)\rangle & \langle[s_{2.3}, s_3], (0.47, 0.23)\rangle \\ \langle[s_2, s_3], (0.67, 0.27)\rangle & \langle[s_{1.3}, s_{2.4}], (0.62, 0.32)\rangle & \langle[s_{1.3}, s_{2.4}], (0.56, 0.42)\rangle & \langle[s_{1.2}, s_{2.3}], (0.39, 0.28)\rangle\end{bmatrix}$$

进一步地，计算综合群体偏好值 α_j（$j=1, 2, 3, 4$）

$$\alpha_1=\langle[s_{1.9}, s_{2.8}], (0.7, 0.22)\rangle$$

$$\alpha_2=\langle[s_{1.4}, s_{2.8}], (0.56, 0.29)\rangle$$

$$\alpha_3=\langle[s_2, s_{2.6}], (0.52, 0.41)\rangle$$

$$\alpha_4=\langle[s_{2.2}, s_3], (0.46, 0.26)\rangle$$

并计算 $x_j\in X$（$j=1, 2, 3, 4$）期望值

$$E(\alpha_1)=1.74,\ E(\alpha_2)=1.33,\ E(\alpha_3)=1.28,\ E(\alpha_4)=1.56$$

可以看出，方案排序 $x_1\succ x_4\succ x_2\succ x_3$，与 IULGHHWA 算子的计算结果一致。

当然，我们可以用类似的方法令 $\lambda\to0$ 得到 Hamacher 几何平均算子，当 $\zeta=1$ 时，退化为直觉不确定语言有序加权几何平均（IULOWGA）算子或代数集成算子；当 $\zeta=2$ 时，即为爱因斯坦集成算子。此外，我们考虑了与其他相关群决策方法的对比分析，如 Xian 等[148] 计算结果与以上一致。

以上讨论了参数 λ 和 ζ 不同取值的情况，并已包含当 $\omega=(1/n, 1/n, \cdots, 1/n)^T$ 和 $w=(1/n, 1/n, \cdots, 1/n)^T$ 时，IULGHHWA 分别退化为 IULGHWA 和 IULGHOWA 算子的情形。所提决策方法不仅是对已有方法的延伸，而且推广了直觉不确定语言算术、几何平均算子和代数、爱因斯坦集成算子，提供了一个更为一般化的模型包括目前文献报道的直觉不确定语言信息下的集成算子，并能根据所给参数的不同取值自行选择。

第三章　球形模糊信息集成算子及决策方法研究

本章提出一种基于对数集成算子的球形模糊多属性决策方法。具体而言，包括如下内容：①针对球形模糊集，提出了一些新的对数运算规则；②提出一簇SFSs对数集成算子，包含对数球形模糊混合加权几何（L-SFHWG）算子等；③提出了球形模糊熵，并用于获取决策属性的未知权重信息；④提出了一种基于模糊熵和对数集成算子的球形模糊多属性决策方法，并应用于解决高新技术企业择优排序问题中。

第一节　球形模糊集理论及熵测度

一、球形模糊集理论

定义 3.1[3]　对于非空集合 $\mathfrak{R}$，若

$$\varepsilon=\{\langle P_{\sigma}(r_{\gamma}),\ N_{\sigma}(r_{\gamma})\rangle \mid r_{\gamma}\in\mathfrak{R}\} \tag{3-1}$$

其中，P_{σ}：$\mathfrak{R}\to\Theta$ 和 N_{σ}：$\mathfrak{R}\to\Theta$ 表示 $\mathfrak{R}$ 的隶属度、非隶属度，$\Theta=[0,1]$为单位区间。此外，对所有 $r_{\gamma}\in\mathfrak{R}$，$P_{\sigma}$ 和 N_{σ} 满足条件 $0\leqslant P_{\sigma}^{2}(r_{\gamma})+N_{\sigma}^{2}(r_{\gamma})\leqslant 1$，则称 ε 为 $\mathfrak{R}$ 上的毕达哥拉斯模糊集（PyFS）。

定义 3.2[9]　对于非空集合 $\mathfrak{R}$，若

$$\varepsilon=\{\langle P_{\sigma}(r_{\gamma}),\ I_{\sigma}(r_{\gamma}),\ N_{\sigma}(r_{\gamma})\rangle \mid r_{\gamma}\in\mathfrak{R}\} \tag{3-2}$$

其中，P_{σ}：$\mathfrak{R}\to\Theta$，I_{σ}：$\mathfrak{R}\to\Theta$ 和 N_{σ}：$\mathfrak{R}\to\Theta$ 表示 $\mathfrak{R}$ 上的隶属度、中立度、非隶

属度，Θ=[0，1]是单位区间。此外，对所有 $r_\gamma \in \Re$，P_σ，I_σ 和 N_σ 满足条件 $0 \leqslant P_\sigma(r_\gamma)+I_\sigma(r_\gamma)+N_\sigma(r_\gamma) \leqslant 1$，则称 ε 为 $\Re$ 上的情景模糊集（PFS）。

定义 3.3[149]　对于非空集合 $\Re$，若

$$\varepsilon=\{\langle P_\sigma(r_\gamma),\ I_\sigma(r_\gamma),\ N_\sigma(r_\gamma)\rangle \mid r_\gamma \in \Re\} \tag{3-3}$$

其中，P_σ：$\Re \to \Theta$，I_σ：$\Re \to \Theta$ 和 N_σ：$\Re \to \Theta$ 表示 $\Re$ 上的隶属度、中立度、非隶属度，Θ=[0，1]是单位区间。此外，对所有 $r_\gamma \in \Re$，P_σ，I_σ 和 N_σ 满足条件 $0 \leqslant P_\sigma^2(r_\gamma)+I_\sigma^2(r_\gamma)+N_\sigma^2(r_\gamma) \leqslant 1$，那么，称 ε 为 $\Re$ 上的球形模糊集(SFS)。$\chi_\sigma(r_\gamma)=\sqrt{1-(P_\sigma^2(r_\gamma)+I_\sigma^2(r_\gamma)+N_\sigma^2(r_\gamma))}$ 为 $\Re$ 中 r_γ 的拒绝度。

为方便起见，我们把球形模糊集 $SFS=\{\langle P_\sigma(r_\gamma),\ I_\sigma(r_\gamma),\ N_\sigma(r_\gamma)\rangle \mid r_\gamma \in \Re\}$ 的三个分量 $\langle P_\sigma(r_\gamma),\ I_\sigma(r_\gamma),\ N_\sigma(r_\gamma)\rangle$ 简记为 $e=\langle P_e,\ I_e,\ N_e\rangle$，并称为球形模糊数($SFN$)，其中 P_e，I_e 和 $N_e \in [0,\ 1]$，且满足 $0 \leqslant P_e^2+I_e^2+N_e^2 \leqslant 1$。

Ashraf 和 Abdullah 提出的 SFS 运算规则如下：

定义 3.4　对任意两个 $SFNs$，

$$\varepsilon_\rho=\langle P_{\xi_\rho},\ I_{\xi_\rho},\ N_{\xi_\rho}\rangle,\ \varepsilon_q=\langle P_{\xi_q},\ I_{\xi_q},\ N_{\xi_q}\rangle,$$

有

（1）$\varepsilon_\rho \leqslant \varepsilon_q$ 若 $\forall r_\gamma \in \Re$，$P_{\xi_\rho} \leqslant P_{\xi_q}$，$I_{\xi_\rho} \leqslant I_{\xi_q}$，$N_{\xi_\rho} \leqslant N_{\xi_q}$

（2）$\varepsilon_\rho = \varepsilon_q$ 若 $\varepsilon_\rho \leqslant \varepsilon_q$，$\varepsilon_q \geqslant \varepsilon_\rho$

（3）$\varepsilon_\rho \cup \varepsilon_q=\langle \max(P_{\varepsilon_\rho},\ P_{\varepsilon_q}),\ \min(I_{\varepsilon_\rho},\ I_{\varepsilon_q}),\ \min(N_{\varepsilon_\rho},\ N_{\varepsilon_q})\rangle$

（4）$\varepsilon_\rho \cup \varepsilon_q=\langle \min(P_{\xi_\rho},\ P_{\xi_q}),\ \min(I_{\xi_\rho},\ I_{\xi_q}),\ \max(N_{\xi_\rho},\ N_{\xi_q})\rangle$

（5）$\varepsilon_\rho^c=\langle P_{\xi_\rho},\ I_{\xi_\rho},\ N_{\xi_\rho}\rangle$

定义 3.5　对任意两个 $SFNs$，

$$\varepsilon_\rho=\langle P_{\xi_\rho},\ I_{\xi_\rho},\ N_{\xi_\rho}\rangle,\ \varepsilon_q=\langle P_{\xi_q},\ I_{\xi_q},\ N_{\xi_q}\rangle,$$

且 $\beta \geqslant 0$，有

（1）$\varepsilon_\rho \oplus \varepsilon_q=\left\{\sqrt{P_{\xi_\rho}^2+P_{\xi_q}^2-P_{\xi_\rho}^2 \cdot P_{\xi_q}^2},\ I_{\xi_\rho} \cdot I_{\xi_q},\ N_{\xi_\rho} \cdot N_{\xi_q}\right\}$

（2）$\beta \cdot \varepsilon_\rho=\left\{\sqrt{1-(1-P_{\xi_\rho}^2)^\beta},\ (I_{\xi_\rho})^\beta,\ (N_{\xi_\rho})^\beta\right\}$

（3）$\varepsilon_\rho \otimes \varepsilon_q=\left\{P_{\xi_\rho} \cdot P_{\xi_q},\ I_{\xi_\rho} \cdot I_{\xi_q},\ \sqrt{N_{\xi_\rho}^2+N_{\xi_q}^2-N_{\xi_\rho}^2 \cdot N_{\xi_q}^2}\right\}$

（4）$\varepsilon_\rho^\beta=\left\{(P_{\xi_\rho})^\beta,\ (I_{\xi_\rho})^\beta,\ \sqrt{1-(1-N_{\xi_\rho}^2)^\beta}\right\}$

(5) $\beta^{\varepsilon_\rho}=\begin{cases}\left(\beta^{\sqrt{1-P_{\xi_\rho}^2}},\ \sqrt{1-\beta^{2I_{\xi_\rho}}},\ \sqrt{1-\beta^{2N_{\xi_\rho}}}\right) 若\beta\in(0,\ 1),\\ \left(\left(\frac{1}{\beta}\right)^{\sqrt{1-P_{\xi_\rho}^2}},\ \sqrt{1-\left(\frac{1}{\beta}\right)^{2I_{\xi_\rho}}},\ \sqrt{1-\left(\frac{1}{\beta}\right)^{2N_{\xi_\rho}}}\right) 若\beta\geqslant 1\end{cases}$

根据定义 3.5 可得如下一些性质：

定义 3.6 对任意的 *SFNs*，

$\varepsilon_\rho=\langle P_{\xi_\rho},\ I_{\xi_\rho},\ N_{\xi_\rho}\rangle$，$\varepsilon_q=\langle P_{\xi_q},\ I_{\xi_q},\ N_{\xi_q}\rangle$

$\varepsilon_l=\langle P_{\xi_l},\ I_{\xi_l},\ N_{\xi_l}\rangle$，

且 β_1，$\beta_2>0$，有

(1) $\varepsilon_\rho\oplus\varepsilon_q=\varepsilon_q\oplus\varepsilon_\rho$

(2) $\varepsilon_\rho\otimes\varepsilon_q=\varepsilon_q\otimes\varepsilon_\rho$

(3) $\beta_1(\varepsilon_\rho\oplus\varepsilon_q)=\beta_1\varepsilon_\rho\oplus\beta_1\varepsilon_q$，$\beta_1>0$

(4) $(\varepsilon_\rho\oplus\varepsilon_q)^{\beta_1}=\varepsilon_\rho^{\beta_1}\oplus\varepsilon_q^{\beta_1}$，$\beta_1>0$

(5) $\beta_1\varepsilon_\rho\oplus\beta_2\varepsilon_q=(\beta_1+\beta_2)\varepsilon_\rho$，$\beta_1>0$，$\beta_2>0$

(6) $\varepsilon_\rho^{\beta_1}\otimes\varepsilon_\rho^{\beta_2}=\varepsilon_\rho^{\beta_1+\beta_2}$，$\beta_1>0$，$\beta_2>0$

(7) $(\varepsilon_\rho\oplus\varepsilon_q)\oplus\varepsilon_l=\varepsilon_\rho\oplus(\varepsilon_q\oplus\varepsilon_l)$

(8) $(\varepsilon_\rho\otimes\varepsilon_q)\otimes\varepsilon_l=\varepsilon_\rho\otimes(\varepsilon_q\otimes\varepsilon_l)$

定义 3.7 对于 *SFN*，

$\varepsilon_\rho=\langle P_{\xi_\rho},\ I_{\xi_\rho},\ N_{\xi_\rho}\rangle$

则其得分值和精确值定义为：

(1) $\widetilde{S}(\varepsilon_\rho)=\frac{1}{3}(2+P_{\xi_\rho}-I_{\xi_\rho}-N_{\xi_\rho})\in[0,\ 1]$

(2) $\widetilde{A}(\varepsilon_\rho)=(P_{\xi_\rho}-N_{\xi_\rho})\in[0,\ 1]$

其中，球形模糊数的大小比较规则如下：

定义 3.8 对于 $\Re$ 上任意两个 *SFNs*，

$\varepsilon_\rho=\langle P_{\xi_\rho},\ I_{\xi_\rho},\ N_{\xi_\rho}\rangle(\rho=1,\ 2)$

有

(1) 若 $\widetilde{S}(\varepsilon_1)<\widetilde{S}(\varepsilon_2)$，则 $\varepsilon_1<\varepsilon_2$

(2) 若 $\widetilde{S}(\varepsilon_1)>\widetilde{S}(\varepsilon_2)$，则 $\varepsilon_1>\varepsilon_2$

(3) 若 $\widetilde{S}(\varepsilon_1)=\widetilde{S}(\varepsilon_2)$，则 $\varepsilon_1\approx\varepsilon_2$

(a) 若 $\widetilde{A}(\varepsilon_1)<\widetilde{A}(\varepsilon_2)$，则 $\varepsilon_1<\varepsilon_2$

(b) 若 $\widetilde{A}(\varepsilon_1)>\widetilde{A}(\varepsilon_2)$，则 $\varepsilon_1>\varepsilon_2$

(c) 若 $\widetilde{A}(\varepsilon_1)=\widetilde{A}(\varepsilon_2)$，则 $\varepsilon_1<\varepsilon_2$

Ashraf 和 Abdullah 提出的一簇球形模糊加权集成算子如下：

定义 3.9　设 $\varepsilon_\rho=\langle P_{\xi_\rho}, I_{\xi_\rho}, N_{\xi_\rho}\rangle(\rho=1, 2, \cdots, n)$ 是一组球形模糊数 SFNs，则球形模糊加权平均($SFWA$)算子定义为：

$$SFWA(\varepsilon_1, \varepsilon_2, \cdots, \varepsilon_n)=\sum_{\rho=1}^{n}\beta_\rho\varepsilon_\rho \tag{3-4}$$

其中，$\beta_\rho(\rho=1, 2, \cdots, n)$ 是权重向量，且 $\beta_\rho\geqslant 0$，$\sum_{\rho=1}^{n}\beta_\rho=1$。

定义 3.10　设 $\varepsilon_\rho=\langle P_{\xi_\rho}, I_{\xi_\rho}, N_{\xi_\rho}\rangle(\rho=1, 2, \cdots, n)$ 是一组球形模糊数 SFNs，则球形模糊有序加权平均（$SFOWA$）算子定义为：

$$SFOWA(\varepsilon_1, \varepsilon_2, \cdots, \varepsilon_n)=\sum_{\rho=1}^{n}\beta_\rho\varepsilon_{\eta(\rho)} \tag{3-5}$$

其中，$\beta_\rho(\rho=1, 2, \cdots, n)$ 是权重向量，且 $\beta_\rho\geqslant 0$，$\sum_{\rho=1}^{n}\beta_\rho=1$，$(\eta(1), \cdots, \eta(n))$ 是 $(1, 2, \cdots, n)$ 的一个置换，使得对任意的 j 满足 $\varepsilon_{\eta(1)}\geqslant\varepsilon_{\eta(2)}\geqslant\cdots\geqslant\varepsilon_{\eta(n)}$。

定义 3.11　设 $\varepsilon_\rho=\langle P_{\xi_\rho}, I_{\xi_\rho}, N_{\xi_\rho}\rangle(\rho=1, 2, \cdots, n)$ 是一组球形模糊数 SFNs，则球形模糊混合加权平均($SFHWA$) 算子定义为：

$$SFHWA(\varepsilon_1, \varepsilon_2, \cdots, \varepsilon_n)=\sum_{\rho=1}^{n}\beta_\rho\varepsilon^*_{\eta(\rho)} \tag{3-6}$$

其中，$\beta_\rho(\rho=1, 2, \cdots, n)$ 是权重向量，且 $\beta_\rho\geqslant 0$，$\sum_{\rho=1}^{n}\beta_\rho=1$，$(\eta(1), \cdots, \eta(n))$ 是 $(1, 2, \cdots, n)$ 的一个置换，使得对任意的 j 满足 $\varepsilon^*_{\eta(1)}\geqslant\varepsilon^*_{\eta(2)}\geqslant\cdots\geqslant\varepsilon^*_{\eta(n)}$，其中 $\varepsilon^*_{\eta(\rho)}=n\beta_\rho\varepsilon_{\eta(\rho)}$，$\rho\in N$。此外，与算子相关的权重为 $\omega=(\omega_1, \omega_2, \cdots, \omega_n)$，其中 $\omega_\rho\geqslant 0$，$\sum_{\rho=1}^{n}\omega_\rho=1$。

定义 3.12　设 $\varepsilon_\rho=\langle P_{\xi_\rho}, I_{\xi_\rho}, N_{\xi_\rho}\rangle(\rho=1, 2, \cdots, n)$ 是一组球形模糊数 SFNs，则球形模糊加权几何（$SFWG$）算子定义为：

$$SFWG(\varepsilon_1, \varepsilon_2, \cdots, \varepsilon_n)=\prod_{\rho=1}^{n}(\varepsilon_\rho)^{\beta_\rho} \tag{3-7}$$

其中，$\beta_\rho(\rho=1, 2, \cdots, n)$ 是权重向量，且 $\beta_\rho\geqslant 0$，$\sum_{\rho=1}^{n}\beta_\rho=1$。

定义 3.13 设 $\varepsilon_\rho=\langle P_{\xi_\rho}, I_{\xi_\rho}, N_{\xi_\rho}\rangle(\rho=1, 2, \cdots, n)$ 是一组球形模糊数 SFNs，则球形模糊有序加权几何（*SFOWG*）算子定义为：

$$SFOWG(\varepsilon_1, \varepsilon_2, \cdots, \varepsilon_n)=\prod_{\rho=1}^{n}(\varepsilon_\rho)^{\beta_\rho} \tag{3-8}$$

其中，$\beta_\rho(\rho=1, 2, \cdots, n)$ 是权重向量，且 $\beta_\rho\geqslant 0$，$\sum_{\rho=1}^{n}\beta_\rho=1$，$(\eta(1), \cdots, \eta(n))$ 是 $(1, \cdots, n)$ 的一个置换，使得对任意的 j 满足 $\varepsilon_{\eta(1)}\geqslant\varepsilon_{\eta(2)}\geqslant\cdots\geqslant\varepsilon_{\eta(n)}$。

定义 3.14 设 $\varepsilon_\rho=\langle P_{\xi_\rho}, I_{\xi_\rho}, N_{\xi_\rho}\rangle(\rho=1, 2, \cdots, n)$ 是一组球形模糊数 SFNs，则球形模糊混合加权几何（*SFHWG*）算子定义为：

$$SFHWG(\varepsilon_1, \varepsilon_2, \cdots, \varepsilon_n)=\prod_{\rho=1}^{n}(\varepsilon_{\eta(\rho)}^{*})^{\beta_\rho} \tag{3-9}$$

其中，$\beta_\rho(\rho=1, 2, \cdots, n)$ 是权重向量，且 $\beta_\rho\geqslant 0$，$\sum_{\rho=1}^{n}\beta_\rho=1$，$(\eta(1), \cdots, \eta(n))$ 是 $(1, \cdots, n)$ 的一个置换，使得对任意的 j 满足 $\varepsilon_{\eta(1)}^{*}\geqslant\varepsilon_{\eta(2)}^{*}\geqslant\cdots\geqslant\varepsilon_{\eta(n)}^{*}$，其中 $\varepsilon_{\eta(\rho)}^{*}=n\beta_\rho\varepsilon_{\eta(\rho)}$，$\rho\in N$。此外，与算子相关的权重为 $\omega=(\omega_1, \omega_2, \cdots, \omega_n)$，其中 $\omega_\rho\geqslant 0$，$\sum_{\rho=1}^{n}\omega_\rho=1$。

二、球形模糊熵测度

熵是模糊集理论中刻画模糊集信息的不确定性程度的重要工具，已有众多学者对模糊集熵进行研究，如直觉模糊集与非概率熵之间的距离测度。本节首先回顾模糊熵、毕达哥拉斯模糊熵等概念，然后提出球形模糊熵的概念。

定义 3.15[150] 设 $\delta(\eta_\rho)$，$\rho\in\{1, 2, \cdots, n\}$ 是一个概率分布集，其 Shannon 熵定义为：

$$E_s(\delta)=-\sum_{\rho=1}^{n}\delta(\eta_\rho)\log\delta(\eta_\rho) \tag{3-10}$$

定义 3.16[151] 设 F 为 $\mathfrak{R}$ 上任何的模糊集，则其模糊熵定义为：

$$F(\delta)=-\frac{1}{n}\sum_{\rho=1}^{n}[P(\eta_\rho)\log P(\eta_\rho)+(1-P(\eta_\rho))\log(1-P(\eta_\rho))] \tag{3-11}$$

定义 3.17 毕达哥拉斯模糊熵定义为：

$$Py_q=\frac{1+\dfrac{1}{n}\sum_{\rho=1}^{n}(P_i\log(P_i)+N_i\log(N_i))}{\sum_{q=1}^{n}\left(1+\dfrac{1}{n}\sum_{\rho=1}^{n}P_i\log(P_i)+N_i\log(N_i)\right)} \tag{3-12}$$

定义 3.18　球形模糊熵定义为：

$$\gamma_q = \frac{1+\frac{1}{n}\sum_{\rho=1}^{n}(P_i\log(P_i)+I_i\log(I_i)+N_i\log(N_i))}{\sum_{q=1}^{n}\left(1+\frac{1}{n}\sum_{\rho=1}^{n}P_i\log(P_i)+I_i\log(I_i)+N_i\log(N_i)\right)} \tag{3-13}$$

第二节　对数球形模糊（有序）加权平均算子

一、球形模糊对数运算规则

基于 SFS 的定义和运算规则，我们提出一些球形模糊对数运算规则。

定义 3.19　设 $\varepsilon_\rho=\langle P_{\xi_\rho}(r_\gamma), I_{\xi_\rho}(r_\gamma), N_{\xi_\rho}(r_\gamma)\rangle$ 是 SFN，$\sigma>0$ 且 $\sigma\neq1$，则其对数球形模糊数(L-SFN)定义为：

$$\log_\sigma\varepsilon_\rho=\left\{\left\langle\sqrt{1-(\log_\sigma P_{\xi_\rho}(r_\gamma))^2}\right\rangle, \log_\sigma\left(\sqrt{1-I^2_{\xi_\rho}(r_\gamma)}\right), \log_\sigma\left(\sqrt{1-N^2_{\xi_\rho}(r_\gamma)}\right) \mid r_\gamma\in\Re\right\} \tag{3-14}$$

其中，P_σ：$\Re\to\Theta$，I_σ：$\Re\to\Theta$ 和 N_σ：$\Re\to\Theta$ 表示 $\Re$ 上的隶属度、中立度、非隶属度，$\Theta=[0, 1]$是单位区间。此外，P_σ、I_σ 和 N_σ 满足条件 $0\leqslant P^2_\sigma(r_\gamma)+I^2_\sigma(r_\gamma)+N^2_\sigma(r_\gamma)\leqslant1$。

根据定义 3.19，可以得到定义 3.20。

定义 3.20　设 $\varepsilon_\rho=\langle P_{\xi_\rho}(r_\gamma), I_{\xi_\rho}(r_\gamma), N_{\xi_\rho}(r_\gamma)\rangle$ 是 SFN，如果

$$\log_\sigma\varepsilon_\rho=\begin{cases}\left(\begin{array}{l}\sqrt{1-(\log_\sigma P_{\xi_\rho}(r_\gamma))^2},\\ \log_\sigma\left(\sqrt{1-I^2_{\xi_\rho}(r_\gamma)}\right),\\ \log_\sigma\left(\sqrt{1-N^2_{\xi_\rho}(r_\gamma)}\right)\end{array}\right), & 0<\sigma\leqslant\min\left\{P_{\xi_\rho}, \sqrt{1-I^2_{\xi_\rho}}, \sqrt{1-N^2_{\xi_\rho}}\right\}<1\\ \left(\begin{array}{l}\sqrt{1-(\log_{\frac{1}{\sigma}} P_{\xi_\rho}(r_\gamma))^2},\\ \log_{\frac{1}{\sigma}}\left(\sqrt{1-I^2_{\xi_\rho}(r_\gamma)}\right),\\ \log_{\frac{1}{\sigma}}\left(\sqrt{1-N^2_{\xi_\rho}(r_\gamma)}\right)\end{array}\right), & 0<\frac{1}{\sigma}\leqslant\min\left\{P_{\xi_\rho}, \sqrt{1-I^2_{\xi_\rho}}, \sqrt{1-N^2_{\xi_\rho}}\right\}<1, \sigma\neq1\end{cases} \tag{3-15}$$

则称函数 $\log_\sigma \varepsilon_\rho$ 为球形模糊对数算子，且 $\log_\sigma 0=0$，$\sigma>0$，$\sigma\neq 1$。

SFN 的对数形式仍为 *SFN*，因此用以下定理表示：

定理 3.1 设 $\varepsilon_\rho=\langle P_{\xi_\rho}(r_\gamma),\ I_{\xi_\rho}(r_\gamma),\ N_{\xi_\rho}(r_\gamma)\rangle$ 是 *SFN*，则 $\log_\sigma \varepsilon_\rho$ 也是一个 *SFN*。

证明：因 P_σ、I_σ 和 N_σ 满足条件

$$0\leqslant P_\sigma^2(r_\gamma)+I_\sigma^2(r_\gamma)+N_\sigma^2(r_\gamma)\leqslant 1,$$

则有

（1）当 $0<\sigma\leqslant\min\left\{P_{\xi_\rho},\ \sqrt{1-I_{\xi_\rho}^2},\ \sqrt{1-N_{\xi_\rho}^2}\right\}<1$，则 $\log_\sigma \varepsilon_\rho$ 是一个递减函数，因此 $0<\log_\sigma P_{\xi_\rho},\ \log_\sigma\left(\sqrt{1-I_{\xi_\rho}^2}\right),\ \log_\sigma\left(\sqrt{1-N_{\xi_\rho}^2}\right)<1$，

并且

$$0\leqslant\sqrt{1-(\log_\sigma P_{\xi_\rho}(r_\gamma))^2}\leqslant 1,\ 0\leqslant\log_\sigma\left(\sqrt{1-I_{\xi_\rho}^2(r_\gamma)}\right)\leqslant 1,\ 0\leqslant\log_\sigma\left(\sqrt{1-N_{\xi_\rho}^2(r_\gamma)}\right)\leqslant 1,$$

$$0\leqslant\sqrt{1-(\log_\sigma P_{\xi_\rho}(r_\gamma))^2}+\log_\sigma\left(\sqrt{1-I_{\xi_\rho}^2(r_\gamma)}\right)+\log_\sigma\left(\sqrt{1-N_{\xi_\rho}^2(r_\gamma)}\right)\leqslant 1$$

即 $\log_\sigma \varepsilon_\rho$ 是一个 *SFN*。

（2）当 $\sigma>1$，$0<\dfrac{1}{\sigma}<1$ 且 $\dfrac{1}{\sigma}\leqslant\min\{P_{\xi_\rho},\ \sqrt{1-I_{\xi_\rho}^2},\ \sqrt{1-N_{\xi_\rho}^2}\}$，与上述类似，可以得出 $\log_\sigma \varepsilon_\rho$ 是一个 *SFN*。证明过程在此省略。

例 3.1 假设 $\varepsilon_\rho=\langle 0.8,\ 0.5,\ 0.3\rangle$，$\sigma=0.4$，即

$$\log_\sigma \varepsilon_\rho=\left(\sqrt{1-(\log_{0.4}(0.8))^2},\ \log_{0.4}\left(\sqrt{1-(0.5)^2}\right),\ \log_{0.4}\left(\sqrt{1-(0.3)^2}\right)\right)$$
$$=(0.969,\ 0.156,\ 0.051)$$

此外，如果 $\sigma=8$，则

$$\log_{\frac{1}{\sigma}} \varepsilon_\rho=\left(\sqrt{1-\left(\log_{\frac{1}{8}}(0.8)\right)^2},\ \log_{\frac{1}{8}}\left(\sqrt{1-(0.5)^2}\right),\ \log_{\frac{1}{8}}\left(\sqrt{1-(0.3)^2}\right)\right)$$
$$=(0.994,\ 0.069,\ 0.022)$$

下面讨论 *L-SFN* 的基本性质。

定理 3.2 对在 $\Re$ 中的任何 *SFN*，

$$\varepsilon_\rho=\langle P_{\xi_\rho}(r_\gamma),\ I_{\xi_\rho}(r_\gamma),\ N_{\xi_\rho}(r_\gamma)\rangle$$

若 $0<\sigma\leqslant\min\left\{P_{\xi_\rho},\ \sqrt{1-I_{\xi_\rho}^2},\ \sqrt{1-N_{\xi_\rho}^2}\right\}<1$，$\sigma\neq 1$，则

（1）$\sigma^{\log_\sigma \varepsilon_\rho}=\varepsilon_\rho$ （3-16）

（2）$\log_\sigma \sigma^{\varepsilon_\rho} = \varepsilon_\rho$ （3-17）

证明：（1）根据定义 3.5 和定义 3.20 可得：

$$\sigma^{\log_\sigma \varepsilon_\rho} = \left(\sigma^{\sqrt{1-\left(\sqrt{1-\left(\log_\sigma P_{\xi_\rho}\right)^2}\right)^2}},\ \sqrt{1-\sigma^{2\log_\sigma\sqrt{1-I_{\xi_\rho}^2}}},\ \sqrt{1-\sigma^{2\log_\sigma\sqrt{1-N_{\xi_\rho}^2}}} \right)$$

$$= \left(\sigma^{\sqrt{1-\left(1-\left(\log_\sigma P_{\xi_\rho}\right)^2\right)}},\ \sqrt{1-\left(1-I_{\xi_\rho}^2\right)},\ \sqrt{1-\left(1-N_{\xi_\rho}^2\right)} \right)$$

$$= \left(\sigma^{\log_\sigma P_{\xi_\rho}},\ I_{\xi_\rho},\ N_{\xi_\rho} \right)$$

$$= \left(P_{\xi_\rho},\ I_{\xi_\rho},\ N_{\xi_\rho} \right) = \varepsilon_\rho \tag{3-18}$$

（2）根据定义 3.20，可得：

$$\log_\sigma \sigma^{\varepsilon_\rho} = \log_\sigma \left(\sigma^{\sqrt{1-P_{\xi_\rho}^2}},\ \sqrt{1-\sigma^{2I_{\xi_\rho}}},\ \sqrt{1-\sigma^{2N_{\xi_\rho}}} \right)$$

$$= \left(\begin{array}{l} \sqrt{1-\left(\log_\sigma \sigma^{\sqrt{1-P_{\xi_\rho}^2}}\right)^2},\ \log_\sigma\left(\sqrt{1-\left(\sqrt{1-\sigma^{2I_{\xi_\rho}}}\right)^2}\right) \\ \log_\sigma\left(\sqrt{1-\left(\sqrt{1-\sigma^{2N_{\xi_\rho}}}\right)^2}\right) \end{array} \right)$$

$$= \left(\begin{array}{l} \sqrt{1-\left(1-P_{\xi_\rho}^2\right)},\ \log_\sigma\left(\sqrt{1-\left(1-\sigma^{2I_{\xi_\rho}}\right)}\right) \\ \log_\sigma\left(\sqrt{1-\left(1-\sigma^{2N_{\xi_\rho}}\right)}\right) \end{array} \right)$$

$$= \left(P_{\xi_\rho},\ I_{\xi_\rho},\ N_{\xi_\rho} \right) = \varepsilon_\rho \tag{3-19}$$

对于 SFN，其对数形式有广义加、数乘、广义乘等运算法则，定义如下：

定义 3.21　对任意的 L-$SFNs$，

$$\log_\sigma \varepsilon_\rho = \left(\begin{array}{l} \sqrt{1-\left(\log_\sigma P_{\xi_\rho}(r_\gamma)\right)^2} \\ \log_\sigma\left(\sqrt{1-I_{\xi_\rho}^2(r_\gamma)}\right) \\ \log_\sigma\left(\sqrt{1-N_{\xi_\rho}^2(r_\gamma)}\right) \end{array} \right)$$

$$\log_\sigma \varepsilon_q = \left(\begin{array}{l} \sqrt{1-\left(\log_\sigma P_{\xi_q}(r_\gamma)\right)^2} \\ \log_\sigma\left(\sqrt{1-I_{\xi_q}^2(r_\gamma)}\right) \\ \log_\sigma\left(\sqrt{1-N_{\xi_q}^2(r_\gamma)}\right) \end{array} \right)$$

当$\beta \geqslant 0$，则有：

$$(1)\ \log_{\sigma}\varepsilon_{\rho} \oplus \log_{\sigma}\varepsilon_{q} = \left(\begin{array}{l} \sqrt{1-\left(\log_{\sigma}P_{\xi_{\rho}}(r_{\gamma})\right)^{2} \cdot \left(\log_{\sigma}P_{\xi_{q}}(r_{\gamma})\right)^{2}} \\ \log_{\sigma}\left(\sqrt{1-I_{\xi_{\rho}}^{2}(r_{\gamma})}\right) \cdot \log_{\sigma}\left(\sqrt{1-I_{\xi_{q}}^{2}(r_{\gamma})}\right) \\ \log_{\sigma}\left(\sqrt{1-N_{\xi_{\rho}}^{2}(r_{\gamma})}\right) \cdot \log_{\sigma}\left(\sqrt{1-N_{\xi_{q}}^{2}(r_{\gamma})}\right) \end{array} \right) \tag{3-20}$$

$$(2)\ \beta \cdot \log_{\sigma}\varepsilon_{\rho} = \left\{ \begin{array}{l} \sqrt{1-\left(\log_{\sigma}P_{\xi_{\rho}}(r_{\gamma})\right)^{2\beta}} \\ \left(\log_{\sigma}\left(\sqrt{1-I_{\xi_{\rho}}^{2}(r_{\gamma})}\right)\right)^{\beta} \\ \left(\log_{\sigma}\left(\sqrt{1-N_{\xi_{\rho}}^{2}(r_{\gamma})}\right)\right)^{\beta} \end{array} \right\} \tag{3-21}$$

$$(3)\ \log_{\sigma}\varepsilon_{\rho} \otimes \log_{\sigma}\varepsilon_{q} = \left\{ \begin{array}{l} \sqrt{1-\left(\log_{\sigma}P_{\xi_{\rho}}(r_{\gamma})\right)^{2}} \cdot \sqrt{1-\left(\log_{\sigma}P_{\xi_{q}}(r_{\gamma})\right)^{2}} \\ \sqrt{1-\left(1-\log_{\sigma}\left(\sqrt{1-I_{\xi_{\rho}}^{2}(r_{\gamma})}\right)\right)^{2} \cdot \left(1-\log_{\sigma}\left(\sqrt{1-I_{\xi_{q}}^{2}(r_{\gamma})}\right)\right)^{2}} \\ \sqrt{1-\left(1-\log_{\sigma}\left(\sqrt{1-N_{\xi_{\rho}}^{2}(r_{\gamma})}\right)\right)^{2} \cdot \left(1-\log_{\sigma}\left(\sqrt{1-N_{\xi_{q}}^{2}(r_{\gamma})}\right)\right)^{2}} \end{array} \right\} \tag{3-22}$$

$$(4)\ \left(\log_{\sigma}\varepsilon_{\rho}\right)^{\beta} = \left\{ \begin{array}{l} \left(\sqrt{1-\left(\log_{\sigma}P_{\xi_{\rho}}(r_{\gamma})\right)^{2}}\right)^{\beta} \\ \sqrt{1-\left(1-\left(\log_{\sigma}\left(\sqrt{1-I_{\xi_{\rho}}^{2}(r_{\gamma})}\right)\right)^{2}\right)^{\beta}} \\ \sqrt{1-\left(1-\left(\log_{\sigma}\left(\sqrt{1-N_{\xi_{\rho}}^{2}(r_{\gamma})}\right)\right)^{2}\right)^{\beta}} \end{array} \right\} \tag{3-23}$$

对于SFN，其对数形式的广义加和广义乘运算法则具有交换律、结合律、分配律等良好性质，分别由定理3.3~定理3.5表示。

定理3.3 对任意两个$L\text{-}SFNs$，

$$\log_{\sigma}\varepsilon_{\rho} = \left(\begin{array}{l} \sqrt{1-\left(\log_{\sigma}P_{\xi_{\rho}}(r_{\gamma})\right)^{2}} \\ \log_{\sigma}\left(\sqrt{1-I_{\xi_{\rho}}^{2}(r_{\gamma})}\right) \\ \log_{\sigma}\left(\sqrt{1-N_{\xi_{\rho}}^{2}(r_{\gamma})}\right) \end{array} \right),\ (\rho=1,\ 2)$$

若 $0<\sigma\leqslant\min\{P_{\xi_\rho},\ \sqrt{1-I_{\xi_\rho}^2},\ \sqrt{1-N_{\xi_\rho}^2}\}\leqslant1$，$\sigma\neq1$，则有：

（1）$\log_\sigma\varepsilon_1\oplus\log_\sigma\varepsilon_2=\log_\sigma\varepsilon_2\oplus\log_\sigma\varepsilon_1$ （3-24）

（2）$\log_\sigma\varepsilon_1\otimes\log_\sigma\varepsilon_2=\log_\sigma\varepsilon_2\otimes\log_\sigma\varepsilon_1$ （3-25）

证明：这是直接从定义 3.21 得出，因此证明过程在此省略。

定理 3.4　对任意三个 *L-SFNs*，

$$\log_\sigma\varepsilon_\rho=\left(\begin{array}{l}\sqrt{1-\left(\log_\sigma P_{\xi_\rho}(r_\gamma)\right)^2}\\ \log_\sigma\left(\sqrt{1-I_{\xi_\rho}^2(r_\gamma)}\right)\\ \log_\sigma\left(\sqrt{1-N_{\xi_\rho}^2(r_\gamma)}\right)\end{array}\right),\ (\rho=1,\ 2,\ 3)$$

若 $0<\sigma\leqslant\min\{P_{\xi_\rho},\ \sqrt{1-I_{\xi_\rho}^2},\ \sqrt{1-N_{\xi_\rho}^2}\}\leqslant1$，$\sigma\neq1$，则有：

（1）$(\log_\sigma\varepsilon_1\oplus\log_\sigma\varepsilon_2)\oplus\log_\sigma\varepsilon_3=\log_\sigma\varepsilon_1\oplus(\log_\sigma\varepsilon_2\oplus\log_\sigma\varepsilon_3)$ （3-26）

（2）$(\log_\sigma\varepsilon_1\otimes\log_\sigma\varepsilon_2)\otimes\log_\sigma\varepsilon_3=\log_\sigma\varepsilon_1\otimes(\log_\sigma\varepsilon_2\otimes\log_\sigma\varepsilon_3)$ （3-27）

证明：可直接从定义 3.21 得出。证明过程在此省略。

定理 3.5　对任意两个 *L-SFNs*，

$$\log_\sigma\varepsilon_\rho=\left(\begin{array}{l}\sqrt{1-\left(\log_\sigma P_{\xi_\rho}(r_\gamma)\right)^2}\\ \log_\sigma\left(\sqrt{1-I_{\xi_\rho}^2(r_\gamma)}\right)\\ \log_\sigma\left(\sqrt{1-N_{\xi_\rho}^2(r_\gamma)}\right)\end{array}\right),\ (\rho=1,\ 2)$$

若 $0<\sigma\leqslant\min\left\{P_{\xi_\rho},\ \sqrt{1-I_{\xi_\rho}^2},\ \sqrt{1-N_{\xi_\rho}^2}\right\}\leqslant1$，$\sigma\neq1$，$\beta$，$\beta_1$，$\beta_2>0$，则有：

（1）$\beta(\log_\sigma\varepsilon_1\oplus\log_\sigma\varepsilon_2)=\beta\log_\sigma\varepsilon_1\oplus\beta\log_\sigma\varepsilon_2$ （3-28）

（2）$(\log_\sigma\varepsilon_1\otimes\log_\sigma\varepsilon_2)^\beta=(\log_\sigma\varepsilon_1)^\beta\otimes(\log_\sigma\varepsilon_2)^\beta$ （3-29）

（3）$\beta_1\log_\sigma\varepsilon_1\oplus\beta_2\log_\sigma\varepsilon_1=(\beta_1+\beta_2)\log_\sigma\varepsilon_1$ （3-30）

（4）$(\log_\sigma\varepsilon_1)^{\beta_1}\otimes(\log_\sigma\varepsilon_1)^{\beta_2}=(\log_\sigma\varepsilon_1)^{\beta_1+\beta_2}$ （3-31）

（5）$((\log_\sigma\varepsilon_1)^{\beta_1})^{\beta_2}=(\log_\sigma\varepsilon_1)^{\beta_1\beta_2}$ （3-32）

证明：（1）从定义 3.21 可知

$$\log_\sigma\varepsilon_1\oplus\log_\sigma\varepsilon_2=\left\{\begin{array}{l}\sqrt{1-\left(\log_\sigma P_{\xi_1}\right)^2\cdot\left(\log_\sigma P_{\xi_2}\right)^2}\\ \log_\sigma\left(\sqrt{1-I_{\xi_1}^2}\right)\cdot\log_\sigma\left(\sqrt{1-I_{\xi_2}^2}\right)\\ \log_\sigma\left(\sqrt{1-N_{\xi_1}^2}\right)\cdot\log_\sigma\left(\sqrt{1-N_{\xi_2}^2}\right)\end{array}\right\} \tag{3-33}$$

对任意实数$\beta>0$，有

$$\beta(\log_\sigma\varepsilon_1\oplus\log_\sigma\varepsilon_2)=\left\{\begin{array}{l}\sqrt{1-\left(\left(\log_\sigma P_{\xi_1}\right)^2\cdot\left(\log_\sigma P_{\xi_2}\right)^2\right)^\beta}\\\left(\log_\sigma\left(\sqrt{1-I_{\xi_1}^2}\right)\cdot\log_\sigma\left(\sqrt{1-I_{\xi_2}^2}\right)\right)^\beta\\\left(\log_\sigma\left(\sqrt{1-N_{\xi_1}^2}\right)\cdot\log_\sigma\left(\sqrt{1-N_{\xi_2}^2}\right)\right)^\beta\end{array}\right\}$$

$$=\left\{\begin{array}{l}\sqrt{1-\left(\left(\log_\sigma P_{\xi_1}\right)^2\right)^\beta}\\\left(\log_\sigma\left(\sqrt{1-I_{\xi_1}^2}\right)\right)^\beta\\\left(\log_\sigma\left(\sqrt{1-N_{\xi_1}^2}\right)\right)^\beta\end{array}\right\}\oplus\left\{\begin{array}{l}\sqrt{1-((\log_\sigma P_{\xi_2})^2)^\beta}\\\left(\log_\sigma\left(\sqrt{1-I_{\xi_2}^2}\right)\right)^\beta\\\left(\log_\sigma\left(\sqrt{1-N_{\xi_2}^2}\right)\right)^\beta\end{array}\right\}$$

$$=\beta\log_\sigma\varepsilon_1\oplus\beta\log_\sigma\varepsilon_2 \tag{3-34}$$

（2）从定义 3. 21 可知

$$\log_\sigma\varepsilon_1\otimes\log_\sigma\varepsilon_2=\left\{\begin{array}{l}\sqrt{1-\left(\log_\sigma P_{\xi_1}\right)^2}\cdot\sqrt{1-\left(\log_\sigma P_{\xi_2}\right)^2}\\\sqrt{1-\left(1-\log_\sigma\left(\sqrt{1-I_{\xi_1}^2}\right)\right)^2\cdot\left(1-\log_\sigma\left(\sqrt{1-I_{\xi_2}^2}\right)\right)^2}\\\sqrt{1-\left(1-\log_\sigma\left(\sqrt{1-N_{\xi_1}^2}\right)\right)^2\cdot\left(1-\log_\sigma\left(\sqrt{1-N_{\xi_2}^2}\right)\right)^2}\end{array}\right\} \tag{3-35}$$

对任意实数$\beta>0$，有

$$(\log_\sigma\varepsilon_1\otimes\log_\sigma\varepsilon_2)^\beta=\left\{\begin{array}{l}\left(\sqrt{1-\left(\log_\sigma P_{\xi_1}\right)^2}\right)^\beta\cdot\left(\sqrt{1-\left(\log_\sigma P_{\xi_2}\right)^2}\right)^\beta\\\sqrt{1-\left(1-\left(\log_\sigma\left(\sqrt{1-I_{\xi_1}^2}\right)\right)^2\right)^\beta\cdot\left(1-\left(\log_\sigma\left(\sqrt{1-I_{\xi_2}^2}\right)\right)^2\right)^\beta}\\\sqrt{1-\left(1-\left(\log_\sigma\left(\sqrt{1-N_{\xi_1}^2}\right)\right)^2\right)^\beta\cdot\left(1-\left(\log_\sigma\left(\sqrt{1-N_{\xi_2}^2}\right)\right)^2\right)^\beta}\end{array}\right\}$$

$$=(\log_\sigma\varepsilon_1)^\beta\otimes(\log_\sigma\varepsilon_2)^\beta \tag{3-36}$$

（3）和（4）的证明过程同（1）和（2），在此省略。

（5）根据定义 3. 21，有

$$((\log_\sigma \varepsilon_1)^{\beta_1})^{\beta_2}=\begin{pmatrix}\left(\sqrt{1-\left(\log_\sigma P_{\xi_1}\right)^2}\right)^{\beta_1}\\ \sqrt{1-\left(1-\left(\log_\sigma\left(\sqrt{1-I_{\xi_1}^2}\right)\right)^2\right)^{\beta_1}}\\ \sqrt{1-\left(1-\left(\log_\sigma\left(\sqrt{1-N_{\xi_1}^2}\right)\right)^2\right)^{\beta_1}}\end{pmatrix}^{\beta_2}$$

$$=\begin{pmatrix}\left(\sqrt{1-(\log_\sigma P_{\xi_1})^2}\right)^{\beta_1\beta_2}\\ \sqrt{1-\left(1-\left(\log_\sigma\left(\sqrt{1-I_{\xi_1}^2}\right)\right)^2\right)^{\beta_1\beta_2}}\\ \sqrt{1-\left(1-\left(\log_\sigma\left(\sqrt{1-N_{\xi_1}^2}\right)\right)^2\right)^{\beta_1\beta_2}}\end{pmatrix}$$

$$=(\log_\sigma \varepsilon_1)^{\beta_1\beta_2} \tag{3-37}$$

证毕。

类似于直觉模糊数 *IFN*，*SFN* 的得分函数和准确函数定义如下：

定义 3.22　对于任意的

$$\log_\sigma \varepsilon_\rho=\left\{\begin{array}{l}\sqrt{1-\left(\log_\sigma P_{\xi_\rho}(r_\gamma)\right)^2}\\ \log_\sigma\left(\sqrt{1-I_{\xi_\rho}^2(r_\gamma)}\right)\\ \log_\sigma\left(\sqrt{1-I_{\xi_\rho}^2(r_\gamma)}\right)\end{array}\right\}$$

其得分函数和准确函数分别定义为：

$$\widetilde{S}(\log_\sigma \varepsilon_\rho)=\left(1-\left(\log_\sigma P_{\xi_\rho}(r_\gamma)\right)^2\right)-\left(\log_\sigma\left(\sqrt{1-I_{\xi_\rho}^2(r_\gamma)}\right)\right)^2-\left(\log_\sigma\left(\sqrt{1-N_{\xi_\rho}^2(r_\gamma)}\right)\right)^2 \tag{3-38}$$

$$\widetilde{A}(\log_\sigma \varepsilon_\rho)=\left(1-\left(\log_\sigma P_{\xi_\rho}(r_\gamma)\right)^2\right)+\left(\log_\sigma\left(\sqrt{1-N_{\xi_\rho}^2(r_\gamma)}\right)\right)^2 \tag{3-39}$$

同样，类似于直觉模糊数 *IFN*，*SFN* 的得分函数和准确函数的大小比较法则定义如下：

定义 3.23　对于任意两个 *L-SFNs*，

$$\log_\sigma \varepsilon_\rho=\left\{\begin{array}{l}\sqrt{1-\left(\log_\sigma P_{\xi_\rho}(r_\gamma)\right)^2}\\ \log_\sigma\left(\sqrt{1-I_{\xi_\rho}^2(r_\gamma)}\right)\\ \log_\sigma\left(\sqrt{1-N_{\xi_\rho}^2(r_\gamma)}\right)\end{array}\right\}(\rho=1,\ 2)$$

其大小比较方法如下：

(1) 若 $\widetilde{S}(\log_{\sigma}\varepsilon_1)<\widetilde{S}(\log_{\sigma}\varepsilon_2)$，则 $\log_{\sigma}\varepsilon_1<\log_{\sigma}\varepsilon_2$ (3-40)

(2) 若 $\widetilde{S}(\log_{\sigma}\varepsilon_1)>\widetilde{S}(\log_{\sigma}\varepsilon_2)$，则 $\log_{\sigma}\varepsilon_1>\log_{\sigma}\varepsilon_2$ (3-41)

(3) 若 $\widetilde{S}(\log_{\sigma}\varepsilon_1)=\widetilde{S}(\log_{\sigma}\varepsilon_2)$，则 (3-42)

(a) 若 $\widetilde{A}(\log_{\sigma}\varepsilon_1)<\widetilde{A}(\log_{\sigma}\varepsilon_2)$，则 $\log_{\sigma}\varepsilon_1<\log_{\sigma}\varepsilon_2$

(b) 若 $\widetilde{A}(\log_{\sigma}\varepsilon_1)>\widetilde{A}(\log_{\sigma}\varepsilon_2)$，则 $\log_{\sigma}\varepsilon_1>\log_{\sigma}\varepsilon_2$

(c) 若 $\widetilde{A}(\log_{\sigma}\varepsilon_1)=\widetilde{A}(\log_{\sigma}\varepsilon_2)$，则 $\log_{\sigma}\varepsilon_1\approx\log_{\sigma}\varepsilon_2$

二、对数球形模糊（有序）加权平均算子

根据球形模糊对数的运算规则，下面提出一簇 *L-SFNs* 集成算子。

定义 3.24 设 $\varepsilon_{\rho}=\langle P_{\xi_{\rho}}(r_{\gamma}),\ I_{\xi_{\rho}}(r_{\gamma}),\ N_{\xi_{\rho}}(r_{\gamma})\rangle(\rho=1,\ 2,\ \cdots,\ n)$ 为一组 *L-SFNs*，且 $0<\sigma_{\rho}\leqslant\min\left\{P_{\xi_{\rho}},\ \sqrt{1-I_{\xi_{\rho}}^2},\ \sqrt{1-N_{\xi_{\rho}}^2}\right\}<1$，$\sigma\neq1$。则对数球形模糊加权平均(*L-SFWA*)算子定义为：

$$L\text{-}SFWA(\varepsilon_1,\ \varepsilon_2,\ \cdots,\ \varepsilon_n)=\sum_{\rho=1}^{n}\beta_{\rho}\log_{\sigma_{\rho}}\varepsilon_{\rho} \tag{3-43}$$

其中，$\beta_{\rho}(\rho=1,\ 2,\ \cdots,\ n)$ 且 $\beta_{\rho}\geqslant0$，$\sum_{\rho=1}^{n}\beta_{\rho}=1$。

定理 3.6 设 $\varepsilon_{\rho}=\langle P_{\xi_{\rho}}(r_{\gamma}),\ I_{\xi_{\rho}}(r_{\gamma}),\ N_{\xi_{\rho}}(r_{\gamma})\rangle(\rho=1,\ 2,\ \cdots,\ n)$ 为一组 *L-SFNs*，且 $0<\sigma_{\rho}\leqslant\min\{P_{\xi_{\rho}},\ \sqrt{1-I_{\xi_{\rho}}^2},\ \sqrt{1-N_{\xi_{\rho}}^2}\}<1$，$\sigma\neq1$。则由对数运算规则和定义 3.24，*L-SFWA* 的集成结果如下：

$$L\text{-}SFWA(\varepsilon_1,\ \varepsilon_2,\ \cdots,\ \varepsilon_n),$$

$$=\begin{cases}\left(\begin{array}{l}\sqrt{1-\prod_{\rho=1}^{n}\left(\log_{\sigma_{\rho}}P_{\xi_{\rho}}\right)^{2\beta_{\rho}}}\\ \prod_{\rho=1}^{n}\left(\log_{\sigma_{\rho}}\left(\sqrt{1-I_{\xi_{\rho}}^2}\right)\right)^{\beta_{\rho}}\\ \prod_{\rho=1}^{n}\left(\log_{\sigma_{\rho}}\left(\sqrt{1-N_{\xi_{\rho}}^2}\right)\right)^{\beta_{\rho}}\end{array}\right) & 0<\sigma_{\rho}\leqslant\min\left\{\begin{array}{l}P_{\xi_{\rho}},\\ \sqrt{1-I_{\xi_{\rho}}^2},\\ \sqrt{1-N_{\xi_{\rho}}^2}\end{array}\right\}<1\\ \left(\begin{array}{l}\sqrt{1-\prod_{\rho=1}^{n}\left(\log_{\frac{1}{\sigma_{\rho}}}P_{\xi_{\rho}}\right)^{2\beta_{\rho}}}\\ \prod_{\rho=1}^{n}\left(\log_{\frac{1}{\sigma_{\rho}}}\left(\sqrt{1-I_{\xi_{\rho}}^2}\right)\right)^{\beta_{\rho}}\\ \prod_{\rho=1}^{n}\left(\log_{\frac{1}{\sigma_{\rho}}}\left(\sqrt{1-N_{\xi_{\rho}}^2}\right)\right)^{\beta_{\rho}}\end{array}\right) & 0<\frac{1}{\sigma_{\rho}}\leqslant\min\left\{\begin{array}{l}P_{\xi_{\rho}},\\ \sqrt{1-I_{\xi_{\rho}}^2},\\ \sqrt{1-N_{\xi_{\rho}}^2}\end{array}\right\}<1,\ \sigma\neq1\end{cases} \tag{3-44}$$

其中，$\beta_\rho(\rho=1, 2, \cdots, n)$且$\beta_\rho \geqslant 0$，$\sum_{\rho=1}^{n}\beta_\rho=1$。

证明：利用数学归纳法证明定理3.6，过程如下：

（a）对$n=2$，

$$\beta_1\log_{\sigma_1}\varepsilon_1=\begin{pmatrix}\sqrt{1-\left(\left(\log_{\sigma_1}P_{\xi_1}\right)^2\right)^{\beta_1}}\\ \left(\log_{\sigma_1}\left(\sqrt{1-I_{\xi_1}^2}\right)\right)^{\beta_1}\\ \left(\log_{\sigma_1}\left(\sqrt{1-N_{\xi_1}^2}\right)\right)^{\beta_1}\end{pmatrix}$$

$$\beta_2\log_{\sigma_2}\varepsilon_2=\begin{pmatrix}\sqrt{1-\left(\left(\log_{\sigma_2}P_{\xi_2}\right)^2\right)^{\beta_2}}\\ \left(\log_{\sigma_2}\left(\sqrt{1-I_{\xi_2}^2}\right)\right)^{\beta_2}\\ \left(\log_{\sigma_2}\left(\sqrt{1-N_{\xi_2}^2}\right)\right)^{\beta_2}\end{pmatrix}$$

$$L\text{-}SFWA(\varepsilon_1, \varepsilon_2)=\beta_1\log_{\sigma_1}\varepsilon_1\oplus\beta_2\log_{\sigma_2}\varepsilon_2$$

$$=\begin{pmatrix}\sqrt{1-\left(\left(\log_{\sigma_1}P_{\xi_1}\right)^2\right)^{\beta_1}}\\ \left(\log_{\sigma_1}\left(\sqrt{1-I_{\xi_1}^2}\right)\right)^{\beta_1}\\ \left(\log_{\sigma_1}\left(\sqrt{1-N_{\xi_1}^2}\right)\right)^{\beta_1}\end{pmatrix}\oplus\begin{pmatrix}\sqrt{1-\left(\left(\log_{\sigma_2}P_{\xi_2}\right)^2\right)^{\beta_2}}\\ \left(\log_{\sigma_2}\left(\sqrt{1-I_{\xi_2}^2}\right)\right)^{\beta_2}\\ \left(\log_{\sigma_2}\left(\sqrt{1-N_{\xi_2}^2}\right)\right)^{\beta_2}\end{pmatrix}$$

$$=\begin{pmatrix}\sqrt{1-\left(\left(\log_{\sigma_1}P_{\xi_1}\right)^2\right)^{\beta_1}\cdot\left(\left(\log_{\sigma_2}P_{\xi_2}\right)^2\right)^{\beta_2}}\\ \left(\log_{\sigma_1}\left(\sqrt{1-I_{\xi_1}^2}\right)\right)^{\beta_1}\cdot\left(\log_{\sigma_2}\left(\sqrt{1-I_{\xi_2}^2}\right)\right)^{\beta_2}\\ \left(\log_{\sigma_1}\left(\sqrt{1-N_{\xi_1}^2}\right)\right)^{\beta_1}\cdot\left(\log_{\sigma_2}\left(\sqrt{1-N_{\xi_2}^2}\right)\right)^{\beta_2}\end{pmatrix}$$

$$=\begin{pmatrix}\sqrt{1-\prod_{\rho=1}^{2}\left(\log_{\sigma_\rho}P_{\xi_\rho}\right)^{2\beta_\rho}}\\ \prod_{\rho=1}^{2}\left(\log_{\sigma_\rho}\left(\sqrt{1-I_{\xi_\rho}^2}\right)\right)^{\beta_\rho}\\ \prod_{\rho=1}^{2}\left(\log_{\sigma_\rho}\left(\sqrt{1-N_{\xi_\rho}^2}\right)\right)^{\beta_\rho}\end{pmatrix}\tag{3-45}$$

（b）假设对$n=k$，定理3.6成立。

$$L\text{-}SFWA(\varepsilon_1, \varepsilon_2, \cdots, \varepsilon_k)=\begin{pmatrix}\sqrt{1-\prod_{\rho=1}^{k}\left(\log_{\sigma_\rho}P_{\xi_\rho}\right)^{2\beta_\rho}} \\ \prod_{\rho=1}^{k}\left(\log_{\sigma_\rho}\left(\sqrt{1-I_{\xi_\rho}^2}\right)\right)^{\beta_\rho} \\ \prod_{\rho=1}^{k}\left(\log_{\sigma_\rho}\left(\sqrt{1-N_{\xi_\rho}^2}\right)\right)^{\beta_\rho}\end{pmatrix} \tag{3-46}$$

（c）当 $n=k+1$ 时，

$$L\text{-}SFWA(\varepsilon_1, \varepsilon_2, \cdots, \varepsilon_k, \varepsilon_{k+1})=\sum_{\rho=1}^{k}\beta_\rho\log_{\sigma_\rho}\varepsilon_\rho+\beta_{k+1}\log_{\sigma_{k+1}}\varepsilon_{k+1}$$

$$L\text{-}SFWA(\varepsilon_1, \varepsilon_2, \cdots, \varepsilon_k, \varepsilon_{k+1})$$

$$=\begin{pmatrix}\sqrt{1-\prod_{\rho=1}^{k}\left(\log_{\sigma_\rho}P_{\xi_\rho}\right)^{2\beta_\rho}} \\ \prod_{\rho=1}^{k}\left(\log_{\sigma_\rho}\left(\sqrt{1-I_{\xi_\rho}^2}\right)\right)^{\beta_\rho} \\ \prod_{\rho=1}^{k}\left(\log_{\sigma_\rho}\left(\sqrt{1-N_{\xi_\rho}^2}\right)\right)^{\beta_\rho}\end{pmatrix}\oplus\begin{pmatrix}\sqrt{1-\left(\log_{\sigma_{k+1}}P_{\xi_{k+1}}\right)^{2\beta_{k+1}}} \\ \left(\log_{\sigma_{k+1}}\left(\sqrt{1-I_{\xi_{k+1}}^2}\right)\right)^{\beta_{k+1}} \\ \left(\log_{\sigma_{k+1}}\left(\sqrt{1-N_{\xi_{k+1}}^2}\right)\right)^{\beta_{k+1}}\end{pmatrix}$$

$$=\begin{pmatrix}\sqrt{1-\prod_{\rho=1}^{k+1}\left(\log_{\sigma_\rho}P_{\xi_\rho}\right)^{2\beta_\rho}} \\ \prod_{\rho=1}^{k+1}\left(\log_{\sigma_\rho}\left(\sqrt{1-I_{\xi_\rho}^2}\right)\right)^{\beta_\rho} \\ \prod_{\rho=1}^{k+1}\left(\log_{\sigma_\rho}\left(\sqrt{1-N_{\xi_\rho}^2}\right)\right)^{\beta_\rho}\end{pmatrix} \tag{3-47}$$

因此，对 $n=k+1$，定理 3.6 成立，它对所有的 n 都满足，即

$$L\text{-}SFWA(\varepsilon_1, \varepsilon_2, \cdots, \varepsilon_n)=\begin{pmatrix}\sqrt{1-\prod_{\rho=1}^{n}\left(\log_{\sigma_\rho}P_{\xi_\rho}\right)^{2\beta_\rho}} \\ \prod_{\rho=1}^{n}\left(\log_{\sigma_\rho}\left(\sqrt{1-I_{\xi_\rho}^2}\right)\right)^{\beta_\rho} \\ \prod_{\rho=1}^{n}\left(\log_{\sigma_\rho}\left(\sqrt{1-N_{\xi_\rho}^2}\right)\right)^{\beta_\rho}\end{pmatrix} \tag{3-48}$$

根据同样的方法，若

$$0<\frac{1}{\sigma_\rho}\leqslant\min\left\{P_{\xi_\rho}, \sqrt{1-I_{\xi_\rho}^2}, \sqrt{1-N_{\xi_\rho}^2}\right\}<1, \ \sigma\neq1,$$

也能证得

$$L\text{-}SFWA(\varepsilon_1, \varepsilon_2, \cdots, \varepsilon_n)=\begin{pmatrix} \sqrt{1-\prod_{\rho=1}^{n}\left(\log_{\frac{1}{\sigma_\rho}} P_{\xi_\rho}\right)^{2\beta_\rho}} \\ \prod_{\rho=1}^{n}\left(\log_{\frac{1}{\sigma_\rho}}\left(\sqrt{1-I_{\xi_\rho}^2}\right)\right)^{\beta_\rho} \\ \prod_{\rho=1}^{n}\left(\log_{\frac{1}{\sigma_\rho}}\left(\sqrt{1-N_{\xi_\rho}^2}\right)\right)^{\beta_\rho} \end{pmatrix} \tag{3-49}$$

证毕。

注1：若 $\sigma_1=\sigma_2=\sigma_3=\cdots=\sigma_n=\sigma$，即 $0<\sigma\leqslant\min\left\{P_{\xi_\rho}, \sqrt{1-I_{\xi_\rho}^2}, \sqrt{1-N_{\xi_\rho}^2}\right\}<1$，$\sigma\neq1$。

则 $L\text{-}SFWA$ 算子为：

$$L\text{-}SFWA(\varepsilon_1, \varepsilon_2, \cdots, \varepsilon_n)=\begin{pmatrix} \sqrt{1-\prod_{\rho=1}^{n}(\log_{\sigma} P_{\xi_\rho})^{2\beta_\rho}} \\ \prod_{\rho=1}^{n}\left(\log_{\sigma}\left(\sqrt{1-I_{\xi_\rho}^2}\right)\right)^{\beta_\rho} \\ \prod_{\rho=1}^{n}\left(\log_{\sigma}\left(\sqrt{1-N_{\xi_\rho}^2}\right)\right)^{\beta_\rho} \end{pmatrix} \tag{3-50}$$

$L\text{-}SFWA$ 算子满足下列一些性质：

（1）幂等性。

证明：设 $\varepsilon_\rho=\langle P_{\xi_\rho}(r_\gamma), I_{\xi_\rho}(r_\gamma), N_{\xi_\rho}(r_\gamma)\rangle=\varepsilon$，$\forall\rho=1, 2, \cdots, n$，则有

$$L\text{-}SFWA(\varepsilon_1, \varepsilon_2, \cdots, \varepsilon_n)=\sum_{\rho=1}^{n}\beta_\rho\log_{\sigma_\rho}\varepsilon_\rho=\langle P_{\xi_\rho}(r_\gamma), I_{\xi_\rho}(r_\gamma), N_{\xi_\rho}(r_\gamma)\rangle=\varepsilon_\rho=\varepsilon \tag{3-51}$$

（2）有界性。

证明：设

$\varepsilon_\rho^-=\langle \min_\rho P_{\xi_\rho}, \max_\rho I_{\xi_\rho}, \max_\rho N_{\xi_\rho}\rangle$，$\varepsilon_\rho^+=\langle \max_\rho P_{\xi_\rho}, \min_\rho I_{\xi_\rho}, \min_\rho N_{\xi_\rho}\rangle$（$\rho=1, 2, \cdots, n$），

则

$$\varepsilon_\rho^-\leqslant L\text{-}SFWA(\varepsilon_1, \varepsilon_2, \cdots, \varepsilon_n)\leqslant\varepsilon_\rho^+ \tag{3-52}$$

（3）单调性。

证明：若 $\varepsilon_\rho\leqslant\varepsilon_\rho^*$（$\rho=1, 2, \cdots, n$），由定理3.2和定义3.24有

$$L\text{-}SFWA(\varepsilon_1, \varepsilon_2, \cdots, \varepsilon_n)\leqslant L\text{-}SFWA(\varepsilon_1^*, \varepsilon_2^*, \cdots, \varepsilon_n^*) \tag{3-53}$$

定义3.25　设 $\varepsilon_\rho=\langle P_{\xi_\rho}(r_\gamma), I_{\xi_\rho}(r_\gamma), N_{\xi_\rho}(r_\gamma)\rangle$（$\rho=1, 2, \cdots, n$）为一组 L-

SFNs，且 $0<\sigma_\rho\leqslant\min\left\{P_{\xi_\rho},\ \sqrt{1-I_{\xi_\rho}^2},\ \sqrt{1-N_{\xi_\rho}^2}\right\}<1$，$\sigma\neq1$。则对数球形模糊有序加权平均(*L-SFOWA*)算子定义为：

$$L\text{-}SFOWA(\varepsilon_1,\ \varepsilon_2,\ \cdots,\ \varepsilon_n)=\sum_{\rho=1}^{n}\beta_\rho\log_{\sigma_\rho}\varepsilon_{\eta(\rho)} \tag{3-54}$$

其中，$\beta_\rho(\rho=1,\ 2,\ \cdots,\ n)$是权重向量，$\beta_\rho\geqslant0$，$\sum_{\rho=1}^{n}\beta_\rho=1$。$(\eta(1),\ \cdots,\ \eta(n))$是$(1,\ \cdots,\ n)$的一个置换，使得对任意的 j 满足 $\varepsilon_{\eta(1)}\geqslant\varepsilon_{\eta(2)}\geqslant\cdots\geqslant\varepsilon_{\eta(n)}$。

定理 3.7 设 $\varepsilon_\rho=\langle P_{\xi_\rho}(r_\gamma),\ I_{\xi_\rho}(r_\gamma),\ N_{\xi_\rho}(r_\gamma)\rangle(\rho=1,\ 2,\ \cdots,\ n)$为一组 *L-SFNs*，且 $0<\sigma_\rho\leqslant\min\left\{P_{\xi_\rho},\ \sqrt{1-I_{\xi_\rho}^2},\ \sqrt{1-N_{\xi_\rho}^2}\right\}<1$，$\sigma\neq1$。则由对数运算和定义 3.25，*L-SFOWA* 可定义为：

$$L\text{-}SFOWA(\varepsilon_1,\ \varepsilon_2,\ \cdots,\ \varepsilon_n)=$$

$$\begin{cases}\left(\begin{array}{l}\sqrt{1-\prod_{\rho=1}^{n}\left(\log_{\sigma_\rho}P_{\xi_{\eta(\rho)}}\right)^{2\beta_\rho}}\\ \prod_{\rho=1}^{n}\left(\log_{\sigma_\rho}\left(\sqrt{1-I_{\xi_{\eta(\rho)}}^2}\right)\right)^{\beta_\rho}\\ \prod_{\rho=1}^{n}\left(\log_{\sigma_\rho}\left(\sqrt{1-N_{\xi_{\eta(\rho)}}^2}\right)\right)^{\beta_\rho}\end{array}\right), & 0<\sigma_\rho\leqslant\min\left\{\begin{array}{l}P_{\xi_\rho}\\ \sqrt{1-I_{\xi_\rho}^2}\\ \sqrt{1-N_{\xi_\rho}^2}\end{array}\right\}<1\\ \left(\begin{array}{l}\sqrt{1-\prod_{\rho=1}^{n}\left(\log_{\frac{1}{\sigma_\rho}}P_{\xi_{\eta(\rho)}}\right)^{2\beta_\rho}}\\ \prod_{\rho=1}^{n}\left(\log_{\frac{1}{\sigma_\rho}}\left(\sqrt{1-I_{\xi_{\eta(\rho)}}^2}\right)\right)^{\beta_\rho}\\ \prod_{\rho=1}^{n}\left(\log_{\frac{1}{\sigma_\rho}}\left(\sqrt{1-N_{\xi_{\eta(\rho)}}^2}\right)\right)^{\beta_\rho}\end{array}\right), & 0<\frac{1}{\sigma_\rho}\leqslant\min\left\{\begin{array}{l}P_{\xi_\rho},\\ \sqrt{1-I_{\xi_\rho}^2},\\ \sqrt{1-N_{\xi_\rho}^2}\end{array}\right\}<1,\ \sigma\neq1\end{cases} \tag{3-55}$$

证明：证明过程与定理 3.6 类似，因此在此省略。

注 2：若 $\sigma_1=\sigma_2=\sigma_3=\cdots=\sigma_n=\sigma$，即 $0<\sigma\leqslant\min\left\{P_{\xi_\rho},\ \sqrt{1-I_{\xi_\rho}^2},\ \sqrt{1-N_{\xi_\rho}^2}\right\}<1$，$\sigma\neq1$，则 *L-SFOWA* 算子集成结果为：

$$L\text{-}SFOWA(\varepsilon_1, \varepsilon_2, \cdots, \varepsilon_n)=\begin{pmatrix}\sqrt{1-\prod_{\rho=1}^{n}\left(\log_\sigma P_{\xi_{\eta(\rho)}}\right)^{2\beta_\rho}}\\ \prod_{\rho=1}^{n}\left(\log_\sigma\left(\sqrt{1-I_{\xi_{\eta(\rho)}}^2}\right)\right)^{\beta_\rho}\\ \prod_{\rho=1}^{n}\left(\log_\sigma\left(\sqrt{1-N_{\xi_{\eta(\rho)}}^2}\right)\right)^{\beta_\rho}\end{pmatrix} \tag{3-56}$$

L-SFOWA 算子满足下列一些性质：

（1）幂等性。

证明： 设 $\varepsilon_\rho=\langle P_{\xi_\rho}(r_\gamma), I_{\xi_\rho}(r_\gamma), N_{\xi_\rho}(r_\gamma)\rangle=\varepsilon$，$\forall\rho=1, 2, \cdots, n$，则

$$L\text{-}SFOWA(\varepsilon_1, \varepsilon_2, \cdots, \varepsilon_n)=\sum_{\rho=1}^{n}\beta_\rho\log_{\sigma_\rho}\varepsilon_{\eta(\rho)}=\langle P_{\xi_\rho}(r_\gamma), I_{\xi_\rho}(r_\gamma), N_{\xi_\rho}(r_\gamma)\rangle=\varepsilon_\rho=\varepsilon \tag{3-57}$$

（2）有界性。

证明： 设 $\varepsilon_\rho^-=\langle \min_\rho P_{\xi_\rho}, \max_\rho I_{\xi_\rho}, \max_\rho N_{\xi_\rho}\rangle$，$\varepsilon_\rho^+=\langle \max_\rho P_{\xi_\rho}, \min_\rho I_{\xi_\rho}, \min_\rho N_{\xi_\rho}\rangle$ $(\rho=1, 2, \cdots, n)$

$$L\text{-}SFOWA(\varepsilon_1, \varepsilon_2, \cdots, \varepsilon_n)=\sum_{\rho=1}^{n}\beta_\rho\log_{\sigma_\rho}\varepsilon_{\eta(\rho)}$$

则

$$\varepsilon_\rho^-\leqslant L\text{-}SFOWA(\varepsilon_1, \varepsilon_2, \cdots, \varepsilon_n)\leqslant\varepsilon_\rho^+ \tag{3-58}$$

（3）单调性。

证明： 若 $\varepsilon_\rho\leqslant\varepsilon_\rho^*$ $(\rho=1, 2, \cdots, n)$，则由定义 3.25 和定理 3.7 有

$$L\text{-}SFOWA(\varepsilon_1, \varepsilon_2, \cdots, \varepsilon_n)\leqslant L\text{-}SFOWA(\varepsilon_1^*, \varepsilon_2^*, \cdots, \varepsilon_n^*) \tag{3-59}$$

第三节 对数球形模糊混合加权平均算子

定义 3.26 设 $\varepsilon_\rho=\langle P_{\xi_\rho}(r_\gamma), I_{\xi_\rho}(r_\gamma), N_{\xi_\rho}(r_\gamma)\rangle(\rho=1, 2, \cdots, n)$为一组 *L-SFNs*，且 $0<\sigma_\rho\leqslant\min\left\{P_{\xi_\rho}, \sqrt{1-I_{\xi_\rho}^2}, \sqrt{1-N_{\xi_\rho}^2}\right\}<1$，$\sigma\neq1$。则对数球形模糊混合加权平均(*L-SFHWA*)算子定义如下：

$$L\text{-}SFHWA(\varepsilon_1, \varepsilon_2, \cdots, \varepsilon_n)=\sum_{\rho=1}^{n}\beta_\rho\log_{\sigma_\rho}\varepsilon_{\eta(\rho)}^* \tag{3-60}$$

其中，$\beta_\rho(\rho=1, 2, \cdots, n)$是权重向量，且$\beta_\rho \geqslant 0$，$\sum_{\rho=1}^{n}\beta_\rho=1$。$(\eta(1), \cdots, \eta(n))$是$(1, \cdots, n)$的一个置换，使得对任意的$j$满足$\varepsilon^*_{\eta(1)} \geqslant \varepsilon^*_{\eta(2)} \geqslant \cdots \geqslant \varepsilon^*_{\eta(n)}$，其中$\varepsilon^*_{\eta(\rho)}=n\beta_\rho\varepsilon_{\eta(\rho)}$。此外，与算子相关权重是$\omega=(\omega_1, \omega_2, \cdots, \omega_n)$，且$\omega_\rho \geqslant 0$，$\sum_{\rho=1}^{n}\omega_\rho=1$。

定理 3.8 设$\varepsilon_\rho=\langle P_{\xi_\rho}(r_\gamma), I_{\xi_\rho}(r_\gamma), N_{\xi_\rho}(r_\gamma)\rangle(\rho=1, 2, \cdots, n)$为一组 *L-SFNs*，且$0<\sigma_\rho \leqslant \min\left\{P_{\xi_\rho}, \sqrt{1-I^2_{\xi_\rho}}, \sqrt{1-N^2_{\xi_\rho}}\right\}<1$，$\sigma \neq 1$。则由对数运算和定义 3.26，*L-SFHWA* 集成结果如下：

证明：该证明过程与定理 3.7 类似，因此省略。

注 3：若$\sigma_1=\sigma_2=\sigma_3=\cdots=\sigma_n=\sigma$，即

$$0<\sigma \leqslant \min\{P_{\xi_\rho}, \sqrt{1-I^2_{\xi_\rho}}, \sqrt{1-N^2_{\xi_\rho}}\}<1, \ \sigma \neq 1 \tag{3-61}$$

则 *L-SFHWA* 算子为：

$$L\text{-}SFHWA(\varepsilon_1, \varepsilon_2, \cdots, \varepsilon_n)=\left(\begin{array}{c}\sqrt{1-\prod_{\rho=1}^{n}\left(\log_\sigma P^*_{\xi_{\eta(\rho)}}\right)^{2\beta_\rho}} \\ \prod_{\rho=1}^{n}\left(\log_\sigma\left(\sqrt{1-\left(I^*_{\xi_{\eta(\rho)}}\right)^2}\right)\right)^{\beta_\rho} \\ \prod_{\rho=1}^{n}\left(\log_\sigma\left(\sqrt{1-(N^*_{\xi_{\eta(\rho)}})^2}\right)\right)^{\beta_\rho}\end{array}\right) \tag{3-62}$$

第四节 对数球形模糊（有序）加权几何算子

定义 3.27 设$\varepsilon_\rho=\langle P_{\xi_\rho}(r_\gamma), I_{\xi_\rho}(r_\gamma), N_{\xi_\rho}(r_\gamma)\rangle(\rho=1, 2, \cdots, n)$为一组球形模糊数，且$0<\sigma_\rho \leqslant \min\left\{P_{\xi_\rho}, \sqrt{1-I^2_{\xi_\rho}}, \sqrt{1-N^2_{\xi_\rho}}\right\}<1$，$\sigma \neq 1$。则对数球形模糊加权几何(*L-SFWG*)算子定义为：

$$L\text{-}SFWG(\varepsilon_1, \varepsilon_2, \cdots, \varepsilon_n)=\prod_{\rho=1}^{n}(\log_{\sigma_\rho}\varepsilon_\rho)^{\beta_\rho} \tag{3-63}$$

其中，$\beta_\rho(\rho=1, 2, \cdots, n)$是权重向量，且$\beta_\rho \geqslant 0$，$\sum_{\rho=1}^{n}\beta_\rho=1$。

定理 3.9 设 $\varepsilon_\rho=\langle P_{\xi_\rho}(r_\gamma),\ I_{\xi_\rho}(r_\gamma),\ N_{\xi_\rho}(r_\gamma)\rangle(\rho=1,2,\cdots,n)$ 为一组 *L-SFNs*，且 $0<\sigma_\rho\leqslant\min\left\{P_{\xi_\rho},\ \sqrt{1-I_{\xi_\rho}^2},\ \sqrt{1-N_{\xi_\rho}^2}\right\}<1$，$\sigma\neq1$。则由对数运算和定义 3.27 可得

$$
L\text{-}SFWG(\varepsilon_1,\ \varepsilon_2,\ \cdots,\ \varepsilon_n)
$$

$$
=\begin{cases}\left(\begin{array}{l}\prod_{\rho=1}^{n}\left(\sqrt{1-\left(\log_{\sigma_\rho}P_{\xi_\rho}\right)^2}\right)^{\beta_\rho}\\ \sqrt{1-\prod_{\rho=1}^{n}\left(1-\left(\log_{\sigma_\rho}\left(\sqrt{1-I_{\xi_\rho}^2}\right)\right)^2\right)^{\beta_\rho}}\\ \sqrt{1-\prod_{\rho=1}^{n}\left(1-\left(\log_{\sigma_\rho}\left(\sqrt{1-N_{\xi_\rho}^2}\right)\right)^2\right)^{\beta_\rho}}\end{array}\right), & 0<\sigma_\rho\leqslant\min\left\{\begin{array}{l}P_{\xi_\rho},\\ \sqrt{1-I_{\xi_\rho}^2},\\ \sqrt{1-N_{\xi_\rho}^2}\end{array}\right\}<1\\ \left(\begin{array}{l}\prod_{\rho=1}^{n}\left(\sqrt{1-\left(\log_{\frac{1}{\sigma_\rho}}P_{\xi_\rho}\right)^2}\right)^{\beta_\rho}\\ \sqrt{1-\prod_{\rho=1}^{n}\left(1-\left(\log_{\frac{1}{\sigma_\rho}}\left(\sqrt{1-I_{\xi_\rho}^2}\right)\right)^2\right)^{\beta_\rho}}\\ \sqrt{1-\prod_{\rho=1}^{n}\left(1-\left(\log_{\frac{1}{\sigma_\rho}}\left(\sqrt{1-N_{\xi_\rho}^2}\right)\right)^2\right)^{\beta_\rho}}\end{array}\right), & 0<\frac{1}{\sigma_\rho}\leqslant\min\left\{\begin{array}{l}P_{\xi_\rho},\\ \sqrt{1-I_{\xi_\rho}^2},\\ \sqrt{1-N_{\xi_\rho}^2}\end{array}\right\}<1,\ \sigma\neq1\end{cases}
\tag{3-64}
$$

其中，β_ρ（$\rho=1,2,\cdots,n$）是权重向量，且 $\beta_\rho\geqslant0$，$\sum_{\rho=1}^{n}\beta_\rho=1$。

证明：我们利用数学归纳法证明定理 3.9，过程如下：

（a）对 $n=2$

$$
\left(\log_{\sigma_1}\varepsilon_1\right)^{\beta_1}=\left(\begin{array}{l}\left(\sqrt{1-\left(\log_{\sigma_1}P_{\xi_1}\right)^2}\right)^{\beta_1}\\ \sqrt{1-\left(1-\left(\log_{\sigma_1}\left(\sqrt{1-I_{\xi_1}^2}\right)\right)^2\right)^{\beta_1}}\\ \sqrt{1-\left(1-\left(\log_{\sigma_1}\left(\sqrt{1-N_{\xi_1}^2}\right)\right)^2\right)^{\beta_1}}\end{array}\right)
\tag{3-65}
$$

$$
\left(\log_{\sigma_2}\varepsilon_2\right)^{\beta_2}=\left(\begin{array}{l}\left(\sqrt{1-\left(\log_{\sigma_2}P_{\xi_2}\right)^2}\right)^{\beta_2}\\ \sqrt{1-\left(1-\left(\log_{\sigma_2}\left(\sqrt{1-I_{\xi_2}^2}\right)\right)^2\right)^{\beta_2}}\\ \sqrt{1-\left(1-\left(\log_{\sigma_2}\left(\sqrt{1-N_{\xi_2}^2}\right)\right)^2\right)^{\beta_2}}\end{array}\right)
\tag{3-66}
$$

则可得

$$L\text{-}SFWG(\varepsilon_1,\ \varepsilon_2)=(\log_{\sigma_1}\varepsilon_1)^{\beta_1}\oplus(\log_{\sigma_2}\varepsilon_2)^{\beta_2}$$

$$=\begin{pmatrix}\left(\sqrt{1-\left(\log_{\sigma_1}P_{\xi_1}\right)^2}\right)^{\beta_1}\\ \sqrt{1-\left(1-\left(\log_{\sigma_1}\left(\sqrt{1-I_{\xi_1}^2}\right)\right)^2\right)^{\beta_1}}\\ \sqrt{1-\left(1-\left(\log_{\sigma_1}\left(\sqrt{1-N_{\xi_1}^2}\right)\right)^2\right)^{\beta_1}}\end{pmatrix}\oplus\begin{pmatrix}\left(\sqrt{1-\left(\log_{\sigma_2}P_{\xi_2}\right)^2}\right)^{\beta_2}\\ \sqrt{1-\left(1-\left(\log_{\sigma_2}\left(\sqrt{1-I_{\xi_2}^2}\right)\right)^2\right)^{\beta_2}}\\ \sqrt{1-\left(1-\left(\log_{\sigma_2}\left(\sqrt{1-N_{\xi_2}^2}\right)\right)^2\right)^{\beta_2}}\end{pmatrix}$$

$$=\begin{pmatrix}\left(\sqrt{1-\left(\log_{\sigma_1}P_{\xi_1}\right)^2}\right)^{\beta_1}\cdot\left(\sqrt{1-\left(\log_{\sigma_2}P_{\xi_2}\right)^2}\right)^{\beta_2}\\ \sqrt{1-\left(1-\left(\log_{\sigma_1}\left(\sqrt{1-I_{\xi_1}^2}\right)\right)^2\right)^{\beta_1}\cdot\left(1-\left(\log_{\sigma_2}\left(\sqrt{1-I_{\xi_2}^2}\right)\right)^2\right)^{\beta_2}}\\ \sqrt{1-\left(1-\left(\log_{\sigma_1}\left(\sqrt{1-N_{\xi_1}^2}\right)\right)^2\right)^{\beta_1}\cdot\left(1-\left(\log_{\sigma_2}\left(\sqrt{1-N_{\xi_2}^2}\right)\right)^2\right)^{\beta_2}}\end{pmatrix}$$

$$=\begin{pmatrix}\prod_{\rho=1}^{2}\left(\sqrt{1-\left(\log_{\sigma_\rho}P_{\xi_\rho}\right)^2}\right)^{\beta_\rho}\\ \sqrt{1-\prod_{\rho=1}^{2}\left(1-\left(\log_{\sigma_\rho}\left(\sqrt{1-I_{\xi_\rho}^2}\right)\right)^2\right)^{\beta_\rho}}\\ \sqrt{1-\prod_{\rho=1}^{2}\left(1-\left(\log_{\sigma_\rho}\left(\sqrt{1-N_{\xi_\rho}^2}\right)\right)^2\right)^{\beta_\rho}}\end{pmatrix} \tag{3-67}$$

（b）设 $n=k$，定理 3.9 成立，即

$$L\text{-}SFWG(\varepsilon_1,\ \varepsilon_2,\ \cdots,\ \varepsilon_k)=\begin{pmatrix}\prod_{\rho=1}^{k}\left(\sqrt{1-\left(\log_{\sigma_\rho}P_{\xi_\rho}\right)^2}\right)^{\beta_\rho}\\ \sqrt{1-\prod_{\rho=1}^{k}\left(1-\left(\log_{\sigma_\rho}\left(\sqrt{1-I_{\xi_\rho}^2}\right)\right)^2\right)^{\beta_\rho}}\\ \sqrt{1-\prod_{\rho=1}^{k}\left(1-\left(\log_{\sigma_\rho}\left(\sqrt{1-N_{\xi_\rho}^2}\right)\right)^2\right)^{\beta_\rho}}\end{pmatrix} \tag{3-68}$$

（c）则当 $n=k+1$

$$L\text{-}SFWG(\varepsilon_1,\ \varepsilon_2,\ \cdots,\ \varepsilon_k,\ \varepsilon_{k+1})=\prod_{\rho=1}^{k}\left(\log_{\sigma_\rho}\varepsilon_\rho\right)^{\beta_\rho}\otimes\left(\log_{\sigma_{k+1}}\varepsilon_{k+1}\right)^{\beta_{k+1}} \tag{3-69}$$

$L\text{-}SFWG(\varepsilon_1,\ \varepsilon_2,\ \cdots,\ \varepsilon_k,\ \varepsilon_{k+1})$

$$=\begin{pmatrix}\prod_{\rho=1}^{k}\left(\sqrt{1-\left(\log_{\sigma_\rho}P_{\xi_\rho}\right)^2}\right)^{\beta_\rho}\\ \sqrt{1-\prod_{\rho=1}^{k}\left(1-\left(\log_{\sigma_\rho}\left(\sqrt{1-I_{\xi_\rho}^2}\right)\right)^2\right)^{\beta_\rho}}\\ \sqrt{1-\prod_{\rho=1}^{k}\left(1-\left(\log_{\sigma_\rho}\left(\sqrt{1-N_{\xi_\rho}^2}\right)\right)^2\right)^{\beta_\rho}}\end{pmatrix}\otimes\begin{pmatrix}\left(\sqrt{1-\left(\log_{\sigma_{k+1}}P_{\xi_{k+1}}\right)^2}\right)^{\beta_{k+1}}\\ \sqrt{1-\left(1-\left(\log_{\sigma_{k+1}}\left(\sqrt{1-I_{\xi_{k+1}}^2}\right)\right)^2\right)^{\beta_{k+1}}}\\ \sqrt{1-\left(1-\left(\log_{\sigma_{k+1}}\left(\sqrt{1-N_{\xi_{k+1}}^2}\right)\right)^2\right)^{\beta_{k+1}}}\end{pmatrix}$$

$$=\begin{pmatrix}\prod_{\rho=1}^{k+1}\left(\sqrt{1-\left(\log_{\sigma_\rho}P_{\xi_\rho}\right)^2}\right)^{\beta_\rho}\\ \sqrt{1-\prod_{\rho=1}^{k+1}\left(1-\left(\log_{\sigma_\rho}\left(\sqrt{1-I_{\xi_\rho}^2}\right)\right)^2\right)^{\beta_\rho}}\\ \sqrt{1-\prod_{\rho=1}^{k+1}\left(1-\left(\log_{\sigma_\rho}\left(\sqrt{1-N_{\xi_\rho}^2}\right)\right)^2\right)^{\beta_\rho}}\end{pmatrix}\tag{3-70}$$

因此，对 $n=k+1$，定理 3.9 是成立的，即

$$L\text{-}SFWG(\varepsilon_1,\ \varepsilon_2,\ \cdots,\ \varepsilon_n)=\begin{pmatrix}\prod_{\rho=1}^{n}\left(\sqrt{1-\left(\log_{\sigma_\rho}P_{\xi_\rho}\right)^2}\right)^{\beta_\rho}\\ \sqrt{1-\prod_{\rho=1}^{n}\left(1-\left(\log_{\sigma_\rho}\left(\sqrt{1-I_{\xi_\rho}^2}\right)\right)^2\right)^{\beta_\rho}}\\ \sqrt{1-\prod_{\rho=1}^{n}\left(1-\left(\log_{\sigma_\rho}\left(\sqrt{1-N_{\xi_\rho}^2}\right)\right)^2\right)^{\beta_\rho}}\end{pmatrix}\tag{3-71}$$

根据同样的方法可证明当 $0<\dfrac{1}{\sigma_\rho}\leqslant\min\left\{P_{\xi_\rho},\ \sqrt{1-I_{\xi_\rho}^2},\ \sqrt{1-N_{\xi_\rho}^2}\right\}<1$ 时，定理成立。

注 4：若 $\sigma_1=\sigma_2=\sigma_3=\cdots=\sigma_n=\sigma$，即

$$0<\sigma\leqslant\min\left\{P_{\xi_\rho},\ \sqrt{1-I_{\xi_\rho}^2},\ \sqrt{1-N_{\xi_\rho}^2}\right\}<1,\ \sigma\neq1\tag{3-72}$$

则 $L\text{-}SFWG$ 算子为：

$$L\text{-}SFWG(\varepsilon_1,\ \varepsilon_2,\ \cdots,\ \varepsilon_n)=\begin{pmatrix}\prod_{\rho=1}^{n}\left(\sqrt{1-\left(\log_{\sigma}P_{\xi_\rho}\right)^2}\right)^{\beta_\rho}\\ \sqrt{1-\prod_{\rho=1}^{n}\left(1-\left(\log_{\sigma}\left(\sqrt{1-I_{\xi_\rho}^2}\right)\right)^2\right)^{\beta_\rho}}\\ \sqrt{1-\prod_{\rho=1}^{n}\left(1-\left(\log_{\sigma}\left(\sqrt{1-N_{\xi_\rho}^2}\right)\right)^2\right)^{\beta_\rho}}\end{pmatrix}\tag{3-73}$$

定义 3.28 设 $\varepsilon_\rho=\langle P_{\xi_\rho}(r_\gamma),\ I_{\xi_\rho}(r_\gamma),\ N_{\xi_\rho}(r_\gamma)\rangle(\rho=1,\ 2,\ \cdots,\ n)$为一组 *L-SFNs*，且 $0<\sigma_\rho\leqslant\min\left\{P_{\xi_\rho},\ \sqrt{1-I_{\xi_\rho}^2},\ \sqrt{1-N_{\xi_\rho}^2}\right\}<1$，$\sigma\neq1$。则对数球形模糊有序加权几何(*L-SFOWG*)算子定义为：

$$L\text{-}SFOWG(\varepsilon_1,\ \varepsilon_2,\ \cdots,\ \varepsilon_n)=\prod_{\rho=1}^{n}(\log_{\sigma_\rho}\varepsilon_{\eta(\rho)})^{\beta_\rho} \tag{3-74}$$

其中，$\beta_\rho(\rho=1,\ 2,\ \cdots,\ n)$是权重向量，且 $\beta_\rho\geqslant0$，$\sum_{\rho=1}^{n}\beta_\rho=1$。

第五节 对数球形模糊混合加权几何算子

定义 3.29 设 $\varepsilon_\rho=\langle P_{\xi_\rho}(r_\gamma),\ I_{\xi_\rho}(r_\gamma),\ N_{\xi_\rho}(r_\gamma)\rangle(\rho=1,\ 2,\ \cdots,\ n)$为一组 *L-SFNs*，且 $0<\sigma_\rho\leqslant\min\left\{P_{\xi_\rho},\ \sqrt{1-I_{\xi_\rho}^2},\ \sqrt{1-N_{\xi_\rho}^2}\right\}<1$，$\sigma\neq1$。则对数球形模糊混合加权几何(*L-SFHWG*)算子定义为：

$$L\text{-}SFHWG(\varepsilon_1,\ \varepsilon_2,\ \cdots,\ \varepsilon_n)=\prod_{\rho=1}^{n}(\log_{\sigma_\rho}\varepsilon^*_{\eta(\rho)})^{\beta_\rho} \tag{3-75}$$

定理 3.10 设 $\varepsilon_\rho=\langle P_{\xi_\rho}(r_\gamma),\ I_{\xi_\rho}(r_\gamma),\ N_{\xi_\rho}(r_\gamma)\rangle(\rho=1,\ 2,\ \cdots,\ n)$为一组 *L-SFNs*，且 $0<\sigma_\rho\leqslant\min\left\{P_{\xi_\rho},\ \sqrt{1-I_{\xi_\rho}^2},\ \sqrt{1-N_{\xi_\rho}^2}\right\}<1$，$\sigma\neq1$，则由对数运算和定义 3.29 可得：

$$L\text{-}SFWG(\varepsilon_1,\ \varepsilon_2,\ \cdots,\ \varepsilon_n)=$$

$$\begin{cases}\left(\begin{array}{l}\prod_{\rho=1}^{n}\left(\sqrt{1-\left(\log_{\sigma_\rho}P^*_{\xi_{\eta(\rho)}}\right)^2}\right)^{\beta_\rho}\\ \sqrt{1-\prod_{\rho=1}^{n}\left(1-\left(\log_{\sigma_\rho}\left(\sqrt{1-(I^*_{\xi_{\eta(\rho)}})^2}\right)\right)^2\right)^{\beta_\rho}}\\ \sqrt{1-\prod_{\rho=1}^{n}\left(1-\left(\log_{\sigma_\rho}\left(\sqrt{1-(N^*_{\xi_{\eta(\rho)}})^2}\right)\right)^2\right)^{\beta_\rho}}\end{array}\right), & 0<\sigma_\rho\leqslant\min\left\{\begin{array}{l}P_{\xi_\rho},\\ \sqrt{1-I_{\xi_\rho}^2},\\ \sqrt{1-N_{\xi_\rho}^2}\end{array}\right\}<1\\ \left(\begin{array}{l}\prod_{\rho=1}^{n}\left(\sqrt{1-\left(\log_{\frac{1}{\sigma_\rho}}P^*_{\xi_{\eta(\rho)}}\right)^2}\right)^{\beta_\rho}\\ \sqrt{1-\prod_{\rho=1}^{n}\left(1-\left(\log_{\frac{1}{\sigma_\rho}}\left(\sqrt{1-(I^*_{\xi_{\eta(\rho)}})^2}\right)\right)^2\right)^{\beta_\rho}}\\ \sqrt{1-\prod_{\rho=1}^{n}\left(1-\left(\log_{\frac{1}{\sigma_\rho}}\left(\sqrt{1-(N^*_{\xi_{\eta(\rho)}})^2}\right)\right)^2\right)^{\beta_\rho}}\end{array}\right), & 0<\frac{1}{\sigma_\rho}\leqslant\min\left\{\begin{array}{l}P_{\xi_\rho},\\ \sqrt{1-I_{\xi_\rho}^2},\\ \sqrt{1-N_{\xi_\rho}^2}\end{array}\right\}<1,\ \sigma\neq1\end{cases} \tag{3-76}$$

本节提出了对数球形模糊加权平均（*L-SFWA*）算子、对数球形模糊有序加权平均（*L-SFOWA*）算子、对数球形模糊混合加权平均（*L-SFHWA*）算子、对数球形模糊加权几何（*L-SFWG*）算子、对数球形模糊有序加权几何（*L-SFOWG*）算子、对数球形模糊混合加权几何（*L-SFHWG*）算子。其中，对数球形模糊有序加权平均（*L-SFOWA*）算子和对数球形模糊有序加权几何（*L-SFOWG*）算子考虑了 *L-SFNs* 所在位置的重要性，而对数球形模糊混合加权平均（*L-SFHWA*）算子和对数球形模糊混合加权几何（*L-SFHWG*）算子不仅考虑了 *L-SFNs* 自身的重要程度，而且体现了其所在位置的重要性，可减少决策过程中不必要的人为因素且不易丢失决策信息。

第六节 基于对数球形模糊信息集成算子和熵的多属性决策方法及其数值分析

一、基于对数球形模糊信息集成算子和熵的多属性决策方法

基于对数球形模糊信息集成算子和熵的多属性决策方法的主要步骤如下：

步骤 1：设 $H=(h_1, h_2, \cdots, h_m)$ 为 m 种方案集，$Y=(y_1, y_2, \cdots, y_n)$ 为 n 种属性集，其中 h_i 表示第 i 个方案，y_j 表示第 j 个属性。设 $D=(d_1, d_2, \cdots, d_t)$ 为 t 个专家集，专家 d_k 用 *SFNs* 对方案 h_i 上的属性 y_j 进行评估，从而得到专家的球形模糊决策矩阵 $D^s=[E_{i\rho}^{(s)}]_{m\times n}$ 表示。假设属性 y_j 的权重向量为 $\beta_\rho(\rho=1, 2, \cdots, n)$，且 β_ρ 满足 $0\leqslant\beta_\rho\leqslant1$，$\sum_{\rho=1}^{n}\beta_\rho=1$。决策者 d_k 的权重向量为 $\psi=(\psi_1, \psi_2, \cdots, \psi_t)$，满足 $\psi_k\leqslant1$，$\sum_{k=1}^{t}\psi_k=1$。

一般地，决策属性有两种类型：一种是效益型，另一种是成本型。若决策问题包含不同类型的属性，则可用如下方法转化成同一种类型属性：

$$r_{i\rho}^{s}=\begin{cases}E_{i\rho}^{s}, & A_p \text{ 是效益型属性}\\ (E_{i\rho}^{s})^{c}, & A_p \text{ 是成本型属性}\end{cases} i=1, 2, \cdots, n \tag{3-77}$$

从而得到标准化的决策矩阵 $r^s=[r_{i\rho}^{(s)}]_{m\times n}$。如果是同一类型属性，则不需要标

准化。

步骤 2：利用 *SFWA/SFWG* 算子对个体意见进行集成，得到方案 h_i 的各个属性下的群体球形模糊偏好值 r_i^k。

$$r_i = L\text{-}SFWA(r_{i1}^1,\ r_{i2}^2,\ \cdots,\ r_{in}^t)(i=1,\ 2,\ \cdots,\ m) \tag{3-78}$$

步骤 3：利用球形模糊熵确定每个属性的权重。

$$\beta_q = \frac{1 + \dfrac{1}{n}\sum_{\rho=1}^{n}(P_i\log(P_i) + I_i\log(I_i) + N_i\log(N_i))}{\sum_{q=1}^{n}\left(1 + \dfrac{1}{n}\sum_{\rho=1}^{n}P_i\log(P_i) + I_i\log(I_i) + N_i\log(N_i)\right)} \tag{3-79}$$

步骤 4：利用球形模糊对数集成算子计算方案的综合评价值。

步骤 5：计算方案 $h_i(i=1,\ 2,\ \cdots,\ m)$ 的得分值 $\widetilde{S}(\log_\sigma \varepsilon_\rho)$ 和精确值 $\widetilde{A}(\log_\sigma \varepsilon_\rho)$。

步骤 6：根据得分值大小对方案 h_i（$i=1,\ 2,\ \cdots,\ m$）进行排序，并选择得分值最大的方案为最优方案。

二、数值分析

人工智能作为第四次工业革命的核心驱动力，是引领未来的战略性技术，正在对经济发展、人类生活和社会进步产生深远影响。各国都在战略层面高度重视，一大批科研机构涌现，科技巨头大力布局，新兴企业迅速崛起，人工智能技术开始广泛应用于各行业，显示出可观的商业价值和巨大的发展潜力。它的出现对国家竞争力、社会经济的发展起到了极大的促进作用。中国要建设成为创新型科技强国，就必须要抓住人工智能经济发展的新引擎。作为人工智能产业发展的载体，中国人工智能企业的发展呈现井喷的态势。截至 2020 年底，中国人工智能核心产业规模达到 3251 亿元，相关企业数量突破 6425 家。

随着人工智能企业数量的快速增长，企业的综合能力对于进一步引导企业提高自主创新能力、增强核心竞争力具有重要意义。黄俊等[152] 基于国内机器人行业的发展现状，利用超效率 DEA 与 Malmquist 指数相结合的评价方法以及 Tobit 回归模型，对我国 14 家上市机器人企业的研发创新效率及影响因素进行实证研究。张炜和赵玉帛[153] 从静态和动态两个层面对人工智能上市企业创新效率进行测度，研究企业规模、外资合作、税收负担、政府支持、产业发展和地区经济对人工智能企业创新效率的影响。杜丹丽和曾小春[154] 研究了高新技术企业创新能力的动态综合评价问题，从创新资源投入、创新实施能力投入、创新产出三个维度建立高新技术企业创新能力评价的指标体系，并运用突变级数进行高新技术企业创新能力的静态评价，从多个维度以速度特征的视角进行了实证分析。

基于以上研究，本部分从前景收益、市场风险、金融投资和科学技术进步四个维度出发，将基于模糊熵和对数算子的球形模糊多属性群决策方法应用于高新技术企业择优排序问题。现有由 3 个专家组成的专家委员会（设权重向量为 $\beta=(0.314, 0.355, 0.331)^T$），从以下 4 个属性对 5 家高新 $H_g(g=1, 2, \cdots, 5)$ 企业方案进行评估：①前景收益（y_1）；②市场风险（y_2）；③金融投资（y_3）；④科学技术进步（y_4）。

专家的评估结果如表 3-1 至表 3-3 所示。

表 3-1　球形模糊矩阵 D_1

方案	y_1	y_2	y_3	y_4
H_1	(0.84, 0.34, 0.40)	(0.43, 0.39, 0.78)	(0.67, 0.50, 0.30)	(0.31, 0.21, 0.71)
H_2	(0.60, 0.11, 0.53)	(0.23, 0.35, 0.59)	(0.72, 0.31, 0.41)	(0.11, 0.25, 0.82)
H_3	(0.79, 0.19, 0.39)	(0.11, 0.21, 0.91)	(0.71, 0.41, 0.13)	(0.34, 0.25, 0.51)
H_4	(0.63, 0.51, 0.13)	(0.49, 0.33, 0.42)	(0.61, 0.43, 0.45)	(0.49, 0.37, 0.59)
H_5	(0.57, 0.36, 0.29)	(0.50, 0.15, 0.60)	(0.70, 0.32, 0.40)	(0.33, 0.44, 0.65)

表 3-2　球形模糊矩阵 D_2

方案	y_1	y_2	y_3	y_4
H_1	(0.61, 0.15, 0.53)	(0.16, 0.35, 0.62)	(0.61, 0.35, 0.47)	(0.55, 0.17, 0.74)
H_2	(0.66, 0.11, 0.51)	(0.43, 0.23, 0.77)	(0.93, 0.08, 0.09)	(0.02, 0.06, 0.99)
H_3	(0.88, 0.09, 0.07)	(0.05, 0.06, 0.89)	(0.56, 0.17, 0.44)	(0.43, 0.13, 0.61)
H_4	(0.59, 0.32, 0.34)	(0.24, 0.48, 0.51)	(0.68, 0.53, 0.39)	(0.34, 0.21, 0.61)
H_5	(0.71, 0.31, 0.24)	(0.35, 0.41, 0.69)	(0.73, 0.44, 0.21)	(0.22, 0.49, 0.74)

表 3-3　球形模糊矩阵 D_3

方案	y_1	y_2	y_3	y_4
H_1	(0.85, 0.25, 0.15)	(0.14, 0.23, 0.88)	(0.78, 0.38, 0.18)	(0.29, 0.39, 0.83)
H_2	(0.94, 0.04, 0.07)	(0.39, 0.19, 0.61)	(0.63, 0.18, 0.35)	(0.48, 0.49, 0.56)

续表

方案	y_1	y_2	y_3	y_4
H_3	(0.73, 0.13, 0.46)	(0.19, 0.39, 0.88)	(0.87, 0.35, 0.18)	(0.41, 0.13, 0.81)
H_4	(0.82, 0.12, 0.43)	(0.55, 0.21, 0.63)	(0.53, 0.33, 0.47)	(0.46, 0.23, 0.51)
H_5	(0.61, 0.33, 0.29)	(0.28, 0.41, 0.63)	(0.74, 0.34, 0.14)	(0.37, 0.32, 0.65)

步骤 1：由于 y_1，y_3 是效益型属性，而 y_2，y_4 是成本型属性，因此需对决策矩阵进行标准化，标准化后的矩阵如表 3-4 至表 3-6 所示。

表 3-4　标准化球形决策矩阵 r^1

方案	y_1	y_2	y_3	y_4
H_1	(0.84, 0.34, 0.40)	(0.14, 0.23, 0.88)	(0.67, 0.50, 0.30)	(0.71, 0.21, 0.31)
H_2	(0.60, 0.11, 0.53)	(0.39, 0.19, 0.61)	(0.72, 0.31, 0.41)	(0.82, 0.25, 0.11)
H_3	(0.79, 0.19, 0.39)	(0.19, 0.39, 0.88)	(0.71, 0.41, 0.13)	(0.51, 0.25, 0.34)
H_4	(0.63, 0.51, 0.13)	(0.55, 0.21, 0.63)	(0.61, 0.43, 0.45)	(0.59, 0.37, 0.49)
H_5	(0.57, 0.36, 0.29)	(0.60, 0.15, 0.50)	(0.70, 0.32, 0.40)	(0.65, 0.44, 0.33)

表 3-5　标准化球形决策矩阵 r^2

方案	y_1	y_2	y_3	y_4
H_1	(0.61, 0.15, 0.53)	(0.62, 0.35, 0.16)	(0.61, 0.35, 0.47)	(0.74, 0.17, 0.55)
H_2	(0.66, 0.11, 0.51)	(0.77, 0.23, 0.43)	(0.93, 0.08, 0.09)	(0.99, 0.06, 0.02)
H_3	(0.88, 0.09, 0.07)	(0.89, 0.06, 0.05)	(0.56, 0.17, 0.44)	(0.61, 0.13, 0.43)
H_4	(0.59, 0.32, 0.34)	(0.51, 0.48, 0.24)	(0.68, 0.53, 0.39)	(0.61, 0.21, 0.34)
H_5	(0.71, 0.31, 0.24)	(0.69, 0.41, 0.35)	(0.73, 0.44, 0.21)	(0.74, 0.49, 0.22)

表 3-6　标准化球形决策矩阵 r^3

方案	y_1	y_2	y_3	y_4
H_1	(0.85, 0.25, 0.15)	(0.88, 0.23, 0.14)	(0.78, 0.38, 0.18)	(0.83, 0.39, 0.29)
H_2	(0.94, 0.04, 0.07)	(0.61, 0.19, 0.39)	(0.63, 0.18, 0.35)	(0.56, 0.49, 0.48)
H_3	(0.73, 0.13, 0.46)	(0.88, 0.39, 0.19)	(0.87, 0.35, 0.18)	(0.81, 0.13, 0.41)
H_4	(0.82, 0.12, 0.43)	(0.63, 0.21, 0.55)	(0.53, 0.33, 0.47)	(0.51, 0.23, 0.46)
H_5	(0.61, 0.33, 0.29)	(0.63, 0.41, 0.28)	(0.74, 0.34, 0.14)	(0.65, 0.32, 0.37)

步骤 2：使用 *SFWA* 算子集成单个标准化球形模糊决策矩阵，从而得到群体决策意见，如表 3-7 所示。

表 3-7　群体球形模糊决策矩阵

方案	y_1	y_2	y_3	y_4
H_1	(0.79，0.23，0.32)	(0.79，0.32，0.21)	(0.70，0.40，0.30)	(0.77，0.24，0.37)
H_2	(0.81，0.08，0.28)	(0.67，0.25，0.34)	(0.82，0.16，0.23)	(0.92，0.19，0.01)
H_3	(0.81，0.13，0.22)	(0.89，0.17，0.10)	(0.75，0.28，0.22)	(0.68，0.16，0.39)
H_4	(0.70，0.27，0.27)	(0.53，0.32，0.40)	(0.62，0.42，0.43)	(0.57，0.26，0.42)
H_5	(0.64，0.33，0.27)	(0.64，0.30，0.36)	(0.72，0.37，0.22)	(0.69，0.41，0.30)

步骤 3：通过以下公式计算每个属性的权重

$$\beta_q = \frac{1 + \dfrac{1}{n}\sum_{\rho=1}^{n}(P_i\log(P_i) + I_i\log(I_i) + N_i\log(N_i))}{\sum_{q=1}^{n}\left(1 + \dfrac{1}{n}\sum_{\rho=1}^{n}P_i\log(P_i) + I_i\log(I_i) + N_i\log(N_i)\right)} \tag{3-80}$$

可得属性权重 $\beta=\{\beta_1=0.256,\ \beta_2=0.248,\ \beta_3=0.245,\ \beta_4=0.251\}^T$。

步骤 4：利用本章所提出的球形模糊对数集成算子，即 *L-SFWA*、*L-SFOWA*、*L-SFHWA*、*L-SFWG*、*L-SFOWG* 和 *L-SFHWG* 对方案的综合评价值进行集成（为不失一般性，设 $\sigma=0.5$），结果如下所示：

（1）基于对数球形模糊加权平均集成（*L-SFWA*）算子的集成结果如表 3-8 所示。

表 3-8　*L-SFWA* 算子的集成结果

方案	综合评价值
H_1	(0.91958，0.06259，0.06493)
H_2	(0.95991，0.01743，0.03415)
H_3	(0.94502，0.02250，0.03299)
H_4	(0.70096，0.07377，0.10852)
H_5	(0.82221，0.09375，0.06097)

（2）基于对数球形模糊有序加权平均（*L-SFOWA*）算子的集成结果如表 3-9 所示。

表 3-9 *L-SFOWA* 算子的集成结果

方案	综合评价值
H_1	(0.91927, 0.06301, 0.06474)
H_2	(0.96015, 0.01779, 0.03378)
H_3	(0.94556, 0.02260, 0.03256)
H_4	(0.70099, 0.07411, 0.10850)
H_5	(0.82340, 0.09389, 0.06056)

(3) 基于对数球形模糊混合加权平均（*L-SFHWA*）算子的集成结果如表 3-10 所示。

表 3-10 *L-SFHWA* 算子的集成结果

方案	综合评价值
H_1	(0.99067, 0.00260, 0.00418)
H_2	(0.99894, 0.00017, 0.00033)
H_3	(0.99191, 0.00341, 0.00181)
H_4	(0.81516, 0.00390, 0.01021)
H_5	(0.96076, 0.00789, 0.00217)

(4) 基于对数球形模糊加权几何（*L-SFWG*）算子的集成结果如表 3-11 所示。

表 3-11 *L-SFWG* 算子的集成结果

方案	综合评价值
H_1	(0.91282, 0.07890, 0.07579)
H_2	(0.92862, 0.02762, 0.05696)
H_3	(0.91705, 0.03351, 0.06621)
H_4	(0.62676, 0.08927, 0.12240)
H_5	(0.81260, 0.10000, 0.06923)

(5) 基于对数球形模糊有序加权几何（*L-SFOWG*）算子的集成结果如表 3-12 所示。

表 3-12 *L-SFOWG* 算子的集成结果

方案	综合评价值
H_1	(0.91238, 0.07945, 0.07551)
H_2	(0.92843, 0.02780, 0.05688)
H_3	(0.91729, 0.03354, 0.06613)
H_4	(0.62644, 0.08963, 0.12237)
H_5	(0.81366, 0.10007, 0.06891)

（6）基于对数球形模糊混合加权几何（*L-SFHWG*）算子的集成结果如表 3-13 所示。

表 3-13 *L-SFHWG* 算子的集成结果

方案	综合评价值
H_1	(0.99151, 0.00543, 0.00525)
H_2	(0.99837, 0.00037, 0.00121)
H_3	(0.98317, 0.00118, 0.00641)
H_4	(0.76785, 0.00679, 0.01147)
H_5	(0.97567, 0.00868, 0.00233)

步骤 5：计算企业 H_i（$i=1, 2, 3, 4, 5$）的得分值 $\widetilde{S}$（$\log_\sigma \varepsilon_\rho$）和精确值 $\widetilde{A}$（$\log_\sigma \varepsilon_\rho$），如表 3-14 至表 3-19 所示。

表 3-14 *L-SFWA* 算子的集成信息得分

方案	$\widetilde{S}(\log_{0.5} H_i)$	$\widetilde{A}(\log_{0.5} H_i)$
H_1	0.985356	0.985391
H_2	0.996515	0.996516
H_3	0.993345	0.993347
H_4	0.737170	0.737347
H_5	0.920198	0.920293

表 3-15 *L-SFOWA* 算子的集成信息得分

方案	$\widetilde{S}(\log_{0.5}H_i)$	$\widetilde{A}(\log_{0.5}H_i)$
H_1	0.985236	0.985271
H_2	0.996558	0.996563
H_3	0.993479	0.993487
H_4	0.737233	0.737412
H_5	0.921374	0.921475

表 3-16 *L-SFHWA* 算子的集成信息得分

企业	$\widetilde{S}(\log_{0.5}H_i)$	$\widetilde{A}(\log_{0.5}H_i)$
H_1	0.999817	0.999817
H_2	0.999998	0.999998
H_3	0.999863	0.999863
H_4	0.913067	0.913067
H_5	0.996664	0.996664

表 3-17 *L-SFWG* 算子的集成信息得分

方案	$\widetilde{S}(\log_{0.5}H_i)$	$\widetilde{A}(\log_{0.5}H_i)$
H_1	0.982645	0.98272
H_2	0.988581	0.988593
H_3	0.984383	0.984404
H_4	0.545559	0.545863
H_5	0.910307	0.910436

表 3-18 *L-SFOWG* 算子的集成信息得分

方案	$\widetilde{S}(\log_{0.5}H_i)$	$\widetilde{A}(\log_{0.5}H_i)$
H_1	0.982461	0.982537
H_2	0.988519	0.98853
H_3	0.984477	0.984498
H_4	0.544563	0.544868
H_5	0.911435	0.911564

表 3-19　*L-SFHWG* 算子的集成信息得分

方案	$\widetilde{S}(\log_{0.5}H_i)$	$\widetilde{A}(\log_{0.5}H_i)$
H_1	0.999914	0.999914
H_2	0.999997	0.999997
H_3	0.999657	0.999657
H_4	0.916893	0.916894
H_5	0.999278	0.999278

步骤 6：根据方案得分大小进行排序并得出最优（合适的）方案，如表 3-20 所示。

表 3-20　方案得分排序结果

算子	$\widetilde{S}(\log_\sigma H_1)$	$\widetilde{S}(\log_\sigma H_2)$	$\widetilde{S}(\log_\sigma H_3)$	$\widetilde{S}(\log_\sigma H_4)$	$\widetilde{S}(\log_\sigma H_5)$	排序
L - SFWA	0.985356	0.996515	0.993345	0.737170	0.920198	$H_2>H_3>H_1>H_5>H_4$
L - SFOWA	0.985236	0.996558	0.993479	0.737233	0.921374	$H_2>H_3>H_1>H_5>H_4$
L - SFHWA	0.999817	0.999998	0.999863	0.913067	0.996664	$H_2>H_3>H_1>H_5>H_4$
L - SFWG	0.982645	0.988581	0.984383	0.545559	0.910307	$H_2>H_3>H_1>H_5>H_4$
L - SFOWG	0.982461	0.988519	0.984477	0.544563	0.911435	$H_2>H_3>H_1>H_5>H_4$
L - SFHWG	0.999914	0.999997	0.999657	0.916892	0.999278	$H_2>H_1>H_3>H_5>H_4$

最终排序如图 3-1 所示。

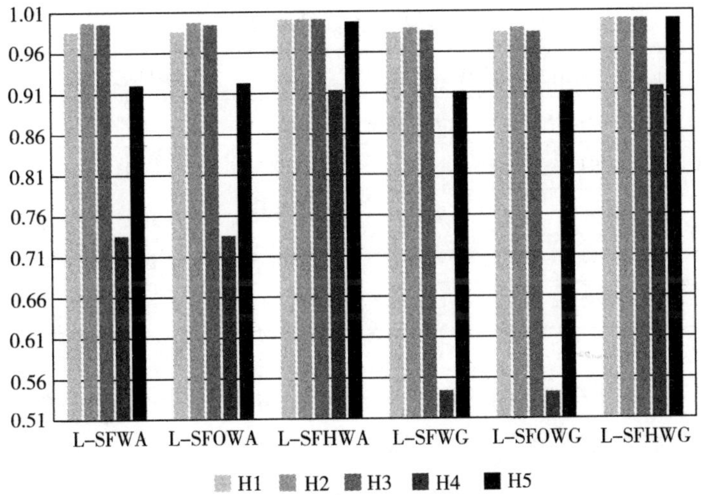

图 3-1　各方案的排序结果

现将 *SFWA* 算子与本章提出的对数球形模糊集成算子的结果进行比较，得到各方案的综合得分值信息，如表 3-21 所示。

表 3-21　*SFWA* 算子的得分值

方案	综合得分值
H_1	(0.802348，0.128406，0.073504)
H_2	(0.887498，0.116768，0.072182)
H_3	(0.585977，0.092906，0.144143)
H_4	(0.793431，0.084318，0.154080)

从表 3-22 可以看出，最优方案是 H_2，与 *SFWA* 算子得到的结果相同，因而证明了所提方法的有效性。

表 3-22　*L-SFWA* 算子的方案排序结果

算子	$\tilde{S}(\log_\sigma H_1)$	$\tilde{S}(\log_\sigma H_2)$	$\tilde{S}(\log_\sigma H_3)$	$\tilde{S}(\log_\sigma H_4)$	排序
L - SFWA	0.94215	0.98297	0.659605	0.936043	$H_2>H_1>H_4>H_3$

再使用 *L-SFOWA*、*L-SFHWA*、*L-SFWG*、*L-SFOWG*、*L-SFHWG* 对方案信息进行集成，得到各方案的综合得分值和排序如表 3-23 所示。

表 3-23　方案排序结果

算子	$\tilde{S}(\log_\sigma H_1)$	$\tilde{S}(\log_\sigma H_2)$	$\tilde{S}(\log_\sigma H_3)$	$\tilde{S}(\log_\sigma H_4)$	排序
L - SFOWA	0.94389	0.98379	0.65922	0.93023	$H_2>H_1>H_4>H_3$
L - SFHWA	0.94789	0.98992	0.63787	0.93346	$H_2>H_1>H_4>H_3$
L - SFWG	0.94615	0.98585	0.68488	0.94562	$H_2>H_1>H_4>H_3$
L - SFOWG	0.94061	0.98689	0.68453	0.94406	$H_2>H_4>H_1>H_3$
L - SFHWG	0.97194	0.98797	0.73631	0.92609	$H_2>H_1>H_4>H_3$

从表 3-23 可以看出，最优方案是 H_2，与 *SFWA* 算子得到的结果相同，证明了所提方法的有效性。

第四章　区间值 T-球形模糊信息集成算子及决策方法研究

本章提出一种基于区间值 T-球形模糊 Hamacher 算子的多属性决策方法。首先，提出一些新的基于 IVTSFSs 的 Hamacher 运算法则。其次，利用 Hamacher 运算法则，提出新的 IVTSFHWA 和 IVTSFHWG 算子。最后，基于所提出的 IVTSFSs HAOs，提出一种新的 MADM 方法，并通过算例分析验证所提出方法的有效性和优越性。

第一节　区间值 T-球形模糊集理论

定义 4.1[16]　设集合 X 上的一个 TSFS 定义为 $I=(m(x),\ i(x),\ n(x):\ x\in X)$，其中 $m(x):\ X\to[0,\ 1]$，$i(x):\ X\to[0,\ 1]$，$n(x):\ X\to[0,\ 1]$分别表示 MD、AD 和 NMD，且对于 $q\in\mathbb{Z}^{+}$满足条件 $0\leqslant m^{q}(x)+i^{q}(x)+n^{q}(x)\leqslant 1$。RD 表示 $r(x)=(1-(m^{q}(x)+i^{q}(x)+n^{q}(x)))^{\frac{1}{q}}$，且 T-球形模糊数（T-Spherical Fuzzy Number，TSFN）用三元组$(m(x),\ i(x),\ n(x))$表示。

下面对 TSFS 的特点进行分析：

注 1[16]：TSFS 可退化成一些特殊模糊集：

（1）若 $i(x)=0$，则退化成 q-ROFS。

（2）若 $q=2$，则退化成 SFS。

（3）若 $q=2$ 且 $i(x)=0$，则退化成 PyFS。

（4）若 $q=1$，则退化成 PFS。

（5）若 $q=1$ 且 $i(x)=0$，则退化成 IFS。

（6）若 $q=1$ 且 $i(x)=0=n(x)$，则退化成 FS。

定义 4.2[17] 设集合 X 上的一个 IVTSFS 定义为：

$$I=([m^l(x),\ m^u(x)],\ [i^l(x),\ i^u(x)],\ [n^l(x),\ n^u(x)]:\ x\in X) \tag{4-1}$$

其中，$m(x)$：$X\to[0,\ 1]$，$i(x)$：$X\to[0,\ 1]$，$n(x)$：$X\to[0,\ 1]$分别表示 MD，AD，NMD，且对于 $q\in\mathbb{Z}^+$ 满足条件 $0\leqslant(m^u)^q(x)+(i^u)^q(x)+(n^u)^q(x)\leqslant1$。RD 定义为 $r(x)=([r^l(x),\ r^u(x)])=\left(\begin{bmatrix}(1-((m^u)^q(x)+(i^u)^q(x)+(n^u)^q(x)))^{\frac{1}{q}}\\(1-((m^l)^q(x)+(i^l)^q(x)+(n^l)^q(x)))^{\frac{1}{q}}\end{bmatrix}\right)$，且区间值 T-球形模糊数（Interval-Valued T-Spherical Fuzzy Number，IVTSFN）用三元组 $([m^l(x),\ m^u(x)],\ [i^l(x),\ i^u(x)],\ [n^l(x),\ n^u(x)])$表示。

现有的模糊集是在一些限制条件下从 IVTSFS 派生出来的，具体如下：

定理 4.1[17] IVTSFS 可退化成以下特殊模糊集形式：

（1）若 $m^l=m^u$，$i^l=i^u$，$n^l=n^u$，则退化成 TSFS。

（2）若 $q=2$，则退化成 IVSFS。

（3）若 $q=2$ 且 $m^l=m^u$，$i^l=i^u$，$n^l=n^u$，则退化成 SFS。

（4）若 $q=1$，则退化成 IVPFS。

（5）若 $q=1$ 且 $m^l=m^u$，$i^l=i^u$，$n^l=n^u$，则退化成 PFS。

（6）若 $i^l=i^u=0$，则退化成 IVq-ROPFS。

（7）若 $m^l=m^u$，$i^l=i^u=0$，$n^l=n^u$，则退化成 q-ROPFS。

（8）若 $q=2$ 且 $i^l=i^u=0$，则退化成 IVPyFS。

（9）若 $q=2$ 且 $m^l=m^u$，$i^l=i^u=0$，$n^l=n^u$，则退化成 PyFS。

（10）若 $q=1$ 且 $i^l=i^u=0$，则退化成 IVIFS。

（11）若 $q=1$ 且 $m^l=m^u$，$i^l=i^u=0$，$n^l=n^u$，则退化成 IFS。

（12）若 $q=1$ 且 $n^l=n^u=i^l=i^u=0$，则退化成 IVFS。

（13）若 $q=1$，$n^l=n^u=i^l=i^u=0$，$m^l=m^u$，则退化成 FS。

证明：限于篇幅，此处省略。

为比较两个或多个 IVTSFNs 的大小，定义如下得分函数：

定义 4.3[15] 对任一 IVTSFN $I=([m^l,\ m^u],\ [i^l,\ i^u],\ [n^l,\ n^u])$，得分函数定义如下：

$$SC(I)=\frac{(m^l)^q(1-(i^l)^q-(n^l)^q)+(m^u)^q(1-(i^u)^q-(n^u)^q)}{3},\ SC(I)\in[0,\ 1] \tag{4-2}$$

定义 4.4[143,155]　Hamacher t-norm 和 Hamacher t-conorm 定义分别如下：

$$T_{hn}(a,\ b)=\frac{a.b}{\gamma+(1-\gamma)(a+b-ab)},\ \gamma>0,\ (a,\ b)\in[0,\ 1]^2 \tag{4-3}$$

$$T_{hcn}(a,\ b)=\frac{a+b-ab-(1-\gamma)ab}{1-(1-\gamma)ab},\ \gamma>0,\ (a,\ b)\in[0,\ 1]^2 \tag{4-4}$$

进一步地，$T_{hn}(a,\ b)$是一个 Hamacher 积，$T_{hcn}(a,\ b)$是一个 Hamacher 和，$T_{hn}(a,\ b)$和 $T_{hcn}(a,\ b)$表示如下：

$$a\otimes b=\frac{ab}{\gamma+(1-\gamma)(a+b-ab)},\ \gamma>0,\ (a,\ b)\in[0,\ 1]^2 \tag{4-5}$$

$$a\oplus b=\frac{a+b-ab-(1-\gamma)ab}{1-(1-\gamma)ab},\ \gamma>0,\ (a,\ b)\in[0,\ 1]^2 \tag{4-6}$$

注 2：当 $\gamma=1$ 时，转化为代数积、代数和；当 $\gamma=2$ 时，转化为 Einstein 积、Einstein 和。

第二节　区间值 T-球形模糊 Hamacher（有序）加权平均算子

本节旨在提出 IVTSFSs 下的一些 Hamacher 算子，包括 Hamacher 和、Hamacher 积，并对 TSF Hamacher 算子的一些特例进行研究。

一、区间值 T-球形模糊 Hamacher 运算法则

定义 4.5　设 $A=([m_A^l,\ m_A^u],\ [i_A^l,\ i_B^u],\ [n_A^l,\ n_A^u])$ 和 $B=([m_B^l,\ m_B^u],\ [i_B^l,\ i_B^u],\ [n_B^l,\ n_B^u])$ 是两个 IVTSFNs，且 λ，$\gamma>0$，则新的区间值 T-球形模糊 Hamacher（Interval-Valued T-Spherical Fuzzy Hamacher，IVTSFH）算子表示如下：

$$A\oplus B=\begin{pmatrix}\left[\sqrt[q]{\dfrac{m_A^{l\,q}+m_B^{l\,q}-m_A^{l\,q}m_B^{l\,q}-(1-\gamma)m_A^{l\,q}m_B^{l\,q}}{1-(1-\gamma)m_A^{l\,q}m_B^{l\,q}}},\ \sqrt[q]{\dfrac{m_A^{u\,q}+m_B^{u\,q}-m_A^{u\,q}m_B^{u\,q}-(1-\gamma)m_A^{u\,q}m_B^{u\,q}}{1-(1-\gamma)m_A^{u\,q}m_B^{u\,q}}}\right]\\ \left[\dfrac{i_A^{l}i_B^{l}}{\sqrt[q]{\gamma+(1-\gamma)(i_A^{l\,q}+i_B^{l\,q}-i_A^{l\,q}i_B^{l\,q})}},\ \dfrac{i_A^{u}i_B^{u}}{\sqrt[q]{\gamma+(1-\gamma)(i_A^{u}+i_B^{u}-i_A^{u}i_B^{u})}}\right]\\ \left[\dfrac{n_A^{l}n_B^{l}}{\sqrt[q]{\gamma+(1-\gamma)(n_A^{l\,q}+n_B^{l\,q}-n_A^{l\,q}n_B^{l\,q})}},\ \dfrac{n_A^{u}n_B^{u}}{\sqrt[q]{\gamma+(1-\gamma)(n_A^{u\,q}+n_B^{u\,q}-n_A^{u\,q}n_B^{u\,q})}}\right]\end{pmatrix}\tag{4-7}$$

$$A\otimes B=\begin{pmatrix}\left[\dfrac{m_A^{l}m_B^{l}}{\sqrt[q]{\gamma+(1-\gamma)(m_A^{l\,q}+m_B^{l\,q}-m_A^{l\,q}m_B^{l\,q})}},\ \dfrac{m_A^{u}m_B^{u}}{\sqrt[q]{\gamma+(1-\gamma)(m_A^{u\,q}+m_B^{u\,q}-m_A^{u\,q}m_B^{u\,q})}}\right]\\ \left[\sqrt[q]{\dfrac{i_A^{l\,q}+i_B^{l\,q}-i_A^{l\,q}i_B^{l\,q}-(1-\gamma)i_A^{l\,q}i_B^{l\,q}}{1-(1-\gamma)i_A^{l\,q}i_B^{l\,q}}},\ \sqrt[q]{\dfrac{i_A^{u\,q}+i_B^{u\,q}-i_A^{u\,q}i_B^{u\,q}-(1-\gamma)i_A^{u\,q}i_B^{u\,q}}{1-(1-\gamma)i_A^{u\,q}i_B^{u\,q}}}\right]\\ \left[\sqrt[q]{\dfrac{n_A^{l\,q}+n_B^{l\,q}-n_A^{l\,q}n_B^{l\,q}-(1-\gamma)n_A^{l\,q}n_B^{l\,q}}{1-(1-\gamma)n_A^{l\,q}n_B^{l\,q}}},\ \sqrt[q]{\dfrac{n_A^{u\,q}+n_B^{u\,q}-n_A^{u\,q}n_B^{u\,q}-(1-\gamma)n_A^{u\,q}n_B^{u\,q}}{1-(1-\gamma)n_A^{u\,q}n_B^{u\,q}}}\right]\end{pmatrix}\tag{4-8}$$

$$\lambda A=\left(\begin{array}{l}\left[\sqrt[q]{\frac{(1+(\gamma-1)m_A^{lq})^\lambda-(1-m_A^{lq})^\lambda}{(1+(\gamma-1)m_A^{lq})^\lambda+(\gamma-1)(1-m_A^{lq})^\lambda}},\ \sqrt[q]{\frac{(1+(\gamma-1)m_A^{uq})^\lambda-(1-m_A^{uq})^\lambda}{(1+(\gamma-1)m_A^{uq})^\lambda+(\gamma-1)(1-m_A^{uq})^\lambda}}\right]\\ \left[\frac{\sqrt[q]{\gamma}(i_A^l)^\lambda}{\sqrt[q]{(1+(\gamma-1)(1-i_A^{lq}))^\lambda+(\gamma-1)(i_A^{lq})^\lambda}},\ \frac{\sqrt[q]{\gamma}(i_A^u)^\lambda}{\sqrt[q]{(1+(\gamma-1)(1-i_A^{uq}))^\lambda+(\gamma-1)(i_A^{uq})^\lambda}}\right]\\ \left[\frac{\sqrt[q]{\gamma}(n_A^l)^\lambda}{\sqrt[q]{(1+(\gamma-1)(1-n_A^{lq}))^\lambda+(\gamma-1)(n_A^{lq})^\lambda}},\ \frac{\sqrt[q]{\gamma}(n_A^u)^\lambda}{\sqrt[q]{(1+(\gamma-1)(1-n_A^{uq}))^\lambda+(\gamma-1)(n_A^{uq})^\lambda}}\right]\end{array}\right) \tag{4-9}$$

$$A^\lambda=\left(\begin{array}{l}\left[\frac{\sqrt[q]{\gamma}(m_A^l)^\lambda}{\sqrt[q]{(1+(\gamma-1)(1-m_A^{lq}))^\lambda+(\gamma-1)(m_A^{lq})^\lambda}},\ \frac{\sqrt[q]{\gamma}(m_A^u)^\lambda}{\sqrt[q]{(1+(\gamma-1)(1-m_A^{uq}))^\lambda+(\gamma-1)(m_A^{uq})^\lambda}}\right]\\ \left[\sqrt[q]{\frac{(1+(\gamma-1)i_A^{lq})^\lambda-(1-i_A^{lq})^\lambda}{(1+(\gamma-1)i_A^{lq})^\lambda+(\gamma-1)(1-i_A^{lq})^\lambda}},\ \sqrt[q]{\frac{(1+(\gamma-1)i_A^{uq})^\lambda-(1-i_A^{uq})^\lambda}{(1+(\gamma-1)i_A^{uq})^\lambda+(\gamma-1)(1-i_A^{uq})^\lambda}}\right]\\ \left[\sqrt[q]{\frac{(1+(\gamma-1)n_A^{lq})^\lambda-(1-n_A^{lq})^\lambda}{(1+(\gamma-1)n_A^{lq})^\lambda+(\gamma-1)(1-n_A^{lq})^\lambda}},\ \sqrt[q]{\frac{(1+(\gamma-1)n_A^{uq})^\lambda-(1-n_A^{uq})^\lambda}{(1+(\gamma-1)n_A^{uq})^\lambda+(\gamma-1)(1-n_A^{uq})^\lambda}}\right]\end{array}\right) \tag{4-10}$$

式（4-7）~式（4-10）定义的 Hamacher 运算规则比现有的基于 IVIFSs、IVPyFSs、IVq-ROFSs 和 PFSs 的 Hamacher 运算规则更有效。因对任一三元组（$[m_A^l, m_A^u]$，$[i_A^l, i_A^u]$，$[n_A^l, n_A^u]$）都存在一些 $q \in \mathbb{Z}^+$ 使得三元组变成 IVTSFN，故新的区间值 T-球形模糊 Hamacher 算子中 MD、AD、NMD 和 RD 的范围不受限制。

此外，式（4-7）~式（4-10）定义的 Hamacher 算子可退化成现有的一些模糊集，具体如下：

（1）当 $q=2$ 时，IVTSFH 算子退化成基于 IVSFSs 的 Hamacher 算子。

（2）当 $q=1$ 时，IVTSFH 算子退化成基于 IVPFSs 的 Hamacher 算子。

（3）当 $i=0$ 时，IVTSFH 算子退化成基于 IVq-ROFSs 的 Hamacher 算子。

（4）当 $q=2$ 且 $i=0$ 时，IVTSFH 算子退化成基于 PyFSs 的 Hamacher 算子。

（5）当 $q=1$ 且 $i=0$ 时，IVTSFH 算子退化成基于 IVIFSs 的 Hamacher 算子。

二、区间值 T-球形模糊 Hamacher（有序）加权平均算子

下面依据式（4-7）~式（4-10），提出区间值 T-球形模糊 Hamacher 加权平均（Interval Valued T-Spherical Fuzzy Hamacher Weighted Averaging，IVTSFHWA）算子和区间值 T-球形模糊 Hamacher 有序加权平均（Interval Valued T-Spherical Fuzzy Hamacher Ordered Weighted Averaging，IVTSFHOWA）算子。

定义 4.6 设 $T_j=([m_j^l, m_j^u], [i_j^l, i_j^u], [n_j^l, n_j^u])$，$\forall j=1, 2, 3, \cdots, l$ 为一组 IVTSFNs，则 IVTSFHWA 算子 $T^l \to T$ 定义如下：

$$IVTSFHWA(\mathrm{T}_1, \mathrm{T}_2, \mathrm{T}_3, \cdots, \mathrm{T}_1)=\sum_{j=1}^{l} w_j \mathrm{T}_j \tag{4-11}$$

基于定义 4.5 的结论，可得定理 4.2。

定理 4.2 设 $T_j=([m_j^l, m_j^u], [i_j^l, i_j^u], [n_j^l, n_j^u])$，$\forall j=1, 2, 3, \cdots, l$ 为一组 IVTSFNs，则 IVTSFHWA 算子是一个 IVTSFN。

$IVTSFHWA(\mathrm{T}_1, \mathrm{T}_2, \mathrm{T}_3, \cdots, \mathrm{T}_l)=$

$$\left(\begin{array}{l}\left[\sqrt[q]{\frac{\prod_{j=1}^{l}(1+(\gamma-1)m_j^{lq})^{w_j}-\prod_{j=1}^{l}(1-m_j^{lq})^{w_j}}{\prod_{j=1}^{l}(1+(\gamma-1)m_j^{lq})^{w_j}+(\gamma-1)\prod_{j=1}^{l}(1-m_j^{lq})^{w_j}}},\ \sqrt[q]{\frac{\prod_{j=1}^{l}(1+(\gamma-1)m_j^{uq})^{w_j}-\prod_{j=1}^{l}(1-m_j^{uq})^{w_j}}{\prod_{j=1}^{l}(1+(\gamma-1)m_j^{uq})^{w_j}+(\gamma-1)\prod_{j=1}^{l}(1-m_j^{uq})^{w_j}}}\right],\\ \left[\frac{\sqrt[q]{\gamma}\prod_{j=1}^{l}(i_j^{l})^{w_j}}{\sqrt[q]{\prod_{j=1}^{l}(1+(\gamma-1)(1-i_j^{lq}))^{w_j}+(\gamma-1)\prod_{j=1}^{l}(i_j^{lq})^{w_j}}},\ \frac{\sqrt[q]{\gamma}\prod_{j=1}^{l}(i_j^{u})^{w_j}}{\sqrt[q]{\prod_{j=1}^{l}(1+(\gamma-1)(1-i_j^{uq}))^{w_j}+(\gamma-1)\prod_{j=1}^{l}(i_j^{uq})^{w_j}}}\right],\\ \left[\frac{\sqrt[q]{\gamma}\prod_{j=1}^{l}(n_j^{l})^{w_j}}{\sqrt[q]{\prod_{j=1}^{l}(1+(\gamma-1)(1-n_j^{lq}))^{w_j}+(\gamma-1)\prod_{j=1}^{l}(n_j^{lq})^{w_j}}},\ \frac{\sqrt[q]{\gamma}\prod_{j=1}^{l}(n_j^{u})^{w_j}}{\sqrt[q]{\prod_{j=1}^{l}(1+(\gamma-1)(1-n_j^{uq}))^{w_j}+(\gamma-1)\prod_{j=1}^{l}(n_j^{uq})^{w_j}}}\right]\end{array}\right) \tag{4-12}$$

证明：基于数学归纳法对式（4-12）进行证明，过程如下：

设 $l=2$，则

$$w_1\mathrm{T}_1\oplus w_2\mathrm{T}_2=\left(\begin{array}{l}\left[\sqrt[q]{\frac{(1+(\gamma-1)m_1^{lq})^{w_1}-(1-m_1^{lq})^{w_1}}{(1+(\gamma-1)m_1^{lq})^{w_1}+(\gamma-1)(1-m_1^{lq})^{w_1}}},\ \sqrt[q]{\frac{(1+(\gamma-1)m_1^{uq})^{w_1}-(1-m_1^{uq})^{w_1}}{(1+(\gamma-1)m_1^{uq})^{w_1}+(\gamma-1)(1-m_1^{uq})^{w_1}}}\right],\\ \left[\frac{\sqrt[q]{\gamma}(i_1^{l})^{w_1}}{\sqrt[q]{(1+(\gamma-1)(1-i_1^{lq}))^{w_1}+(\gamma-1)(i_1^{lq})^{w_1}}},\ \frac{\sqrt[q]{\gamma}(i_1^{u})^{w_1}}{\sqrt[q]{(1+(\gamma-1)(1-i_1^{uq}))^{w_1}+(\gamma-1)(i_1^{uq})^{w_1}}}\right],\\ \left[\frac{\sqrt[q]{\gamma}(n_1^{l})^{w_1}}{\sqrt[q]{(1+(\gamma-1)(1-n_1^{lq}))^{w_1}+(\gamma-1)(n_1^{lq})^{w_1}}},\ \frac{\sqrt[q]{\gamma}(n_1^{u})^{w_1}}{\sqrt[q]{(1+(\gamma-1)(1-n_1^{uq}))^{w_1}+(\gamma-1)(n_1^{uq})^{w_1}}}\right]\end{array}\right)\oplus$$

$$\left(\begin{array}{c}\left[\begin{array}{c}\sqrt[q]{\dfrac{(1+(\gamma-1)m_2^{lq})^{w_2}-(1-m_2^{lq})^{w_2}}{(1+(\gamma-1)m_2^{lq})^{w_2}+(\gamma-1)(1-m_2^{lq})^{w_2}}}\\ \sqrt[q]{\dfrac{(1+(\gamma-1)m_2^{uq})^{w_2}-(1-m_2^{uq})^{w_2}}{(1+(\gamma-1)m_2^{uq})^{2}+(\gamma-1)(1-m_2^{uq})^{w_2}}}\end{array}\right]\\ \left[\begin{array}{c}\dfrac{\sqrt[q]{\gamma}(i_2^{l})^{w_2}}{\sqrt[q]{(1+(\gamma-1)(1-i_2^{lq}))^{w_2}+(\gamma-1)(i_2^{lq})^{w_2}}}\\ \dfrac{\sqrt[q]{\gamma}(i_2^{u})^{w_2}}{\sqrt[q]{(1+(\gamma-1)(1-i_2^{uq}))^{w_2}+(\gamma-1)(i_2^{uq})^{w_2}}}\end{array}\right]\\ \left[\begin{array}{c}\dfrac{\sqrt[q]{\gamma}(n_2^{l})^{w_2}}{\sqrt[q]{(1+(\gamma-1)(1-n_2^{lq}))^{w_2}+(\gamma-1)(n_2^{lq})^{w_2}}}\\ \dfrac{\sqrt[q]{\gamma}(n_2^{u})^{w_2}}{\sqrt[q]{(1+(\gamma-1)(1-n_2^{uq}))^{w_2}+(\gamma-1)(n_2^{uq})^{w_2}}}\end{array}\right]\end{array}\right)$$

$$=\left(\begin{array}{c}\left[\begin{array}{c}\sqrt[q]{\dfrac{\prod_{j=1}^{2}(1+(\gamma-1)m_j^{lq})^{w_j}-\prod_{j=1}^{2}(1-m_j^{lq})^{w_j}}{\prod_{j=1}^{2}(1+(\gamma-1)m_j^{lq})^{w_j}+(\gamma-1)\prod_{j=1}^{2}(1-m_j^{lq})^{w_j}}}\\ \sqrt[q]{\dfrac{\prod_{j=1}^{2}(1+(\gamma-1)m_j^{uq})^{w_j}-\prod_{j=1}^{2}(1-m_j^{uq})^{w_j}}{\prod_{j=1}^{2}(1+(\gamma-1)m_j^{uq})^{w_j}+(\gamma-1)\prod_{j=1}^{2}(1-m_j^{uq})^{w_j}}}\end{array}\right]\\ \left[\begin{array}{c}\dfrac{\sqrt[q]{\gamma}\prod_{j=1}^{2}(i_j^{l})^{w_j}}{\sqrt[q]{\prod_{j=1}^{2}(1+(\gamma-1)(-i_j^{lq}))^{w_j}+(\gamma-1)\prod_{j=1}^{2}(i_j^{lq})^{w_j}}}\\ \dfrac{\sqrt[q]{\gamma}\prod_{j=1}^{2}(i_j^{u})^{w_j}}{\sqrt[q]{\prod_{j=1}^{2}(1+(\gamma-1)(1-i_j^{uq}))^{w_j}+(\gamma-1)\prod_{j=1}^{2}(i_j^{uq})^{w_j}}}\end{array}\right]\\ \left[\begin{array}{c}\dfrac{\sqrt[q]{\gamma}\prod_{j=1}^{2}(n_j^{l})^{w_j}}{\sqrt[q]{\prod_{j=1}^{2}(1+(\gamma-1)(1-n_j^{lq}))^{w_j}+(\gamma-1)\prod_{j=1}^{2}(n_j^{lq})^{w_j}}}\\ \dfrac{\sqrt[q]{\gamma}\prod_{j=1}^{2}(n_j^{u})^{w_j}}{\sqrt[q]{\prod_{j=1}^{2}(1+(\gamma-1)(1-n_j^{uq}))^{w_j}+(\gamma-1)\prod_{j=1}^{2}(n_j^{uq})^{w_j}}}\end{array}\right]\end{array}\right)$$

因此，当 $l=2$ 时等式成立。

假设 $l=k$ 等式成立，则需证明 $l=k+1$ 成立。

$IVTSFHWA(\mathrm{T}_1, \mathrm{T}_2, \mathrm{T}_3, \cdots, \mathrm{T}_k)=$

$$
\left(\begin{array}{l}
\left[\sqrt[q]{\dfrac{\prod_{j=1}^{k}(1+(\gamma-1)m_j^{lq})^{w_j}-\prod_{j=1}^{k}(1-m_j^{lq})^{w_j}}{\prod_{j=1}^{k}(1+(\gamma-1)m_j^{lq})^{w_j}+(\gamma-1)\prod_{j=1}^{k}(1-m_j^{lq})^{w_j}}},\ \sqrt[q]{\dfrac{\prod_{j=1}^{k}(1+(\gamma-1)m_j^{uq})^{w_j}-\prod_{j=1}^{k}(1-m_j^{uq})^{w_j}}{\prod_{j=1}^{k}(1+(\gamma-1)m_j^{uq})^{w_j}+(\gamma-1)\prod_{j=1}^{k}(1-m_j^{uq})^{w_j}}}\right] \\
\left[\dfrac{\sqrt[q]{\gamma}\prod_{j=1}^{k}(i_j^{l})^{w_j}}{\sqrt[q]{\prod_{j=1}^{k}(1+(\gamma-1)(1-i_j^{lq}))^{w_j}+(\gamma-1)\prod_{j=1}^{k}(i_j^{lq})^{w_j}}},\ \dfrac{\sqrt[q]{\gamma}\prod_{j=1}^{k}(i_j^{u})^{w_j}}{\sqrt[q]{\prod_{j=1}^{k}(1+(\gamma-1)(1-i_j^{uq}))^{w_j}+(\gamma-1)\prod_{j=1}^{k}(i_j^{uq})^{w_j}}}\right] \\
\left[\dfrac{\sqrt[q]{\gamma}\prod_{j=1}^{k}(n_j^{l})^{w_j}}{\sqrt[q]{\prod_{j=1}^{k}(1+(\gamma-1)(1-n_j^{lq}))^{w_j}+(\gamma-1)\prod_{j=1}^{k}(n_j^{lq})^{w_j}}},\ \dfrac{\sqrt[q]{\gamma}\prod_{j=1}^{k}(n_j^{u})^{w_j}}{\sqrt[q]{\prod_{j=1}^{k}(1+(\gamma-1)(1-n_j^{uq}))^{w_j}+(\gamma-1)\prod_{j=1}^{k}(n_j^{uq})^{w_j}}}\right]
\end{array}\right) \oplus
\left(\begin{array}{l}
\left[\sqrt[q]{\dfrac{(1+(\gamma-1)m_{k+1}^{l}{}^{q})^{w_{k+1}}-(1-m_{k+1}^{l}{}^{q})^{w_{k+1}}}{(1+(\gamma-1)m_{k+1}^{l}{}^{q})^{w_{k+1}}+(\gamma-1)(1-m_{k+1}^{l}{}^{q})^{w_{k+1}}}},\ \sqrt[q]{\dfrac{(1+(\gamma-1)m_{k+1}^{u}{}^{q})^{w_{k+1}}-(1-m_{k+1}^{u}{}^{q})^{w_{k+1}}}{(1+(\gamma-1)m_{k+1}^{u}{}^{q})^{w_{k+1}}+(\gamma-1)(1-m_{k+1}^{u}{}^{q})^{w_{k+1}}}}\right] \\
\left[\dfrac{\sqrt[q]{\gamma}(i_{k+1}^{l})^{w_{k+1}}}{\sqrt[q]{(1+(\gamma-1)(1-i_{k+1}^{l}{}^{q}))^{w_{k+1}}+(\gamma-1)(i_{k+1}^{l}{}^{q})^{w_{k+1}}}},\ \dfrac{\sqrt[q]{\gamma}(i_{k+1}^{u})^{w_{k+1}}}{\sqrt[q]{(1+(\gamma-1)(1-i_{k+1}^{u}{}^{q}))^{w_{k+1}}+(\gamma-1)(i_{k+1}^{u}{}^{q})^{w_{k+1}}}}\right] \\
\left[\dfrac{\sqrt[q]{\gamma}(n_{k+1}^{l})^{w_{k+1}}}{\sqrt[q]{(1+(\gamma-1)(1-n_{k+1}^{l}{}^{q}))^{w_{k+1}}+(\gamma-1)(n_{k+1}^{l}{}^{q})^{w_{k+1}}}},\ \dfrac{\sqrt[q]{\gamma}(n_{k+1}^{u})^{w_{k+1}}}{\sqrt[q]{(1+(\gamma-1)(1-n_{k+1}^{u}{}^{q}))^{w_{k+1}}+(\gamma-1)(n_{k+1}^{u}{}^{q})^{w_{k+1}}}}\right]
\end{array}\right)
$$

$$
\begin{aligned}
&IVTSFHWA(T_1, T_2, T_3, \cdots, T_{k+1})= \\
&\left(\left[\sqrt[q]{\frac{\prod_{j=1}^{k+1}(1+(\gamma-1)m_j^{lq})^{w_j}-\prod_{j=1}^{k+1}(1-m_j^{lq})^{w_j}}{\prod_{j=1}^{k+1}(1+(\gamma-1)m_j^{lq})^{w_j}+(\gamma-1)\prod_{j=1}^{k+1}(1-m_j^{lq})^{w_j}}}, \sqrt[q]{\frac{\prod_{j=1}^{k+1}(1+(\gamma-1)m_j^{uq})^{w_j}-\prod_{j=1}^{k+1}(1-m_j^{uq})^{w_j}}{\prod_{j=1}^{k+1}(1+(\gamma-1)m_j^{uq})^{w_j}+(\gamma-1)\prod_{j=1}^{k+1}(1-m_j^{uq})^{w_j}}}\right],\right. \\
&\left[\frac{\sqrt[q]{\gamma}\prod_{j=1}^{k+1}(i_j^{l})^{w_j}}{\sqrt[q]{\prod_{j=1}^{k+1}(1+(\gamma-1)(1-i_j^{lq}))^{w_j}+(\gamma-1)\prod_{j=1}^{k+1}(i_j^{lq})^{w_j}}}, \frac{\sqrt[q]{\gamma}\prod_{j=1}^{k+1}(i_j^{u})^{w_j}}{\sqrt[q]{\prod_{j=1}^{k+1}(1+(\gamma-1)(1-i_j^{uq}))^{w_j}+(\gamma-1)\prod_{j=1}^{k+1}(i_j^{uq})^{w_j}}}\right], \\
&\left.\left[\frac{\sqrt[q]{\gamma}\prod_{j=1}^{k}(n_j^{l})^{w_j}}{\sqrt[q]{\prod_{j=1}^{k+1}(1+(\gamma-1)(1-n_j^{lq}))^{w_j}+(\gamma-1)\prod_{j=1}^{k+1}(n_j^{lq})^{w_j}}}, \frac{\sqrt[q]{\gamma}\prod_{j=1}^{k}(n_j^{u})^{w_j}}{\sqrt[q]{\prod_{j=1}^{k+1}(1+(\gamma-1)(1-n_j^{uq}))^{w_j}+(\gamma-1)\prod_{j=1}^{k+1}(n_j^{uq})^{w_j}}}\right]\right)
\end{aligned}
$$

即 $l=k+1$ 等式仍成立，因此对任意 l 等式成立。

下面根据定理 4.3 对 IVTSFHWA 算子的性质进行研究。

定理 4.3 IVTSFHWA 算子满足以下性质：

(1) 幂等性。

若 $T_j=T=([m_j^l, m_j^u], [i_j^l, i_j^u], [n_j^l, n_j^u])$，$\forall j=1, 2, 3, \cdots, l$ 则有

$$IVTSFHWA(T_1, T_2, T_3, \cdots, T_l)=T$$

(2) 有界性。

若 $T^-=([\overset{l}{\min}_j m_j^l, \overset{u}{\min}_j m_j^u], [\overset{l}{\max}_j i_j^l, \overset{u}{\max}_j i_j^u], [\overset{l}{\max}_j n_j^l, \overset{u}{\max}_j n_j^u])$

$T^+=([\overset{l}{\max}_j m_j^l, \overset{u}{\max}_j m_j^u], [\overset{l}{\min}_j i_j^l, \overset{u}{\min}_j i_j^u], [\overset{l}{\min}_j n_j^l, \overset{u}{\min}_j n_j^u])$

则满足

$$T^-\leqslant IVTSFHWA(T_1, T_2, T_3, \cdots, T_l)\leqslant T^+$$

（3）单调性。

设 IVTSFNs T_j 和 P_j 满足 $T_j \leqslant P_j\ \forall j$，则有

$IVTSFHWA(T_1, T_2, T_3, \cdots, T_l) \leqslant IVTSFHWA(P_1, P_2, P_3, \cdots, P_l)$

证明：上述性质显然成立，限于篇幅此处不作证明。

鉴于 IVTSFHWA 算子只针对数据本身，未考虑位置的重要性，下面提出 IVTSFHOWA 算子，定义如下：

定义 4.7　设 $T_j = ([m_j^l, m_j^u], [i_j^l, i_j^u], [n_j^l, n_j^u])$，$\forall j = 1, 2, 3, \cdots, l$ 为一组 IVTSFNs，则 IVTSFHOWA 算子 $T^l \to T$ 定义为：

$$IVTSFHOWA(T_1, T_2, T_3, \cdots, T_l) = \sum_{j=1}^{l} w_j T_{\sigma(j)} \tag{4-13}$$

其中，$T_{\sigma(j-1)} \geqslant T_{\sigma(j)}\ \forall j$。

定理 4.4　设 $T_j = ([m_j^l, m_j^u], [i_j^l, i_j^u], [n_j^l, n_j^u])$，$\forall j = 1, 2, 3, \cdots, l$ 为一组 IVTSFNs，则 IVTSFHOWA 算子是一个 IVTSFN。

$$IVTSFHOWA(T_1, T_2, T_3, \cdots, T_l) = \sum_{j=1}^{l} w_j T_{\sigma(j)}$$

$$\left(\begin{array}{l}
\left[\begin{array}{l}
\sqrt[q]{\dfrac{\prod_{j=1}^{l}(1+(\gamma-1)m_{\sigma(j)}^{l}{}^{q})^{w_j} - \prod_{j=1}^{l}(1-m_{\sigma(j)}^{l}{}^{q})^{w_j}}{\prod_{j=1}^{l}(1+(\gamma-1)m_{\sigma(j)}^{l}{}^{q})^{w_j} + (\gamma-1)\prod_{j=1}^{l}(1-m_{\sigma(j)}^{l}{}^{q})^{w_j}}} \\
\sqrt[q]{\dfrac{\prod_{j=1}^{l}(1+(\gamma-1)m_{\sigma(j)}^{u}{}^{q})^{w_j} - \prod_{j=1}^{l}(1-m_{\sigma(j)}^{u}{}^{q})^{w_j}}{\prod_{j=1}^{l}(1+(\gamma-1)m_{\sigma(j)}^{u}{}^{q})^{w_j} + (\gamma-1)\prod_{j=1}^{l}(1-m_{\sigma(j)}^{u}{}^{q})^{w_j}}}
\end{array}\right] \\
\left[\begin{array}{l}
\dfrac{\sqrt[q]{\gamma}\prod_{j=1}^{k}(i_{\sigma(j)}^{l})^{w_j}}{\sqrt[q]{\prod_{j=1}^{l}(1+(\gamma-1)(1-i_{\sigma(j)}^{l}{}^{q}))^{w_j} + (\gamma-1)\prod_{j=1}^{l}(i_{\sigma(j)}^{l}{}^{q})^{w_j}}} \\
\dfrac{\sqrt[q]{\gamma}\prod_{j=1}^{k}(i_{\sigma(j)}^{u})^{w_j}}{\sqrt[q]{\prod_{j=1}^{l}(1+(\gamma-1)(1-i_{\sigma(j)}^{u}{}^{q}))^{w_j} + (\gamma-1)\prod_{j=1}^{l}(i_{\sigma(j)}^{u}{}^{q})^{w_j}}}
\end{array}\right] \\
\left[\begin{array}{l}
\dfrac{\sqrt[q]{\gamma}\prod_{j=1}^{k}(n_{\sigma(j)}^{l})^{w_j}}{\sqrt[q]{\prod_{j=1}^{l}(1+(\gamma-1)(1-n_{\sigma(j)}^{l}{}^{q}))^{w_j} + (\gamma-1)\prod_{j=1}^{l}(n_{\sigma(j)}^{l}{}^{q})^{w_j}}} \\
\dfrac{\sqrt[q]{\gamma}\prod_{j=1}^{k}(n_{\sigma(j)}^{l}{}^{q})^{w_j}}{\sqrt[q]{\prod_{j=1}^{l}(1+(\gamma-1)(1-n_{\sigma(j)}^{u}{}^{q}))^{w_j} + (\gamma-1)\prod_{j=1}^{l}(n_{\sigma(j)}^{u}{}^{q})^{w_j}}}
\end{array}\right]
\end{array}\right) \tag{4-14}$$

证明：与定理 4.2 证明类似，此处省略。

注 3：IVTSFHOWA 算子同样满足幂等性、单调性和有界性，与定理 4.3 类似。

第三节　区间值 T-球形模糊 Hamacher 混合加权平均算子

IVTSFHWA 算子只针对数据本身，而 IVTSFHOWA 算子只考虑有序位置的重要性。当需同时考虑数据和有序位置时，上述算子并不适用，故提出 IVTSFHH-WA 算子，定义如下：

定义 4.8　设 $T_j=([m_j^l,\ m_j^u],\ [i_j^l,\ i_j^u],\ [n_j^l,\ n_j^u])$，$\forall j=1,\ 2,\ 3,\ \cdots,\ l$ 为一组 IVTSFNs，则 IVTSFHHWA 算子 $T^l \to T$ 定义为：

$$IVTSFHHWA(\mathrm{T}_1,\ \mathrm{T}_2,\ \mathrm{T}_3,\ \cdots,\ \mathrm{T}_l)=\sum_{j=1}^{l} w_j\,\dot{\mathrm{T}}_{\sigma(j)} \tag{4-15}$$

其中，$\dot{\mathrm{T}}_{\sigma(j)}$ 是根据 IVTSFNS $\dot{\mathrm{T}}_j=l\omega_j\mathrm{T}_j$ 排序的第 j 大元素值，ω_j 为 T_j 的权重，且 $\omega_j\in[0,\ 1]$，$\sum_{1}^{n}\omega_j=1$。平衡系数 l 用 1 表示。

定理 4.5　设 $T_j=([m_j^l,\ m_j^u],\ [i_j^l,\ i_j^u],\ [n_j^l,\ n_j^u])$，$\forall j=1,\ 2,\ 3,\ \cdots,\ l$ 为一组 IVTSFNs，则 IVTSFHHWA 算子是一个 IVTSFN。

$IVTSFHHWA(\mathrm{T}_1,\ \mathrm{T}_2,\ \mathrm{T}_3,\ \cdots,\ \mathrm{T}_l)=$

$$\left(\left[\sqrt[q]{\frac{\prod_{j=1}^{l}(1+(\gamma-1)\dot{m}_{\sigma(j)}^{l\ q})^{w_j}-\prod_{j=1}^{l}(1-\dot{m}_{\sigma(j)}^{l\ q})^{w_j}}{\prod_{j=1}^{l}(1+(\gamma-1)\dot{m}_{\sigma(j)}^{l\ q})^{w_j}+(\gamma-1)\prod_{j=1}^{l}(1-\dot{m}_{\sigma(j)}^{l\ q})^{w_j}}},\ \sqrt[q]{\frac{\prod_{j=1}^{l}(1+(\gamma-1)\dot{m}_{\sigma(j)}^{u\ q})^{w_j}-\prod_{j=1}^{l}(1-\dot{m}_{\sigma(j)}^{u\ q})^{w_j}}{\prod_{j=1}^{l}(1+(\gamma-1)\dot{m}_{\sigma(j)}^{u\ q})^{w_j}+(\gamma-1)\prod_{j=1}^{l}(1-\dot{m}_{\sigma(j)}^{u\ q})^{w_j}}}\right]\right.$$

$$\left[\frac{\sqrt[q]{\gamma}\prod_{j=1}^{k}(i_{\sigma(j)}^{l})^{w_j}}{\sqrt[q]{\prod_{j=1}^{l}(1+(\gamma-1)(1-i_{\sigma(j)}^{l\ q}))^{w_j}+(\gamma-1)\prod_{j=1}^{l}(i_{\sigma(j)}^{l\ q})^{w_j}}},\frac{\sqrt[q]{\gamma}\prod_{j=1}^{k}(i_{\sigma(j)}^{u})^{w_j}}{\sqrt[q]{\prod_{j=1}^{l}(1+(\gamma-1)(1-i_{\sigma(j)}^{u\ q}))^{w_j}+(\gamma-1)\prod_{j=1}^{l}(i_{\sigma(j)}^{u\ q})^{w_j}}}\right]$$

$$\left[\frac{\sqrt[q]{\gamma}\prod_{j=1}^{k}(\dot{n}_{\sigma(j)}^{l})^{w_j}}{\sqrt[q]{\prod_{j=1}^{l}(1+(\gamma-1)(1-\dot{n}_{\sigma(j)}^{l\ q}))^{w_j}+(\gamma-1)\prod_{j=1}^{l}(\dot{n}_{\sigma(j)}^{l\ q})^{w_j}}},\frac{\sqrt[q]{\gamma}\prod_{j=1}^{k}(\dot{n}_{\sigma(j)}^{u})^{w_j}}{\sqrt[q]{\prod_{j=1}^{l}(1+(\gamma-1)(1-\dot{n}_{\sigma(j)}^{u\ q}))^{w_j}+(\gamma-1)\prod_{j=1}^{l}(\dot{n}_{\sigma(j)}^{u\ q})^{w_j}}}\right]\Bigg) \quad (4-16)$$

证明：省略。

注 4：当 $w_j=\left(\frac{1}{l},\frac{1}{l},\cdots,\frac{1}{l}\right)^T$ 时，定理 4.5 退化成 IVTSFHWA 算子。当 $\omega_j=\left(\frac{1}{l},\frac{1}{l},\cdots,\frac{1}{l}\right)^T$ 时，则退化成 IVTSFHOWA 算子。

注 5：IVTSFHHWA 算子同样满足定理 4.3 中的幂等性、单调性和有界性。

第四节　区间值 T-球形模糊 Hamacher（有序）加权几何算子

定义 4.9　设 $T_j=([m_j^l, m_j^u],[i_j^l, i_j^u],[n_j^l, n_j^u])$，$\forall j=1, 2, 3, \cdots, l$ 为一组 IVTSFNs，则 IVTSFHWG 算子 $T^l \to T$ 定义如下：

$$IVTSFHWG(T_1, T_2, T_3, \cdots, T_l)=\sum_{j=1}^{l} T_j^{w_j} \quad (4-17)$$

基于定义 4.5 的结论，可得定理 4.6。

定理 4.6　设 $T_j=([m_j^l, m_j^u],[i_j^l, i_j^u],[n_j^l, n_j^u])$，$\forall j=1, 2, 3, \cdots, l$ 为一组 IVTSFNs，则 IVTSFHWG 算子是一个 IVTSFN。

$$IVTSFHWG(T_1, T_2, T_3, \cdots, T_l)=$$

$$\left(\begin{array}{l}\left[\dfrac{\sqrt[q]{\gamma}\prod_{j=1}^{l}(m_j^l)^{w_j}}{\sqrt[q]{\prod_{j=1}^{l}(1+(\gamma-1)(1-m_j^{lq}))^{w_j}+(\gamma-1)\prod_{j=1}^{l}(m_j^{lq})^{w_j}}},\right.\\ \left.\dfrac{\sqrt[q]{\gamma}\prod_{j=1}^{l}(m_j^u)^{w_j}}{\sqrt[q]{\prod_{j=1}^{l}(1+(\gamma-1)(1-m_j^{uq}))^{w_j}+(\gamma-1)\prod_{j=1}^{l}(m_j^{uq})^{w_j}}}\right]\\ \left[\sqrt[q]{\dfrac{\prod_{j=1}^{l}(1+(\gamma-1)i_j^{lq})^{w_j}-\prod_{j=1}^{l}(1-i_j^{lq})^{w_j}}{\prod_{j=1}^{l}(1+(\gamma-1)i_j^{lq})^{w_j}+(\gamma-1)\prod_{j=1}^{l}(1-i_j^{lq})^{w_j}}},\right.\\ \left.\sqrt[q]{\dfrac{\prod_{j=1}^{l}(1+(\gamma-1)i_j^{uq})^{w_j}-\prod_{j=1}^{l}(1-i_j^{uq})^{w_j}}{\prod_{j=1}^{l}(1+(\gamma-1)i_j^{uq})^{w_j}+(\gamma-1)\prod_{j=1}^{l}(1-i_j^{uq})^{w_j}}}\right]\\ \left[\sqrt[q]{\dfrac{\prod_{j=1}^{l}(1+(\gamma-1)n_j^{lq})^{w_j}-\prod_{j=1}^{l}(1-n_j^{lq})^{w_j}}{\prod_{j=1}^{l}(1+(\gamma-1)n_j^{lq})^{w_j}+(\gamma-1)\prod_{j=1}^{l}(1-n_j^{lq})^{w_j}}},\right.\\ \left.\sqrt[q]{\dfrac{\prod_{j=1}^{l}(1+(\gamma-1)n_j^{uq})^{w_j}-\prod_{j=1}^{l}(1-n_j^{uq})^{w_j}}{\prod_{j=1}^{l}(1+(\gamma-1)n_j^{uq})^{w_j}+(\gamma-1)\prod_{j=1}^{l}(1-n_j^{uq})^{w_j}}}\right]\end{array}\right) \tag{4-18}$$

证明：式（4-18）的证明与定理 4.2 类似，同时该算子具有幂等性、有界性和单调性。

定义 4.10 设 $T_j=([m_j^l, m_j^u], [i_j^l, i_j^u], [n_j^l, n_j^u])$，$\forall j=1, 2, 3, \cdots, l$ 为一组 IVTSFNs，则 IVTSFHOWG 算子 $T^l \to T$ 定义为：

$$IVTSFHOWG(T_1, T_2, T_3, \cdots, T_l)=\sum_{j=1}^{l} T_{\sigma(j)}^{w_j} \tag{4-19}$$

其中，$T_{\sigma(j-1)} \geqslant T_{\sigma(j)}\ \forall j$。

定理 4.7 设 $T_j=([m_j^l, m_j^u], [i_j^l, i_j^u], [n_j^l, n_j^u])$，$\forall j=1, 2, 3, \cdots, l$ 为一组 IVTSFNs，则 IVTSFHOWG 算子是一个 IVTSFN。

$$IVTSFHOWG(T_1, T_2, T_3, \cdots, T_l)=\sum_{j=1}^{l} T_{\sigma(j)}^{w_j}$$

$$\left(\left[\frac{\sqrt[q]{\gamma}\prod_{j=1}^{l}(m_{\sigma(j)}^{l})^{w_j}}{\sqrt[q]{\prod_{j=1}^{l}(1+(\gamma-1)(1-m_{\sigma(j)}^{l\,q}))^{w_j}+(\gamma-1)\prod_{j=1}^{l}(m_{\sigma(j)}^{l\,q})^{w_j}}}, \frac{\sqrt[q]{\gamma}\prod_{j=1}^{l}(m_{\sigma(j)}^{u})^{w_j}}{\sqrt[q]{\prod_{j=1}^{l}(1+(\gamma-1)(1-m_{\sigma(j)}^{u\,q}))^{w_j}+(\gamma-1)\prod_{j=1}^{l}(m_{\sigma(j)}^{u\,q})^{w_j}}}\right],\right.$$

$$\left[\sqrt[q]{\frac{\prod_{j=1}^{l}(1+(\gamma-1)i_{\sigma(j)}^{l\,q})^{w_j}-\prod_{j=1}^{l}(1-i_{\sigma(j)}^{l\,q})^{w_j}}{\prod_{j=1}^{l}(1+(\gamma-1)i_{\sigma(j)}^{l\,q})^{w_j}+(\gamma-1)\prod_{j=1}^{l}(1-i_{\sigma(j)}^{l\,q})^{w_j}}}, \sqrt[q]{\frac{\prod_{j=1}^{l}(1+(\gamma-1)i_{\sigma(j)}^{u\,q})^{w_j}-\prod_{j=1}^{l}(1-i_{\sigma(j)}^{u\,q})^{w_j}}{\prod_{j=1}^{l}(1+(\gamma-1)i_{\sigma(j)}^{u\,q})^{w_j}+(\gamma-1)\prod_{j=1}^{l}(1-i_{\sigma(j)}^{u\,q})^{w_j}}}\right],$$

$$\left.\left[\sqrt[q]{\frac{\prod_{j=1}^{l}(1+(\gamma-1)n_{\sigma(j)}^{l\,q})^{w_j}-\prod_{j=1}^{l}(1-n_{\sigma(j)}^{l\,q})^{w_j}}{\prod_{j=1}^{l}(1+(\gamma-1)n_{\sigma(j)}^{l\,q})^{w_j}+(\gamma-1)\prod_{j=1}^{l}(1-n_{\sigma(j)}^{l\,q})^{w_j}}}, \sqrt[q]{\frac{\prod_{j=1}^{l}(1+(\gamma-1)n_{\sigma(j)}^{u\,q})^{w_j}-\prod_{j=1}^{l}(1-n_{\sigma(j)}^{u\,q})^{w_j}}{\prod_{j=1}^{l}(1+(\gamma-1)n_{\sigma(j)}^{u\,q})^{w_j}+(\gamma-1)\prod_{j=1}^{l}(1-n_{\sigma(j)}^{u\,q})^{w_j}}}\right]\right) \tag{4-20}$$

证明：省略。

注 6：IVTSFHOWG 算子同样满足定理 4.3 中的幂等性、单调性和有界性。

第五节　区间值 T-球形模糊 Hamacher 混合加权几何算子

IVTSFHWG 算子只针对数据本身，而 IVTSFHOWG 算子只考虑有序位置的重要性。当需同时考虑数据和有序位置时，上述算子并不适用，故提出 IVTSFHHWG 算子，定义如下：

定义 4.11　设 $T_j=([m_j^l,\ m_j^u],\ [i_j^l,\ i_j^u],\ [n_j^l,\ n_j^u])$，$\forall j=1,\ 2,\ 3,\ \cdots,\ l$ 为一组 IVTSFNs，则 IVTSFHHWG 算子 $T^l\to T$ 定义为：

$$IVTSFHHWG(\mathrm{T}_1,\ \mathrm{T}_2,\ \mathrm{T}_3,\ \cdots,\ \mathrm{T}_l)=\sum_{j=1}^{l}\dot{\mathrm{T}}_{\sigma(j)}^{w_j} \tag{4-21}$$

其中，$\dot{\mathrm{T}}_{\sigma(j)}$ 是根据 IVTSFNS $\dot{\mathrm{T}}_j=l\omega_j\mathrm{T}_j$ 排序的第 j 大元素值，ω_j 为区间值 T-球形模糊参数 T_j 的权重，且 $\omega_j\in[0,1]$，$\sum_1^n\omega_j=1$。平衡系数 l 用 1 表示。

定理 4.8 设 $T_j=([m_j^l,\ m_j^u],\ [i_j^l,\ i_j^u],\ [n_j^l,\ n_j^u])$，$\forall j=1,2,3,\cdots,l$ 为一组 IVTSFNs，则 IVTSFHHWG 算子的集成结果是一个 IVTSFN。

$IVTSFHHWG(\mathrm{T}_1,\ \mathrm{T}_2,\ \mathrm{T}_3,\ \cdots,\ \mathrm{T}_l)=$

$$\left(\begin{array}{l}\left[\dfrac{\sqrt[q]{\gamma}\prod_{j=1}^{l}(\dot{m}_{\sigma(j)}^{l})^{w_j}}{\sqrt[q]{\prod_{j=1}^{l}(1+(\gamma-1)(1-\dot{m}_{\sigma(j)}^{l\ q}))^{w_j}+(\gamma-1)\prod_{j=1}^{l}(\dot{m}_{\sigma(j)}^{l\ q})^{w_j}}},\ \dfrac{\sqrt[q]{\gamma}\prod_{j=1}^{l}(\dot{m}_{\sigma(j)}^{u})^{w_j}}{\sqrt[q]{\prod_{j=1}^{l}(1+(\gamma-1)(1-\dot{m}_{\sigma(j)}^{u\ q}))^{w_j}+(\gamma-1)\prod_{j=1}^{l}(\dot{m}_{\sigma(j)}^{u\ q})^{w_j}}}\right]\\ \left[\sqrt[q]{\dfrac{\prod_{j=1}^{l}(1+(\gamma-1)\dot{i}_{\sigma(j)}^{l\ q})^{w_j}-\prod_{j=1}^{l}(1-\dot{i}_{\sigma(j)}^{l\ q})^{w_j}}{\prod_{j=1}^{l}(1+(\gamma-1)\dot{i}_{\sigma(j)}^{l\ q})^{w_j}+(\gamma-1)\prod_{j=1}^{l}(1-\dot{i}_{\sigma(j)}^{l\ q})^{w_j}}},\ \sqrt[q]{\dfrac{\prod_{j=1}^{l}(1+(\gamma-1)\dot{i}_{\sigma(j)}^{u\ q})^{w_j}-\prod_{j=1}^{l}(1-\dot{i}_{\sigma(j)}^{u\ q})^{w_j}}{\prod_{j=1}^{l}(1+(\gamma-1)\dot{i}_{\sigma(j)}^{u\ q})^{w_j}+(\gamma-1)\prod_{j=1}^{l}(1-\dot{i}_{\sigma(j)}^{u\ q})^{w_j}}}\right]\\ \left[\sqrt[q]{\dfrac{\prod_{j=1}^{l}(1+(\gamma-1)\dot{n}_{\sigma(j)}^{l\ q})^{w_j}-\prod_{j=1}^{l}(1-\dot{n}_{\sigma(j)}^{l\ q})^{w_j}}{\prod_{j=1}^{l}(1+(\gamma-1)\dot{n}_{\sigma(j)}^{l\ q})^{w_j}+(\gamma-1)\prod_{j=1}^{l}(1-\dot{n}_{\sigma(j)}^{l\ q})^{w_j}}},\ \sqrt[q]{\dfrac{\prod_{j=1}^{l}(1+(\gamma-1)\dot{n}_{\sigma(j)}^{u\ q})^{w_j}-\prod_{j=1}^{l}(1-\dot{n}_{\sigma(j)}^{u\ q})^{w_j}}{\prod_{j=1}^{l}(1+(\gamma-1)\dot{n}_{\sigma(j)}^{u\ q})^{w_j}+(\gamma-1)\prod_{j=1}^{l}(1-\dot{n}_{\sigma(j)}^{u\ q})^{w_j}}}\right]\end{array}\right) \tag{4-22}$$

证明：省略。

注 7：当 $w_j=\left(\frac{1}{l},\ \frac{1}{l},\ \cdots,\ \frac{1}{l}\right)^T$ 时，式（4-21）退化成 IVTSFHWG 算子。当 $\omega_j=\left(\frac{1}{l},\ \frac{1}{l},\ \cdots,\ \frac{1}{l}\right)^T$ 时，则退化成 IVTSFHOWG 算子。

现对所提出的集成算子的特性情形进行讨论分析，如 IVIFSs、IVPyFSs、IVq-ROFSs、IVPFSs 和 IVSFSs 等算子均为所提算子 IVTSFHWA 算子和 IVTSFHWG 的特殊情形。提出的 IVTSFHWA 算子和 IVTSFHWG 算子如下：

$$IVTSFHWA(T_1, T_2, T_3, \cdots, T_l)=$$

$$\left(\left[\sqrt[q]{\frac{\prod_{j=1}^{l}(1+(\gamma-1)m_j^{lq})^{w_j}-\prod_{j=1}^{l}(1-m_j^{lq})^{w_j}}{\prod_{j=1}^{l}(1+(\gamma-1)m_j^{lq})^{w_j}+(\gamma-1)\prod_{j=1}^{l}(1-m_j^{lq})^{w_j}}}, \sqrt[q]{\frac{\prod_{j=1}^{l}(1+(\gamma-1)m_j^{uq})^{w_j}-\prod_{j=1}^{l}(1-m_j^{uq})^{w_j}}{\prod_{j=1}^{l}(1+(\gamma-1)m_j^{uq})^{w_j}+(\gamma-1)\prod_{j=1}^{l}(1-m_j^{uq})^{w_j}}}\right],\right.$$

$$\left[\frac{\sqrt[q]{\gamma}\prod_{j=1}^{l}(i_j^{l})^{w_j}}{\sqrt[q]{\prod_{j=1}^{l}(1+(\gamma-1)(1-i_j^{lq}))^{w_j}+(\gamma-1)\prod_{j=1}^{l}(i_j^{lq})^{w_j}}}, \frac{\sqrt[q]{\gamma}\prod_{j=1}^{l}(i_j^{u})^{w_j}}{\sqrt[q]{\prod_{j=1}^{l}(1+(\gamma-1)(1-i_j^{uq}))^{w_j}+(\gamma-1)\prod_{j=1}^{l}(i_j^{uq})^{w_j}}}\right],$$

$$\left.\left[\frac{\sqrt[q]{\gamma}\prod_{j=1}^{l}(n_j^{l})^{w_j}}{\sqrt[q]{\prod_{j=1}^{l}(1+(\gamma-1)(1-n_j^{lq}))^{w_j}+(\gamma-1)\prod_{j=1}^{l}(n_j^{lq})^{w_j}}}, \frac{\sqrt[q]{\gamma}\prod_{j=1}^{l}(n_j^{u})^{w_j}}{\sqrt[q]{\prod_{j=1}^{l}(1+(\gamma-1)(1-n_j^{uq}))^{w_j}+(\gamma-1)\prod_{j=1}^{l}(n_j^{uq})^{w_j}}}\right]\right)$$

$$IVTSFHWG(T_1, T_2, T_3, \cdots, T_l)=$$

$$\left(\left[\frac{\sqrt[q]{\gamma}\prod_{j=1}^{l}(m_j^{l})^{w_j}}{\sqrt[q]{\prod_{j=1}^{l}(1+(\gamma-1)(1-m_j^{lq}))^{w_j}+(\gamma-1)\prod_{j=1}^{l}(m_j^{lq})^{w_j}}}, \frac{\sqrt[q]{\gamma}\prod_{j=1}^{l}(m_j^{u})^{w_j}}{\sqrt[q]{\prod_{j=1}^{l}(1+(\gamma-1)(1-m_j^{uq}))^{w_j}+(\gamma-1)\prod_{j=1}^{l}(m_j^{uq})^{w_j}}}\right],\right.$$

$$\left[\sqrt[q]{\frac{\prod_{j=1}^{l}(1+(\gamma-1)i_j^{lq})^{w_j}-\prod_{j=1}^{l}(1-i_j^{lq})^{w_j}}{\prod_{j=1}^{l}(1+(\gamma-1)i_j^{lq})^{w_j}+(\gamma-1)\prod_{j=1}^{l}(1-i_j^{lq})^{w_j}}},\ \sqrt[q]{\frac{\prod_{j=1}^{l}(1+(\gamma-1)i_j^{uq})^{w_j}-\prod_{j=1}^{l}(1-i_j^{uq})^{w_j}}{\prod_{j=1}^{l}(1+(\gamma-1)i_j^{uq})^{w_j}+(\gamma-1)\prod_{j=1}^{l}(1-i_j^{uq})^{w_j}}}\right]$$

$$\left.\left[\sqrt[q]{\frac{\prod_{j=1}^{l}(1+(\gamma-1)n_j^{lq})^{w_j}-\prod_{j=1}^{l}(1-n_j^{lq})^{w_j}}{\prod_{j=1}^{l}(1+(\gamma-1)n_j^{lq})^{w_j}+(\gamma-1)\prod_{j=1}^{l}(1-n_j^{lq})^{w_j}}},\ \sqrt[q]{\frac{\prod_{j=1}^{l}(1+(\gamma-1)n_j^{uq})^{w_j}-\prod_{j=1}^{l}(1-n_j^{uq})^{w_j}}{\prod_{j=1}^{l}(1+(\gamma-1)n_j^{uq})^{w_j}+(\gamma-1)\prod_{j=1}^{l}(1-n_j^{uq})^{w_j}}}\right]\right)$$

（1）若 $m^l=m^u=m$，$i^l=i^u=i$ 且 $n^l=n^u=n$，则 IVTSFHWA 算子和 IVTSFHWG 算子分别退化成 TSFHWA 和 TSFHWG，表达式如下：

$$TSFHWA(\mathrm{T}_1,\ \mathrm{T}_2,\ \mathrm{T}_3,\ \cdots,\ \mathrm{T}_l)=$$

$$\left(\sqrt[q]{\frac{\prod_{j=1}^{l}(1+(\gamma-1)m_j^q)^{w_j}-\prod_{j=1}^{l}(1-m_j^q)^{w_j}}{\prod_{j=1}^{l}(1+(\gamma-1)m_j^q)^{w_j}+(\gamma-1)\prod_{j=1}^{l}(1-m_j^q)^{w_j}}},\ \frac{\sqrt[q]{\gamma}\prod_{j=1}^{l}i_j^{w_j}}{\sqrt[q]{\prod_{j=1}^{l}(1+(\gamma-1)(1-i_j^q))^{w_j}+(\gamma-1)\prod_{j=1}^{l}(i_j^q)^{w_j}}},\ \frac{\sqrt[q]{\gamma}\prod_{j=1}^{l}n_j^{w_j}}{\sqrt[q]{\prod_{j=1}^{l}(1+(\gamma-1)(1-n_j^q))^{w_j}+(\gamma-1)\prod_{j=1}^{l}(n_j^q)^{w_j}}}\right) \tag{4-23}$$

$$TSFHWG(\mathrm{T}_1,\ \mathrm{T}_2,\ \mathrm{T}_3,\ \cdots,\ \mathrm{T}_l)=$$

$$\left(\frac{\sqrt[q]{\gamma}\prod_{j=1}^{l}(m_j^{w_j})}{\sqrt[q]{\prod_{j=1}^{l}(1+(\gamma-1)m_j^q)^{w_j}+(\gamma-1)\prod_{j=1}^{l}(m_j^q)^{w_j}}},\ \sqrt[q]{\frac{\prod_{j=1}^{l}(1+(\gamma-1)i_j^q)^{w_j}-\prod_{j=1}^{l}(1-i_j^q)^{w_j}}{\prod_{j=1}^{l}(1+(\gamma-1)i_j^q)^{w_j}+(\gamma-1)\prod_{j=1}^{l}(1-i_j^q)^{w_j}}},\ \sqrt[q]{\frac{\prod_{j=1}^{l}(1+(\gamma-1)n_j^q)^{w_j}-\prod_{j=1}^{l}(1-n_j^q)^{w_j}}{\prod_{j=1}^{l}(1+(\gamma-1)n_j^q)^{w_j}+(\gamma-1)\prod_{j=1}^{l}(1-n_j^q)^{w_j}}}\right) \tag{4-24}$$

（2）若 $q=2$，则 IVTSFHWA 算子和 IVTSFHWG 算子分别退化成 IVSFHWA 和 IVSFHWG，表达式如下：

$IVSFHWA(T_1, T_2, T_3, \cdots, T_l)=$

$$\left(\begin{array}{l}\left[\sqrt{\dfrac{\prod_{j=1}^{l}(1+(\gamma-1)m_j^{l2})^{w_j}-\prod_{j=1}^{l}(1-m_j^{l2})^{w_j}}{\prod_{j=1}^{l}(1+(\gamma-1)m_j^{l2})^{w_j}+(\gamma-1)\prod_{j=1}^{l}(1-m_j^{l2})^{w_j}}},\ \sqrt{\dfrac{\prod_{j=1}^{l}(1+(\gamma-1)m_j^{u2})^{w_j}-\prod_{j=1}^{l}(1-m_j^{u2})^{w_j}}{\prod_{j=1}^{l}(1+(\gamma-1)m_j^{u2})^{w_j}+(\gamma-1)\prod_{j=1}^{l}(1-m_j^{u2})^{w_j}}}\right] \\ \left[\dfrac{\sqrt{\gamma}\prod_{j=1}^{l}(i_j^{l})^{w_j}}{\sqrt{\prod_{j=1}^{l}(1+(\gamma-1)(1-i_j^{l2}))^{w_j}+(\gamma-1)\prod_{j=1}^{l}(i_j^{l2})^{w_j}}},\ \dfrac{\sqrt{\gamma}\prod_{j=1}^{l}(i_j^{u})^{w_j}}{\sqrt{\prod_{j=1}^{l}(1+(\gamma-1)(1-i_j^{u2}))^{w_j}+(\gamma-1)\prod_{j=1}^{l}(i_j^{u2})^{w_j}}}\right] \\ \left[\dfrac{\sqrt{\gamma}\prod_{j=1}^{l}(n_j^{l})^{w_j}}{\sqrt{\prod_{j=1}^{l}(1+(\gamma-1)(1-n_j^{l2}))^{w_j}+(\gamma-1)\prod_{j=1}^{l}(n_j^{l2})^{w_j}}},\ \dfrac{\sqrt{\gamma}\prod_{j=1}^{l}(n_j^{u})^{w_j}}{\sqrt{\prod_{j=1}^{l}(1+(\gamma-1)(1-n_j^{u2}))^{w_j}+(\gamma-1)\prod_{j=1}^{l}(n_j^{u2})^{w_j}}}\right]\end{array}\right) \tag{4-25}$$

$IVSFHWG(T_1, T_2, T_3, \cdots, T_l)=$

$$\left(\left[\dfrac{\sqrt{\gamma}\prod_{j=1}^{l}(m_j^{l})^{w_j}}{\sqrt{\prod_{j=1}^{l}(1+(\gamma-1)(1-m_j^{l2}))^{w_j}+(\gamma-1)\prod_{j=1}^{l}(m_j^{l2})^{w_j}}},\ \dfrac{\sqrt{\gamma}\prod_{j=1}^{l}(m_j^{u})^{w_j}}{\sqrt{\prod_{j=1}^{l}(1+(\gamma-1)(1-m_j^{u2}))^{w_j}+(\gamma-1)\prod_{j=1}^{l}(m_j^{u2})^{w_j}}}\right]\right.$$

$$\left.\begin{array}{l}\left[\sqrt{\dfrac{\prod_{j=1}^{l}(1+(\gamma-1)m_j^{l2})^{w_j}-\prod_{j=1}^{l}(1-m_j^{l2})^{w_j}}{\prod_{j=1}^{l}(1+(\gamma-1)m_j^{l2})^{w_j}+(\gamma-1)\prod_{j=1}^{l}(1-m_j^{l2})^{w_j}}}\right.\\ \left.\sqrt{\dfrac{\prod_{j=1}^{l}(1+(\gamma-1)m_j^{u2})^{w_j}-\prod_{j=1}^{l}(1-m_j^{u2})^{w_j}}{\prod_{j=1}^{l}(1+(\gamma-1)m_j^{u2})^{w_j}+(\gamma-1)\prod_{j=1}^{l}(1-m_j^{u2})^{w_j}}}\right]\\ \left[\sqrt{\dfrac{\prod_{j=1}^{l}(1+(\gamma-1)n_j^{l2})^{w_j}-\prod_{j=1}^{l}(1-n_j^{l2})^{w_j}}{\prod_{j=1}^{l}(1+(\gamma-1)n_j^{l2})^{w_j}+(\gamma-1)\prod_{j=1}^{l}(1-n_j^{l2})^{w_j}}}\right.\\ \left.\sqrt{\dfrac{\prod_{j=1}^{l}(1+(\gamma-1)n_j^{u2})^{w_j}-\prod_{j=1}^{l}(1-n_j^{u2})^{w_j}}{\prod_{j=1}^{l}(1+(\gamma-1)n_j^{u2})^{w_j}+(\gamma-1)\prod_{j=1}^{l}(1-n_j^{u2})^{w_j}}}\right]\end{array}\right) \tag{4-26}$$

（3）若 $q=2$，$m^l=m^u=m$，$i^l=i^u=i$ 且 $n^l=n^u=n$，则 IVTSFHWA 算子和 IVTSFHWG 算子退化成球形模糊 Hamacher 算子，即 SFHWA 和 SFHWG，表达式如下：

$SFHWA(\mathrm{T}_1,\ \mathrm{T}_2,\ \mathrm{T}_3,\ \cdots,\ \mathrm{T}_l)=$

$$\left(\begin{array}{c}\sqrt{\dfrac{\prod_{j=1}^{l}(1+(\gamma-1)m_j^{2})^{w_j}-\prod_{j=1}^{l}(1-m_j^{2})^{w_j}}{\prod_{j=1}^{l}(1+(\gamma-1)m_j^{2})^{w_j}+(\gamma-1)\prod_{j=1}^{l}(1-m_j^{2})^{w_j}}}\\ \dfrac{\sqrt{\gamma}\prod_{j=1}^{l}i_j^{w_j}}{\sqrt{\prod_{j=1}^{l}(1+(\gamma-1)(1-i_j^2))^{w_j}+(\gamma-1)\prod_{j=1}^{l}(i_j^2)^{w_j}}}\\ \dfrac{\sqrt{\gamma}\prod_{j=1}^{l}n_j^{w_j}}{\sqrt{\prod_{j=1}^{l}(1+(\gamma-1)(1-n_j^2))^{w_j}+(\gamma-1)\prod_{j=1}^{l}(n_j^2)^{w_j}}}\end{array}\right) \tag{4-27}$$

$SFHWG(\mathrm{T}_1,\ \mathrm{T}_2,\ \mathrm{T}_3,\ \cdots,\ \mathrm{T}_l)=$

$$\left(\begin{array}{c}\dfrac{\sqrt{\gamma}\prod_{j=1}^{l}(m_j^{w_j})}{\sqrt{\prod_{j=1}^{l}(1+(\gamma-1)(1-m_j^2))^{w_j}+(\gamma-1)\prod_{j=1}^{l}(m_j^2)^{w_j}}}\\ \sqrt{\dfrac{\prod_{j=1}^{l}(1+(\gamma-1)i_j^{2})^{w_j}-\prod_{j=1}^{l}(1-i_j^{2})^{w_j}}{\prod_{j=1}^{l}(1+(\gamma-1)i_j^{2})^{w_j}+(\gamma-1)\prod_{j=1}^{l}(1-i_j^{2})^{w_j}}}\\ \sqrt{\dfrac{\prod_{j=1}^{l}(1+(\gamma-1)n_j^{2})^{w_j}-\prod_{j=1}^{l}(1-n_j^{2})^{w_j}}{\prod_{j=1}^{l}(1+(\gamma-1)n_j^{2})^{w_j}+(\gamma-1)\prod_{j=1}^{l}(1-n_j^{2})^{w_j}}}\end{array}\right) \tag{4-28}$$

（4）若 $q=1$，则 IVTSFHWA 算子和 IVTSFHWG 算子分别退化成区间值情景模糊 Hamacher 算子，即 IVPFHWA 和 IVPFHWG，表达式如下：

$IVPFHWA(\mathrm{T}_1,\ \mathrm{T}_2,\ \mathrm{T}_3,\ \cdots,\ \mathrm{T}_l)=$

$$\left(\begin{bmatrix}\dfrac{\prod_{j=1}^{l}(1+(\gamma-1)m_j^l)^{w_j}-\prod_{j=1}^{l}(1-m_j^l)^{w_j}}{\prod_{j=1}^{l}(1+(\gamma-1)m_j^l)^{w_j}+(\gamma-1)\prod_{j=1}^{l}(1-m_j^l)^{w_j}}\\ \dfrac{\prod_{j=1}^{l}(1+(\gamma-1)m_j^u)^{w_j}-\prod_{j=1}^{l}(1-m_j^u)^{w_j}}{\prod_{j=1}^{l}(1+(\gamma-1)m_j^u)^{w_j}+(\gamma-1)\prod_{j=1}^{l}(1-m_j^u)^{w_j}}\end{bmatrix}\begin{bmatrix}\dfrac{\gamma\prod_{j=1}^{l}(i_j^l)^{w_j}}{\prod_{j=1}^{l}(1+(\gamma-1)(1-i_j^l))^{w_j}+(\gamma-1)\prod_{j=1}^{l}(i_j^l)^{w_j}}\\ \dfrac{\gamma\prod_{j=1}^{l}(i_j^u)^{w_j}}{\prod_{j=1}^{l}(1+(\gamma-1)(1-i_j^u))^{w_j}+(\gamma-1)\prod_{j=1}^{l}(i_j^u)^{w_j}}\end{bmatrix}\begin{bmatrix}\dfrac{\gamma\prod_{j=1}^{l}(n_j^l)^{w_j}}{\prod_{j=1}^{l}(1+(\gamma-1)(1-n_j^l))^{w_j}+(\gamma-1)\prod_{j=1}^{l}(n_j^l)^{w_j}}\\ \dfrac{\gamma\prod_{j=1}^{l}(n_j^u)^{w_j}}{\prod_{j=1}^{l}(1+(\gamma-1)(1-n_j^u))^{w_j}+(\gamma-1)\prod_{j=1}^{l}(n_j^u)^{w_j}}\end{bmatrix}\right) \tag{4-29}$$

$IVPFHWG(\mathrm{T}_1,\ \mathrm{T}_2,\ \mathrm{T}_3,\ \cdots,\ \mathrm{T}_l)=$

$$\left(\begin{bmatrix}\dfrac{\gamma\prod_{j=1}^{l}(m_j^l)^{w_j}}{\prod_{j=1}^{l}(1+(\gamma-1)(1-m_j^l))^{w_j}+(\gamma-1)\prod_{j=1}^{l}(m_j^l)^{w_j}}\\ \dfrac{\gamma\prod_{j=1}^{l}(m_j^u)^{w_j}}{\prod_{j=1}^{l}(1+(\gamma-1)(1-m_j^u))^{w_j}+(\gamma-1)\prod_{j=1}^{l}(m_j^u)^{w_j}}\end{bmatrix}\right.$$

$$\begin{bmatrix}\dfrac{\prod_{j=1}^{l}(1+(\gamma-1)i_j^l)^{w_j}-\prod_{j=1}^{l}(1-i_j^l)^{w_j}}{\prod_{j=1}^{l}(1+(\gamma-1)i_j^l)^{w_j}+(\gamma-1)\prod_{j=1}^{l}(1-i_j^l)^{w_j}}\\ \dfrac{\prod_{j=1}^{l}(1+(\gamma-1)i_j^u)^{w_j}-\prod_{j=1}^{l}(1-i_j^u)^{w_j}}{\prod_{j=1}^{l}(1+(\gamma-1)i_j^u)^{w_j}+(\gamma-1)\prod_{j=1}^{l}(1-i_j^u)^{w_j}}\end{bmatrix}$$

$$\left.\left[\frac{\prod_{j=1}^{l}(1+(\gamma-1)n_j^l)^{w_j}-\prod_{j=1}^{l}(1-n_j^l)^{w_j}}{\prod_{j=1}^{l}(1+(\gamma-1)n_j^l)^{w_j}+(\gamma-1)\prod_{j=1}^{l}(1-n_j^l)^{w_j}}, \frac{\prod_{j=1}^{l}(1+(\gamma-1)n_j^u)^{w_j}-\prod_{j=1}^{l}(1-n_j^u)^{w_j}}{\prod_{j=1}^{l}(1+(\gamma-1)n_j^u)^{w_j}+(\gamma-1)\prod_{j=1}^{l}(1-n_j^u)^{w_j}}\right]\right) \tag{4-30}$$

(5) 若 $q=1$，$m^l=m^u=m$，$i^l=i^u=i$ 且 $n^l=n^u=n$，则 IVTSFHWA 算子和 IVTSFHWG 算子退化成情景模糊 Hamacher 算子，即 PFHWA 和 PFHWG，表达式如下：

$PFHWA(\mathrm{T}_1, \mathrm{T}_2, \mathrm{T}_3, \cdots, \mathrm{T}_l)=$

$$\left(\frac{\prod_{j=1}^{l}(1+(\gamma-1)m_j)^{w_j}-\prod_{j=1}^{l}(1-m_j)^{w_j}}{\prod_{j=1}^{l}(1+(\gamma-1)m_j)^{w_j}+(\gamma-1)\prod_{j=1}^{l}(1-m_j)^{w_j}}, \frac{\gamma\prod_{j=1}^{l}i_j^{w_j}}{\prod_{j=1}^{l}(1+(\gamma-1)(1-i_j))^{w_j}+(\gamma-1)\prod_{j=1}^{l}(i_j)^{w_j}}, \frac{\gamma\prod_{j=1}^{l}n_j^{w_j}}{\prod_{j=1}^{l}(1+(\gamma-1)(1-n_j))^{w_j}+(\gamma-1)\prod_{j=1}^{l}(n_j)^{w_j}}\right) \tag{4-31}$$

$PFHWG(\mathrm{T}_1, \mathrm{T}_2, \mathrm{T}_3, \cdots, \mathrm{T}_l)=$

$$\left(\frac{\gamma\prod_{j=1}^{l}(m_j^{w_j})}{\prod_{j=1}^{l}(1+(\gamma-1)(1-m_j))^{w_j}+(\gamma-1)\prod_{j=1}^{l}(m_j)^{w_j}}, \frac{\prod_{j=1}^{l}(1+(\gamma-1)i_j)^{w_j}-\prod_{j=1}^{l}(1-i_j)^{w_j}}{\prod_{j=1}^{l}(1+(\gamma-1)i_j)^{w_j}+(\gamma-1)\prod_{j=1}^{l}(1-i_j)^{w_j}}, \frac{\prod_{j=1}^{l}(1+(\gamma-1)n_j)^{w_j}-\prod_{j=1}^{l}(1-n_j)^{w_j}}{\prod_{j=1}^{l}(1+(\gamma-1)n_j)^{w_j}+(\gamma-1)\prod_{j=1}^{l}(1-n_j)^{w_j}}\right) \tag{4-32}$$

(6) 若 $i^l=i^u=i=0$，则 IVTSFHWA 算子和 IVTSFHWG 算子退化成区间值 q-ROFSs Hamacher 算子，表达式如下：

$IVq\text{-}ROPFHWA(\mathrm{T}_1, \mathrm{T}_2, \mathrm{T}_3, \cdots, \mathrm{T}_l)=$

$$\left(\begin{bmatrix}\sqrt[q]{\dfrac{\prod_{j=1}^{l}(1+(\gamma-1)m_j^{lq})^{w_j}-\prod_{j=1}^{l}(1-m_j^{lq})^{w_j}}{\prod_{j=1}^{l}(1+(\gamma-1)m_j^{lq})^{w_j}+(\gamma-1)\prod_{j=1}^{l}(1-m_j^{lq})^{w_j}}}\\ \sqrt[q]{\dfrac{\prod_{j=1}^{l}(1+(\gamma-1)m_j^{uq})^{w_j}-\prod_{j=1}^{l}(1-m_j^{uq})^{w_j}}{\prod_{j=1}^{l}(1+(\gamma-1)m_j^{uq})^{w_j}+(\gamma-1)\prod_{j=1}^{l}(1-m_j^{uq})^{w_j}}}\end{bmatrix} \\ \begin{bmatrix}\dfrac{\sqrt[q]{\gamma}\prod_{j=1}^{l}(n_j^{l})^{w_j}}{\sqrt[q]{\prod_{j=1}^{l}(1+(\gamma-1)(1-n_j^{lq}))^{w_j}+(\gamma-1)\prod_{j=1}^{l}(n_j^{lq})^{w_j}}}\\ \dfrac{\sqrt[q]{\gamma}\prod_{j=1}^{l}(n_j^{u})^{w_j}}{\sqrt[q]{\prod_{j=1}^{l}(1+(\gamma-1)(1-n_j^{uq}))^{w_j}+(\gamma-1)\prod_{j=1}^{l}(n_j^{uq})^{w_j}}}\end{bmatrix}\right) \tag{4-33}$$

$IVq\text{-}ROPFHWG(\mathrm{T}_1, \mathrm{T}_2, \mathrm{T}_3, \cdots, \mathrm{T}_l)=$

$$\left(\begin{bmatrix}\dfrac{\sqrt[q]{\gamma}\prod_{j=1}^{l}(m_j^{l})^{w_j}}{\sqrt[q]{\prod_{j=1}^{l}(1+(\gamma-1)(1-m_j^{lq}))^{w_j}+(\gamma-1)\prod_{j=1}^{l}(m_j^{lq})^{w_j}}}\\ \dfrac{\sqrt[q]{\gamma}\prod_{j=1}^{l}(m_j^{u})^{w_j}}{\sqrt[q]{\prod_{j=1}^{l}(1+(\gamma-1)(1-m_j^{uq}))^{w_j}+(\gamma-1)\prod_{j=1}^{l}(m_j^{uq})^{w_j}}}\end{bmatrix} \\ \begin{bmatrix}\dfrac{\sqrt[q]{\gamma}\prod_{j=1}^{l}(n_j^{l})^{w_j}}{\sqrt[q]{\prod_{j=1}^{l}(1+(\gamma-1)(1-n_j^{lq}))^{w_j}+(\gamma-1)\prod_{j=1}^{l}(n_j^{lq})^{w_j}}}\\ \dfrac{\sqrt[q]{\gamma}\prod_{j=1}^{l}(n_j^{u})^{w_j}}{\sqrt[q]{\prod_{j=1}^{l}(1+(\gamma-1)(1-n_j^{uq}))^{w_j}+(\gamma-1)\prod_{j=1}^{l}(n_j^{uq})^{w_j}}}\end{bmatrix}\right) \tag{4-34}$$

（7）若 $m^l=m^u=m$，$i^l=i^u=i=0$ 且 $n^l=n^u=n$，则 IVTSFHWA 算子和 IVTSFHWG 算子退化成 q-ROF Hamacher 算子，表达式如下：

$q\text{-}ROPFHWA(\mathrm{T}_1, \mathrm{T}_2, \mathrm{T}_3, \cdots, \mathrm{T}_l)=$

$$\begin{pmatrix} \sqrt[q]{\dfrac{\prod_{j=1}^{l}(1+(\gamma-1)m_j^q)^{w_j}-\prod_{j=1}^{l}(1-m_j^q)^{w_j}}{\prod_{j=1}^{l}(1+(\gamma-1)m_j^q)^{w_j}+(\gamma-1)\prod_{j=1}^{l}(1-m_j^q)^{w_j}}} \\ \dfrac{\sqrt[q]{\gamma}\prod_{j=1}^{l}n_j^{w_j}}{\sqrt[q]{\prod_{j=1}^{l}(1+(\gamma-1)(1-n_j^q))^{w_j}+(\gamma-1)\prod_{j=1}^{l}(n_j^q)^{w_j}}} \end{pmatrix} \tag{4-35}$$

$q\text{-}ROPFHWG(\mathrm{T}_1, \mathrm{T}_2, \mathrm{T}_3, \cdots, \mathrm{T}_l)=$

$$\begin{pmatrix} \dfrac{\sqrt[q]{\gamma}\prod_{j=1}^{l}(m_j^{w_j})}{\sqrt[q]{\prod_{j=1}^{l}(1+(\gamma-1)(1-m_j^q))^{w_j}+(\gamma-1)\prod_{j=1}^{l}(m_j^q)^{w_j}}} \\ \sqrt[q]{\dfrac{\prod_{j=1}^{l}(1+(\gamma-1)n_j^q)^{w_j}-\prod_{j=1}^{l}(1-n_j^q)^{w_j}}{\prod_{j=1}^{l}(1+(\gamma-1)n_j^q)^{w_j}+(\gamma-1)\prod_{j=1}^{l}(1-n_j^q)^{w_j}}} \end{pmatrix} \tag{4-36}$$

(8) 若 $q=2$ 且 $i^l=i^u=i=0$，则 IVTSFHWA 算子和 IVTSFHWG 算子退化成区间值 PyFSs Hamacher 算子，表达式如下：

$IVPyFHWA(\mathrm{T}_1, \mathrm{T}_2, \mathrm{T}_3, \cdots, \mathrm{T}_l)=$

$$\begin{pmatrix} \begin{bmatrix} \sqrt{\dfrac{\prod_{j=1}^{l}(1+(\gamma-1)m_j^{l2})^{w_j}-\prod_{j=1}^{l}(1-m_j^{l2})^{w_j}}{\prod_{j=1}^{l}(1+(\gamma-1)m_j^{l2})^{w_j}+(\gamma-1)\prod_{j=1}^{l}(1-m_j^{l2})^{w_j}}} \\ \sqrt{\dfrac{\prod_{j=1}^{l}(1+(\gamma-1)m_j^{u2})^{w_j}-\prod_{j=1}^{l}(1-m_j^{u2})^{w_j}}{\prod_{j=1}^{l}(1+(\gamma-1)m_j^{u2})^{w_j}+(\gamma-1)\prod_{j=1}^{l}(1-m_j^{u2})^{w_j}}} \end{bmatrix} \\ \begin{bmatrix} \dfrac{\sqrt{\gamma}\prod_{j=1}^{l}(n_j^l)^{w_j}}{\sqrt{\prod_{j=1}^{l}(1+(\gamma-1)(1-n_j^{l2}))^{w_j}+(\gamma-1)\prod_{j=1}^{l}(n_j^{l2})^{w_j}}} \\ \dfrac{\sqrt{\gamma}\prod_{j=1}^{l}(n_j^u)^{w_j}}{\sqrt{\prod_{j=1}^{l}(1+(\gamma-1)(1-n_j^{u2}))^{w_j}+(\gamma-1)\prod_{j=1}^{l}(n_j^{u2})^{w_j}}} \end{bmatrix} \end{pmatrix} \tag{4-37}$$

$IVPyFHWG(\mathrm{T}_1, \mathrm{T}_2, \mathrm{T}_3, \cdots, \mathrm{T}_l)=$

$$\left(\begin{array}{l}\left[\frac{\sqrt{\gamma}\prod_{j=1}^{l}(m_j^l)^{w_j}}{\sqrt{\prod_{j=1}^{l}(1+(\gamma-1)(1-m_j^{l2}))^{w_j}+(\gamma-1)\prod_{j=1}^{l}(m_j^{l2})^{w_j}}},\frac{\sqrt{\gamma}\prod_{j=1}^{l}(m_j^u)^{w_j}}{\sqrt{\prod_{j=1}^{l}(1+(\gamma-1)(1-m_j^{u2}))^{w_j}+(\gamma-1)\prod_{j=1}^{l}(m_j^{u2})^{w_j}}}\right] \\ \left[\sqrt{\frac{\prod_{j=1}^{l}(1+(\gamma-1)n_j^{l2})^{w_j}-\prod_{j=1}^{l}(1-n_j^{l2})^{w_j}}{\prod_{j=1}^{l}(1+(\gamma-1)n_j^{l2})^{w_j}+(\gamma-1)\prod_{j=1}^{l}(1-n_j^{l2})^{w_j}}},\sqrt{\frac{\prod_{j=1}^{l}(1+(\gamma-1)n_j^{u2})^{w_j}-\prod_{j=1}^{l}(1-n_j^{u2})^{w_j}}{\prod_{j=1}^{l}(1+(\gamma-1)n_j^{u2})^{w_j}+(\gamma-1)\prod_{j=1}^{l}(1-n_j^{u2})^{w_j}}}\right]\end{array}\right) \tag{4-38}$$

（9）若 $q=2$，$m^l=m^u=m$，$i^l=i^u=i=0$ 且 $n^l=n^u=n$，则 IVTSFHWA 算子和 IVTSFHWG 算子退化成 PyFSs Hamacher 算子，表达式如下：

$PyFHWA(\mathrm{T}_1, \mathrm{T}_2, \mathrm{T}_3, \cdots, \mathrm{T}_l)=$

$$\left(\begin{array}{l}\sqrt{\frac{\prod_{j=1}^{l}(1+(\gamma-1)m_j^2)^{w_j}-\prod_{j=1}^{l}(1-m_j^2)^{w_j}}{\prod_{j=1}^{l}(1+(\gamma-1)m_j^2)^{w_j}+(\gamma-1)\prod_{j=1}^{l}(1-m_j^2)^{w_j}}}, \\ \frac{\sqrt{\gamma}\prod_{j=1}^{l}n_j^{w_j}}{\sqrt{\prod_{j=1}^{l}(1+(\gamma-1)(1-n_j^2))^{w_j}+(\gamma-1)\prod_{j=1}^{l}(n_j^2)^{w_j}}}\end{array}\right) \tag{4-39}$$

$PyFHWG(\mathrm{T}_1, \mathrm{T}_2, \mathrm{T}_3, \cdots, \mathrm{T}_l)=$

$$\left(\begin{array}{l}\frac{\sqrt{\gamma}\prod_{j=1}^{l}(m_j^{w_j})}{\sqrt{\prod_{j=1}^{l}(1+(\gamma-1)(1-m_j^2))^{w_j}+(\gamma-1)\prod_{j=1}^{l}(m_j^2)^{w_j}}}, \\ \sqrt{\frac{\prod_{j=1}^{l}(1+(\gamma-1)n_j^2)^{w_j}-\prod_{j=1}^{l}(1-n_j^2)^{w_j}}{\prod_{j=1}^{l}(1+(\gamma-1)n_j^2)^{w_j}+(\gamma-1)\prod_{j=1}^{l}(1-n_j^2)^{w_j}}}\end{array}\right) \tag{4-40}$$

（10）若 $q=1$ 且 $i^l=i^u=i=0$，则 IVTSFHWA 算子和 IVTSFHWG 算子退化成区间值 IFSs Hamacher 算子，表达式如下：

$IVIFHWA(\mathrm{T}_1, \mathrm{T}_2, \mathrm{T}_3, \cdots, \mathrm{T}_l)=$

$$\left(\begin{bmatrix}\dfrac{\prod_{j=1}^{l}(1+(\gamma-1)m_j^l)^{w_j}-\prod_{j=1}^{l}(1-m_j^l)^{w_j}}{\prod_{j=1}^{l}(1+(\gamma-1)m_j^l)^{w_j}+(\gamma-1)\prod_{j=1}^{l}(1-m_j^l)^{w_j}}\\ \dfrac{\prod_{j=1}^{l}(1+(\gamma-1)m_j^u)^{w_j}-\prod_{j=1}^{l}(1-m_j^u)^{w_j}}{\prod_{j=1}^{l}(1+(\gamma-1)m_j^u)^{w_j}+(\gamma-1)\prod_{j=1}^{l}(1-m_j^u)^{w_j}}\end{bmatrix} \begin{bmatrix}\dfrac{\gamma\prod_{j=1}^{l}(n_j^l)^{w_j}}{\prod_{j=1}^{l}(1+(\gamma-1)(1-n_j^l))^{w_j}+(\gamma-1)\prod_{j=1}^{l}(n_j^l)^{w_j}}\\ \dfrac{\gamma\prod_{j=1}^{l}(n_j^u)^{w_j}}{\prod_{j=1}^{l}(1+(\gamma-1)(1-n_j^u))^{w_j}+(\gamma-1)\prod_{j=1}^{l}(n_j^u)^{w_j}}\end{bmatrix}\right) \tag{4-41}$$

$IVIFHWG(\mathrm{T}_1, \mathrm{T}_2, \mathrm{T}_3, \cdots, \mathrm{T}_l)=$

$$\left(\begin{bmatrix}\dfrac{\gamma\prod_{j=1}^{l}(m_j^l)^{w_j}}{\prod_{j=1}^{l}(1+(\gamma-1)(1-m_j^l))^{w_j}+(\gamma-1)\prod_{j=1}^{l}(m_j^l)^{w_j}}\\ \dfrac{\gamma\prod_{j=1}^{l}(m_j^u)^{w_j}}{\prod_{j=1}^{l}(1+(\gamma-1)(1-m_j^u))^{w_j}+(\gamma-1)\prod_{j=1}^{l}(m_j^u)^{w_j}}\end{bmatrix} \begin{bmatrix}\dfrac{\prod_{j=1}^{l}(1+(\gamma-1)n_j^l)^{w_j}-\prod_{j=1}^{l}(1-n_j^l)^{w_j}}{\prod_{j=1}^{l}(1+(\gamma-1)n_j^l)^{w_j}+(\gamma-1)\prod_{j=1}^{l}(1-n_j^l)^{w_j}}\\ \dfrac{\prod_{j=1}^{l}(1+(\gamma-1)n_j^u)^{w_j}-\prod_{j=1}^{l}(1-n_j^u)^{w_j}}{\prod_{j=1}^{l}(1+(\gamma-1)n_j^u)^{w_j}+(\gamma-1)\prod_{j=1}^{l}(1-n_j^u)^{w_j}}\end{bmatrix}\right) \tag{4-42}$$

（11）若 $q=1$，$m^l=m^u=m$，$i^l=i^u=i=0$ 且 $n^l=n^u=n$，则 IVTSFHWA 算子和 IVTSFHWG 算子退化成 IFSs Hamacher 算子，表达式如下：

$IFHWA(\mathrm{T}_1, \mathrm{T}_2, \mathrm{T}_3, \cdots, \mathrm{T}_l)=$

$$\left(\begin{matrix}\dfrac{\prod_{j=1}^{l}(1+(\gamma-1)m_j)^{w_j}-\prod_{j=1}^{l}(1-m_j)^{w_j}}{\prod_{j=1}^{l}(1+(\gamma-1)m_j)^{w_j}+(\gamma-1)\prod_{j=1}^{l}(1-m_j)^{w_j}}\\ \dfrac{\gamma\prod_{j=1}^{l}n_j^{w_j}}{\prod_{j=1}^{l}(1+(\gamma-1)(1-n_j))^{w_j}+(\gamma-1)\prod_{j=1}^{l}(n_j)^{w_j}}\end{matrix}\right) \tag{4-43}$$

$$IFHWG(T_1, T_2, T_3, \cdots, T_l)=$$

$$\left(\frac{\gamma\prod_{j=1}^{l}(m_j^{w_j})}{\prod_{j=1}^{l}(1+(\gamma-1)(1-m_j))^{w_j}+(\gamma-1)\prod_{j=1}^{l}(m_j)^{w_j}} \atop \frac{\prod_{j=1}^{l}(1+(\gamma-1)n_j)^{w_j}-\prod_{j=1}^{l}(1-n_j)^{w_j}}{\prod_{j=1}^{l}(1+(\gamma-1)n_j)^{w_j}+(\gamma-1)\prod_{j=1}^{l}(1-n_j)^{w_j}}\right) \tag{4-44}$$

第六节　基于区间值 T-球形模糊信息集成算子的多属性决策方法及其数值分析

一、基于区间值 T-球形模糊 Hamacher 集成算子的多属性决策方法

设 $A=\{A_1, A_2, \cdots, A_k\}$ 为方案集，$G=\{G_1, G_2, \cdots, G_j\}$ 为属性集，其中 j 为有限个，w_j 为权重向量。$D_{k\times j}=(T)_{k\times j}=([m^l, m^u], [i^l, i^u], [n^l, n^u])$ 表示专家在方案下对属性以 IVTSFNs 表示决策信息的决策矩阵。

步骤 1：根据决策者对方案下属性的评估获取决策矩阵，其中 q 值也被认为是 IVTSFNs。

步骤 2：利用 IVTSFHWA 和 IVTSFHWG 算子集成决策矩阵。

步骤 3：基于集成后各方案的 IVTSFNs，可计算其得分值，表达式如下：

$$SC(I)=\frac{(m^l)^q(1-(i^l)^q-(n^l)^q)+(m^u)^q(1-(i^u)^q-(n^u)^q)}{3}, \quad SC(I)\in[-1, 1]$$

步骤 4：基于方案得分值对方案排序择优。

二、数值分析

采用文献[156] 中的例子，通过所提出的基于 IVTSFNs HAOs 为对企业财务业绩进行评估，进而对企业择优。现有 4 家待评估的企业 $A_j(1\leqslant j\leqslant 4)$，相应的属性为 $G_i(1\leqslant i\leqslant 4)$，其中 G_1 表示偿债能力，G_2 表示运营能力，G_3 表示盈利能力，G_4 表示发展能力，且属性权重 $w_j=(0.2, 0.5, 0.25, 0.05)^T$。决策者对属性进行评估用 IVTSFNs 表示，并通过所提出的 IVTSFHWA 算子和 IVTSFHWG 算子对

企业（A_1，A_2，A_3，A_4）进行排序择优。

步骤 1：专家对企业的评价如表 4-1 所示，其中决策信息由 IVTSFNs 表示，且 $q=5$。

表 4-1　决策矩阵

企业	G_1	G_2	G_3	G_4
A_1	$\begin{pmatrix}[0.6, 0.8],\\ [0.3, 0.5],\\ [0.3, 0.6]\end{pmatrix}$	$\begin{pmatrix}[0.4, 0.5],\\ [0.1, 0.6],\\ [0.5, 0.9]\end{pmatrix}$	$\begin{pmatrix}[0.5, 0.7],\\ [0.4, 0.8],\\ [0.1, 0.3]\end{pmatrix}$	$\begin{pmatrix}[0.3, 0.6],\\ [0.1, 0.6],\\ [0.4, 0.7]\end{pmatrix}$
A_2	$\begin{pmatrix}[0.7, 0.9],\\ [0.1, 0.8],\\ [0.3, 0.4]\end{pmatrix}$	$\begin{pmatrix}[0.3, 0.6],\\ [0.3, 0.5],\\ [0.4, 0.8]\end{pmatrix}$	$\begin{pmatrix}[0.1, 0.6],\\ [0.1, 0.5],\\ [0.1, 0.9]\end{pmatrix}$	$\begin{pmatrix}[0.4, 0.6],\\ [0.2, 0.5],\\ [0.5, 0.6]\end{pmatrix}$
A_3	$\begin{pmatrix}[0.3, 0.5],\\ [0.2, 0.3],\\ [0.2, 0.8]\end{pmatrix}$	$\begin{pmatrix}[0.2, 0.5],\\ [0.6, 0.7],\\ [0.2, 0.9]\end{pmatrix}$	$\begin{pmatrix}[0.2, 0.4],\\ [0.3, 0.4],\\ [0.3, 0.6]\end{pmatrix}$	$\begin{pmatrix}[0.2, 0.7],\\ [0.4, 0.6],\\ [0.1, 0.4]\end{pmatrix}$
A_4	$\begin{pmatrix}[0.2, 0.4],\\ [0.1, 0.3],\\ [0.7, 0.9]\end{pmatrix}$	$\begin{pmatrix}[0.7, 0.8],\\ [0.3, 0.5],\\ [0.1, 0.2]\end{pmatrix}$	$\begin{pmatrix}[0.5, 0.8],\\ [0.4, 0.9],\\ [0.2, 0.4]\end{pmatrix}$	$\begin{pmatrix}[0.4, 0.7],\\ [0.5, 0.6],\\ [0.3, 0.7]\end{pmatrix}$

步骤 2：利用 IVTSFHWA 算子和 IVTSFHWG 算子对决策矩阵进行集成，结果如表 4-2 所示，其中 $q=5$，$\gamma=2$，$w_j=(0.2, 0.5, 0.25, 0.05)^T$。

表 4-2　基于 IVTSFHWA 算子和 IVTSFHWG 算子的集成值

企业	IVTSFHWA 算子	IVTSFHWG 算子
A_1	$\begin{pmatrix}[0.491328, 0.664195],\\ [0.1762, 0.6243],\\ [0.2990, 0.63395]\end{pmatrix}$	$\begin{pmatrix}[0.4526, 0.6061],\\ [0.005313, 0.230905],\\ [0.02895, 0.586139]\end{pmatrix}$
A_2	$\begin{pmatrix}[0.513349, 0.721466],\\ [0.179335, 0.5518],\\ [0.270219, 0.7183]\end{pmatrix}$	$\begin{pmatrix}[0.274969, 0.6558],\\ [0.0022, 0.160593],\\ [0.012486, 0.568143]\end{pmatrix}$
A_3	$\begin{pmatrix}[0.236636, 0.505216],\\ [0.3981, 0.5128],\\ [0.213815, 0.7738]\end{pmatrix}$	$\begin{pmatrix}[0.21691, 0.4812],\\ [0.069814, 0.158957],\\ [0.001449, 0.684677]\end{pmatrix}$

续表

企业	IVTSFHWA 算子	IVTSFHWG 算子
A_4	$\begin{pmatrix}[0.621815, 0.763604],\\ [0.265618, 0.5357],\\ [0.186066, 0.3471]\end{pmatrix}$	$\begin{pmatrix}[0.4904, 0.6991],\\ [0.009297, 0.316949],\\ [0.059314, 0.247336]\end{pmatrix}$

步骤 3：计算表 4-2 中各方案集成值的得分情况，结果如表 4-3 所示。

表 4-3　基于 IVTSFHWA 算子和 IVTSFHWG 算子的得分值

企业	IVTSFHWA 算子	IVTSFHWG 算子
A_1	0.0439	0.03169
A_2	0.0612	0.03856
A_3	0.0078	0.0075
A_4	0.1132	0.06489

步骤 4：基于得分值对方案排序，结果为 $A_4>A_2>A_1>A_3$，因此最佳企业为 A_4。下面讨论不同参数值 γ 对方案排序的影响，结果如表 4-4 所示。

表 4-4　参数 γ 对方案排序的影响

γ	算子	IVTSFHWA 和 IVTSFHWG 算子下的得分值	排序结果
2	IVTSFHWA	$S_1=0.0439$，$S_2=0.0612$，$S_3=0.0078$，$S_4=0.1132$	$A_4>A_2>A_1>A_3$
	IVTSFHWG	$S_1=0.0317$，$S_2=0.0386$，$S_3=0.0075$，$S_4=0.0649$	$A_4>A_2>A_1>A_3$
4	IVTSFHWA	$S_1=0.0342$，$S_2=0.0456$，$S_3=0.0074$，$S_4=0.0824$	$A_4>A_2>A_1>A_3$
	IVTSFHWG	$S_1=0.0336$，$S_2=0.0415$，$S_3=0.0084$，$S_4=0.0669$	$A_4>A_2>A_1>A_3$
5	IVTSFHWA	$S_1=0.0334$，$S_2=0.0440$，$S_3=0.0073$，$S_4=0.0809$	$A_4>A_2>A_1>A_3$
	IVTSFHWG	$S_1=0.0338$，$S_2=0.0418$，$S_3=0.0085$，$S_4=0.0673$	$A_4>A_2>A_1>A_3$
6	IVTSFHWA	$S_1=0.0328$，$S_2=0.0428$，$S_3=0.0073$，$S_4=0.0798$	$A_4>A_2>A_1>A_3$
	IVTSFHWG	$S_1=0.0339$，$S_2=0.0421$，$S_3=0.0085$，$S_4=0.0676$	$A_4>A_2>A_1>A_3$
8	IVTSFHWA	$S_1=0.0319$，$S_2=0.0412$，$S_3=0.0072$，$S_4=0.0783$	$A_4>A_2>A_1>A_3$
	IVTSFHWG	$S_1=0.0341$，$S_2=0.0424$，$S_3=0.0086$，$S_4=0.0679$	$A_4>A_2>A_1>A_3$
9	IVTSFHWA	$S_1=0.0316$，$S_2=0.0406$，$S_3=0.0071$，$S_4=0.0777$	$A_4>A_2>A_1>A_3$
	IVTSFHWG	$S_1=0.0341$，$S_2=0.0425$，$S_3=0.0086$，$S_4=0.0680$	$A_4>A_2>A_1>A_3$

续表

γ	算子	IVTSFHWA 和 IVTSFHWG 算子下的得分值	排序结果
12	IVTSFHWA	$S_1=0.0306$，$S_2=0.0393$，$S_3=0.0070$，$S_4=0.0760$	$A_4>A_2>A_1>A_3$
	IVTSFHWG	$S_1=0.0342$，$S_2=0.0427$，$S_3=0.0086$，$S_4=0.0683$	$A_4>A_2>A_1>A_3$

从表 4-4 可以看出，在 IVTSFHWA 算子和 IVTSFHWG 算子下方案排序并无明显的变化。为使结果更为直观，用图 4-1 的柱形表示得分情况。

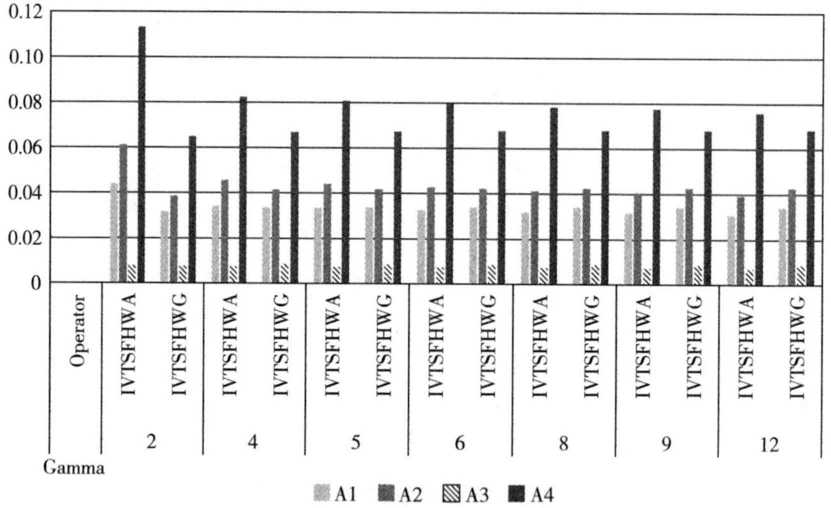

图 4-1　参数 γ 对方案排序的影响

上述讨论参数 γ 的变化对排序结果的影响，下面基于 IVTSFHWA 算子和 IVTSFHWG 算子分析参数 q 的变化对排序结果的影响，同时假定 $\gamma=2$ 且 q 的取值从 5 开始，如表 4-5 所示。

表 4-5　参数 q 对方案排序的影响（$\gamma=2$）

q	算子	IVTSFHWA 和 IVTSFHWG 算子下的得分值	排序结果
5	IVTSFHWA	$S_1=0.0439$，$S_2=0.0612$，$S_3=0.0078$，$S_4=0.1132$	$A_4>A_2>A_1>A_3$
	IVTSFHWG	$S_1=0.0317$，$S_2=0.0386$，$S_3=0.0075$，$S_4=0.0649$	$A_4>A_2>A_1>A_3$
7	IVTSFHWA	$S_1=0.0238$，$S_2=0.0429$，$S_3=0.0028$，$S_4=0.0679$	$A_4>A_2>A_1>A_3$
	IVTSFHWG	$S_1=0.0111$，$S_2=0.0171$，$S_3=0.0020$，$S_4=0.0287$	$A_4>A_2>A_1>A_3$

续表

q	算子	IVTSFHWA 和 IVTSFHWG 算子下的得分值	排序结果
9	IVTSFHWA	$S_1=0.0134$，$S_2=0.0310$，$S_3=0.0010$，$S_4=0.0411$	$A_4>A_2>A_1>A_3$
	IVTSFHWG	$S_1=0.0038$，$S_2=0.0072$，$S_3=0.0005$，$S_4=0.0130$	$A_4>A_2>A_1>A_3$
11	IVTSFHWA	$S_1=0.0077$，$S_2=0.0233$，$S_3=0.0004$，$S_4=0.0251$	$A_4>A_2>A_1>A_3$
	IVTSFHWG	$S_1=0.0013$，$S_2=0.0030$，$S_3=0.0001$，$S_4=0.0061$	$A_4>A_2>A_1>A_3$
12	IVTSFHWA	$S_1=0.0059$，$S_2=0.0205$，$S_3=0.0003$，$S_4=0.0197$	$A_2>A_4>A_1>A_3$
	IVTSFHWG	$S_1=0.0041$，$S_2=0.0020$，$S_3=0.0008$，$S_4=0.0001$	$A_1>A_2>A_3>A_4$

从表 4-5 中可以看出，在 IVTSFHWA 算子和 IVTSFHWG 算子下，$q<12$ 时方案排序未发生变化，而 $q=12$ 时方案排序则发生变化，用图 4-2 表示。

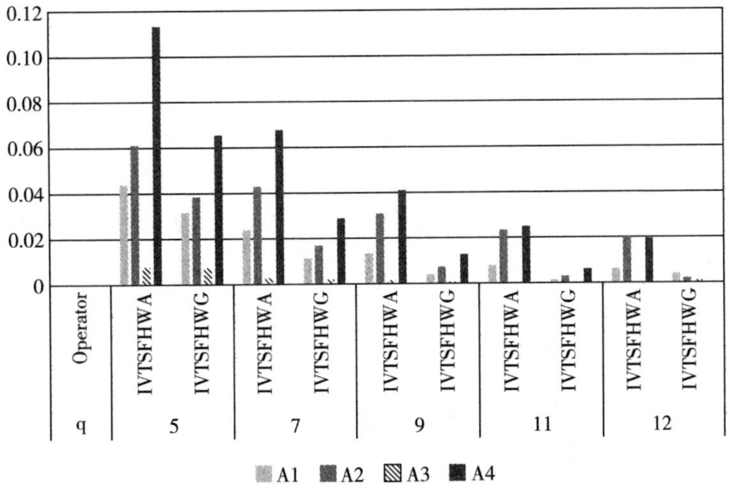

图 4-2　参数 q 对方案排序的影响

下面将所提出的 IVTSFHWA 算子和 IVTSFHWG 算子与现有的 HAOs 算子进行对比分析。

为了检验所提出方法的有效性和优越性，本章通过上述例子，并基于 Ullah 等[15] 定义的 IVTSFS 集成算子进行求解。进一步分析表明，在 IFSs、PyFSs、q-ROFSs、PFSs 和 TSFSs 背景下提出的 HAOs 不能应用于以 IVTSFNs 形式存在的决策问题。下面讨论所提出方法与现有方法的对比分析，如表 4-6 所示。

表 4-6 所提出方法与现有方法关于方案排序的对比分析

方法	文献来源	得分值	方案排序
IVTSFWA	Ullah 等[15]	$S_1=0.0463$，$S_2=0.0683$，$S_3=0.0081$，$S_4=0.1164$	$A_4>A_2>A_1>A_3$
IVTSFWG	Ullah 等[15]	$S_1=0.0203$，$S_2=0.0239$，$S_3=0.0048$，$S_4=0.0503$	$A_4>A_2>A_1>A_3$
IVTSFHWA	本章方法	$S_1=0.0439$，$S_2=0.0612$，$S_3=0.0078$，$S_4=0.1132$	$A_4>A_2>A_1>A_3$
IVTSFHWG	本章方法	$S_1=0.0317$，$S_2=0.0386$，$S_3=0.0075$，$S_4=0.0649$	$A_4>A_2>A_1>A_3$
IFS HAOs	Huang[156]	—	—
IVIFS HAOs	Liu[157]	—	—
PyFS HAOs	Gao[158]	—	—
IVPyFS HAOs	Peng 和 Yang[7]	—	—
q-ROFS HAOs	Darko 和 Liang[159]	—	—
PFS HAOs	Jana 和 Pal[160]	—	—
TSFS HAOs	Ullah 等[161]	—	—

通过以上分析发现，本章方法得到的结果与现有方法是一致的。此外，研究表明，在 Huang 等[156]、Liu[157]、Gao[158]、Peng 和 Yang[7]、Darko 和 Liang[159]、Jana 和 Pal[160] 以及 Ullah 等[161] 中提出的 HAOs 不能应用于解决该问题，对比结果如图 4-3 所示。

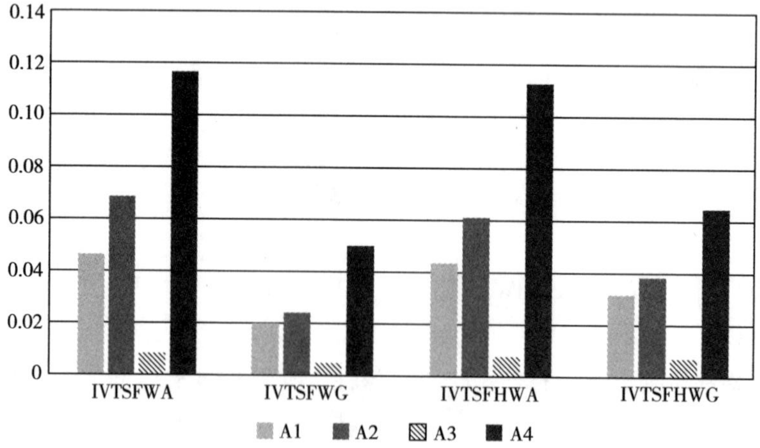

图 4-3 不同方法方案排序对比

第五章　广义正交模糊软粗糙信息集成算子及决策方法研究

本章对 q-ROFS_t 粗糙集进行研究，进一步提出了基于 q-ROFS 和软粗糙集的集成算子，包括 q-ROFS_tRWA、q-ROFS_tROWA、q-ROFS_tRHA、q-ROFS_tRWG、q-ROFS_tROWG 和 q-ROFS_tRHG，并详细研究了这些算子的幂等性、有界性和单调性等基本性质。

第一节　广义正交模糊软粗糙集理论

一、广义正交模糊软集理论

定义 5.1[2]　考虑一个论域 Y，则论域 Y 上的一个 IFS $\mathcal{T}$定义为：

$$\mathcal{T}=\{\langle s,\ \beta_{\mathcal{T}}(s),\ \vartheta_{\mathcal{T}}(s)\rangle \mid s\in Y\} \tag{5-1}$$

其中，$\beta_{\mathcal{T}}$，$\vartheta_{\mathcal{T}}$：$Y\rightarrow[0,\ 1]$ 表示方案 $s\in Y$ 对于集合$\mathcal{T}$的 MD 和 NMD，且满足条件 $0\leqslant\beta_{\mathcal{T}}(s)+\vartheta_{\mathcal{T}}(s)\leqslant1$，$\pi_{\mathcal{T}}=1-(\beta_{\mathcal{T}}(s)+\vartheta_{\mathcal{T}}(s))$表示 $s\in Y$ 的犹豫度。

定义 5.2[3]　考虑一个论域 Y，则论域 Y 上的一个 PyFS $\mathcal{T}$定义为：

$$\mathcal{T}=\{\langle s,\ \beta_{\mathcal{T}}(s),\ \vartheta_{\mathcal{T}}(s)\rangle \mid s\in Y\} \tag{5-2}$$

其中，$\beta_{\mathcal{T}}$，$\vartheta_{\mathcal{T}}$：$Y\rightarrow[0,\ 1]$表示方案 $s\in Y$ 对于集合$\mathcal{T}$的 MD 和 NMD，且满足条件 $0\leqslant(\beta_{\mathcal{T}}(s))^2+(\vartheta_{\mathcal{T}}(s))^2\leqslant1$，$\pi_{\mathcal{T}}=\sqrt{1-(\beta_{\mathcal{T}}(s))^2-(\vartheta_{\mathcal{T}}(s))^2}$表示 $s\in Y$ 的犹豫度。

定义 5.3[4]　考虑一个论域 Y，则论域 Y 上的一个 q-ROFS $\mathcal{T}$定义为：

$$\mathcal{T}=\{\langle s,\ \beta_{\mathcal{T}}(s),\ \vartheta_{\mathcal{T}}(s)\rangle \mid s\in Y\} \tag{5-3}$$

其中，$\beta_{\mathcal{T}}$，$\vartheta_{\mathcal{T}}$：$Y\to[0, 1]$表示方案 $s\in Y$ 对于集合$\mathcal{T}$的 MD 和 NMD，且满足条件 $0\leqslant(\beta_{\mathcal{T}}(s))^q+(\vartheta_{\mathcal{T}}(s))^q\leqslant 1$，$\pi_{\mathcal{T}}=\sqrt[q]{1-(\beta_{\mathcal{T}}(s))^q-(\vartheta_{\mathcal{T}}(s))^q}$ 表示 $s\in Y$ 的犹豫度。

定义 5.4[35]　设 Y 为一固定集合，ε 为参数 $\mathcal{B}\subseteq\varepsilon$ 的集合，则$(\mathcal{T}, \mathcal{B})$被称为 S_tS，其中函数$\mathcal{T}$：$\mathcal{B}\to P(Y)$，$P(Y)$表示 Y 的所有子集的集合。

定义 5.5[36]　设$(\mathcal{T}, \mathcal{B})$为集合 Y 上的一个 S_tS，其中 $\mathcal{B}\subseteq\varepsilon$，则$(\mathcal{T}^*, \mathcal{B})$被称为集合 Y 上的模糊 S_tS，其中函数$\mathcal{T}^*$：$\mathcal{B}\to F(Y)$，$F(Y)$表示 Y 的所有子集的集合，其数学表达式如下：

$$\mathcal{T}^*{}_{c_j}=\{\langle s_i, \beta_j(s_i)\rangle \mid s_i\in Y\} \tag{5-4}$$

定义 5.6[41]　设集合 Y 为一论域，ε 为参数集且 $\mathcal{B}\subseteq\varepsilon$，则集合 Y 上的一个 q-ROFS_tS 是（$\mathcal{T}$，$\mathcal{B}$），且映射$\mathcal{T}$：$\mathcal{B}\to q\text{-}ROFS_t$S（Y），其中 $q\text{-}ROFS_t$S（Y）包含所有 q-ROFSs 的集合，故 q-ROFS_tS 定义为：

$$T_{c_j}(s_i)=\{\langle s_i, \beta_j(s_i), \vartheta_j(s_i)\rangle_q \mid s_i\in Y, q\geqslant 1\} \tag{5-5}$$

其中，$\beta_j(s_i)$，$\vartheta_j(s_i)$ 表示方案 $s_i\in Y$ 对于集合$\mathcal{T}_{c_j}$ 的 MD 和 NMD，且满足条件 $0\leqslant(\beta_j(s_i))^q+(\vartheta_j(s_i))^q\leqslant 1$。$\pi_{\mathcal{T}}=\sqrt[q]{1-(\beta_j(s_i))^q-(\vartheta_j(s_i))^q}$ 表示 $s_i\in Y$ 的犹豫度。为简单起见，将$\mathcal{T}_{c_j}(s_i)=\langle s_i, \beta_j(s_i), \vartheta_j(s_i)\rangle_q$ 记为$\mathcal{T}_{c_j}=(\beta_{ij}, \vartheta_{ij})$，并称之为 q-ROF$S_t$ 数（q-ROFS_t number，q-ROFS_tN）。

对于两个 q-ROFS_tNs，$\mathcal{T}_{c_j}=(\beta_{1j}, \vartheta_{1j})(j=1, 2)$，文献[41] 定义了如下的运算规则：

（1）$\mathcal{T}_{c_1}\cup\mathcal{T}_{c_2}=(\max(\beta_{11}, \beta_{12}), \min(\vartheta_{11}, \vartheta_{12}))$。

（2）$\mathcal{T}_{c_1}\cap\mathcal{T}_{c_2}=(\min(\beta_{11}, \beta_{12}), \max(\vartheta_{11}, \vartheta_{12}))$。

（3）$\mathcal{T}_{c_1}\oplus\mathcal{T}_{c_2}=\left(\sqrt[q]{\beta_{11}^q+\beta_{12}^q-\beta_{11}^q\beta_{12}^q}, \vartheta_{11}\vartheta_{12}\right)$。

（4）$\mathcal{T}_{c_1}\oplus\mathcal{T}_{c_2}=\left(\beta_{11}\beta_{12}, \sqrt[q]{\vartheta_{11}^q+\vartheta_{12}^q-\vartheta_{11}^q\vartheta_{12}^q}\right)$。

（5）$\mathcal{T}_{c_1}\leqslant\mathcal{T}_{c_2}\text{if}(\beta_{11}\leqslant\beta_{12}, \vartheta_{11}\geqslant\vartheta_{12})$。

（6）$\mathcal{T}_{c_1}^c=(\vartheta_{11}, \beta_{11})$其中$\mathcal{T}_{c_1}^c$ 表示$\mathcal{T}_{c_1}$ 的补。

（7）$\alpha\mathcal{T}_{c_1}=\left(\sqrt[q]{1-(1-\beta_{11}^q)^\alpha}, \vartheta_{11}^\alpha\right)$，$\alpha\geqslant 1$。

（8）$\mathcal{T}_{c_1}^\alpha=\left(\beta_{11}^\alpha, \sqrt[q]{1-(1-\vartheta_{11}^q)^\alpha}\right)$，$\alpha\geqslant 1$。

二、广义正交模糊软粗糙集理论

本小节致力于 q-ROFS 与 S_tS 和粗糙集的混合研究，提出 q-ROFS_tRS 的概念，并详细研究了 q-ROFS_tRS 的基本运算、新的得分函数以及相应的特征。

定义 5.7 设（$\mathcal{T}$，ε）为 Y 上的一个 q-ROFS_tS，$Y\times\varepsilon$ 上的任意子集 $\mathcal{L}$ 被称为从 Y 到 ε 的一个 q-ROFS_t 关系，其定义如下：

$$\mathcal{L}=\{\langle(s_i,\ c_j),\ \beta(s_i,\ c_j),\ \vartheta(s_i,\ c_j)\rangle \mid (s_i,\ c_j)\in Y\times\varepsilon\} \tag{5-6}$$

其中，β：$Y\times\varepsilon\to[0,\ 1]$和 ϑ：$Y\times\varepsilon\to[0,\ 1]$代表 MD 和 NMD，且对于所有的$(s_i,\ c_j)\in Y\times\varepsilon$，有 $0\leqslant[\beta(s_i,\ c_j)]^q+[\vartheta(s_i,\ c_j)]^q\leqslant 1$。

若 $Y=\{s_1,\ s_2,\ \cdots,\ s_m\}$，$\varepsilon=\{c_1,\ c_2,\ \cdots,\ c_n\}$，则从 Y 到 ε 的 q-ROFS_t 关系 $\mathcal{L}$ 如表 5-1 所示。

表 5-1 从 Y 到 ε 的 q-ROFS_t 关系

$\mathcal{L}$	c_1	c_2	$\cdots$	c_n
s_1	$(\beta(s_1,\ c_1),$ $\vartheta(s_1,\ c_1))$	$(\beta(s_1,\ c_2),$ $\vartheta(s_1,\ c_2))$	$\cdots$	$(\beta(s_1,\ c_n),$ $\vartheta(s_1,\ c_n))$
s_2	$(\beta(s_2,\ c_1),$ $\vartheta(s_2,\ c_1))$	$(\beta(s_2,\ c_2),$ $\vartheta(s_2,\ c_2))$	$\cdots$	$(\beta(s_2,\ c_n),$ $\vartheta(s_2,\ c_n))$
$\vdots$	$\vdots$	$\vdots$	$\ddots$	$\vdots$
s_m	$(\beta(s_m,\ c_1),$ $\vartheta(s_m,\ c_1))$	$(\beta(s_m,\ c_2),$ $\vartheta(s_m,\ c_2))$	$\cdots$	$(\beta(s_m,\ c_n),$ $\vartheta(s_m,\ c_n))$

定义 5.8 设 Y 为一个论域，ε 为参数集，（$\mathcal{T}$，ε）为一个 q-ROFS_tS，$\mathcal{L}$ 为 Y 到 ε 的一个任意的 q-ROFS_t 关系，（$\mathcal{T}$，ε，$\mathcal{L}$）被称为 q-ROFS_t 近似空间。则在近似空间（$\mathcal{T}$，ε，$\mathcal{L}$）下，对于任意的最优决策目标 $\mathcal{M}\in q\text{-}ROFS$（$\varepsilon$），其上下近似集定义如下：

$$\underline{\mathcal{L}}(\mathcal{M})=\{(s_i,\ \underline{\beta_j}(s_i),\ \underline{\vartheta_j}(s_i)) \mid s_i\in Y\} \tag{5-7}$$

$$\overline{\mathcal{L}}(\mathcal{M})=\{(s_i,\ \overline{\beta_j}(s_i),\ \overline{\vartheta_j}(s_i)) \mid s_i\in Y\} \tag{5-8}$$

其中，$\underline{\beta_j}(s_i)=\wedge_{c_j\in\varepsilon}[\beta_{\mathcal{L}}(s_i,\ c_j)\wedge\beta_{\mathcal{M}}(c_j)]$，$\underline{\vartheta_j}(s_i)=\vee_{c_j\in\varepsilon}[\vartheta_{\mathcal{L}}(s_i,\ c_j)\vee\vartheta_{\mathcal{M}}(c_j)]$且 $\overline{\beta_j}(s_i)=\vee_{c_j\in\varepsilon}[\beta_{\mathcal{L}}(s_i,\ c_j)\vee\beta_{\mathcal{M}}(c_j)]$，$\overline{\vartheta_j}(s_i)=\wedge_{c_j\in\varepsilon}[\vartheta_{\mathcal{L}}(s_i,\ c_j)\wedge\vartheta_{\mathcal{M}}(c_j)]$，同时满足条件 $0\leqslant[\underline{\beta_j}(s_i)]^q+[\underline{\vartheta_j}(s_i)]^q\leqslant 1$，$0\leqslant[\overline{\beta_j}(s_i)]^q+[\overline{\vartheta_j}(s_i)]^q\leqslant 1$。

可以看出，$\underline{\mathcal{L}}(\mathcal{M})$ 和 $\overline{\mathcal{L}}(\mathcal{M})$ 是 Y 上的两个 q-ROFSs，因此 $\underline{\mathcal{L}}(\mathcal{M})$，$\overline{\mathcal{L}}(\mathcal{M})$：q-ROF$S_t(\varepsilon)\to$q-ROF$S_t(Y)$分别被称为上、下 q-ROF$S_t$R 近似算子。

故 q-ROFS$_t$RS 为 $\mathcal{L}(\mathcal{M})=(\underline{\mathcal{L}}(\mathcal{M}), \overline{\mathcal{L}}(\mathcal{M}))=(s_i, (\underline{\beta_j}(s_i), \underline{\vartheta_j}(s_i)), (\overline{\beta_j}(s_i), \overline{\vartheta_j}(s_i)))$。

为简单起见，将 $\mathcal{L}(\mathcal{M})=(\underline{\mathcal{L}}(\mathcal{M}), \overline{\mathcal{L}}(\mathcal{M}))=(s_i, (\underline{\beta_j}(s_i), \underline{\vartheta_j}(s_i)), (\overline{\beta_j}(s_i), \overline{\vartheta_j}(s_i)))$ 写成 $\mathcal{L}_{c_j}(\mathcal{M}_i)=\left(\underline{\mathcal{L}_{c_j}}(\mathcal{M}_i), \overline{\mathcal{L}_{c_j}}(\mathcal{M}_i)\right)=((\underline{\beta_{ij}}, \underline{\vartheta_{ij}}), (\overline{\beta_{ij}}, \overline{\vartheta_{ij}}))$，并称为 q-ROFS$_t$R 数（q-ROFS$_t$R number，q-ROFS$_t$RN）。

注 1：

（1）若 $q=1$，则 q-ROFS$_t$R 近似算子退化成 IFS$_t$R 近似算子。

（2）若 $q=2$，则 q-ROFS$_t$R 近似算子退化成 PFS$_t$R 近似算子。

为更好地理解 q-ROFS$_t$R 近似算子的概念，我们考虑如下例子。

例 5.1 假设一个决策者 Z 买一套房子，现有 5 个备选方案的集合 $Y=\{s_1, s_2, s_3, s_4, s_5\}$。设参数集 $\varepsilon=\{c_1, c_2, c_3, c_4\}$，其中 c_1 = 漂亮的，c_2 = 大小，c_3 = 昂贵的，c_4 = 位置。决策者 Z 希望从满足给定参数最大范围的可用房屋中购买房屋。决策者 Z 提出以从集合 Y 到 ε 的 q-ROFS$_t$ 关系 $\mathcal{L}$ 的形式对房子进行评估，结果如表 5-2 所示。

表 5-2 从 Y 到 ε 的 q-ROFS$_t$ 关系（$q\geqslant3$）

$\mathcal{L}$	c_1	c_2	c_3	c_4
s_1	(0.9, 0.4)	(0.8, 0.2)	(0.7, 0.3)	(0.65, 0.2)
s_2	(0.8, 0.5)	(0.5, 0.1)	(0.85, 0.2)	(0.3, 0.7)
s_3	(0.6, 0.9)	(0.2, 0.6)	(0.6, 0.1)	(0.95, 0.3)
s_4	(0.7, 0.4)	(0.93, 0.4)	(0.4, 0.2)	(0.5, 0.1)
s_5	(0.3, 0.7)	(0.78, 0.25)	(0.8, 0.15)	(0.7, 0.4)

若决策者 Z 给出参数集 ε 上的一个 q-ROF 子集，即最优正态决策目标 $\mathcal{M}$：

$\mathcal{M}=\{(c_1, 0.9, 0.2), (c_2, 0.4, 0.6), (c_3, 0.8, 0.4), (c_4, 0.5, 0.1)\}$

基于式（5-7）和式（5-8），有

$\underline{\beta_1}(s_1)=0.4$，$\underline{\vartheta_1}(s_1)=0.6$，$\underline{\beta_2}(s_2)=0.3$，$\underline{\vartheta_2}(s_2)=0.7$，$\underline{\beta_3}(s_3)=0.2$，$\underline{\vartheta_3}(s_3)=0.9$，$\underline{\beta_4}(s_4)=0.4$，$\underline{\vartheta_4}(s_4)=0.6$，$\underline{\beta_5}(s_5)=0.3$，$\underline{\vartheta_5}(s_5)=0.7$，$\overline{\beta_1}(s_1)=0.9$，$\overline{\vartheta_1}(s_1)=0.1$，$\overline{\beta_2}(s_2)=0.9$，$\overline{\vartheta_2}(s_2)=0.1$，$\overline{\beta_3}(s_3)=0.95$，$\overline{\vartheta_3}(s_3)=0.1$，

$\overline{\beta_4}(s_4)=0.93$，$\overline{\vartheta_4}(s_4)=0.1$，$\overline{\beta_5}(s_5)=0.9$，$\overline{\vartheta_5}(s_5)=0.1$

进而可得上、下 q-ROFS$_t$R 近似算子，

$\underline{\mathcal{L}}(\mathcal{M})=\{(s_1, 0.7, 0.6), (s_2, 0.3, 0.7), (s_3, 0.2, 0.9), (s_4, 0.4, 0.6), (s_5, 0.3, 0.7)\}$

$\overline{\mathcal{L}}(\mathcal{M})=\{(s_1, 0.9, 0.1), (s_2, 0.9, 0.1), (s_3, 0.95, 0.1), (s_4, 0.93, 0.1), (s_5, 0.9, 0.1)\}$

故 $\mathcal{L}(\mathcal{M})=(\underline{\mathcal{L}}(\mathcal{M}), \overline{\mathcal{L}}(\mathcal{M}))$

$$=\left\{\begin{array}{l}(s_1, (0.7, 0.6), (0.9, 0.1)), (s_2, (0.3, 0.7), (0.9, 0.1)),\\ (s_3, (0.2, 0.9), (0.95, 0.1)), (s_4, (0.4, 0.6), (0.93, 0.1)),\\ (s_5, (0.3, 0.7), (0.9, 0.1))\end{array}\right\}$$

定义 5.9 设有两个 q-ROFS$_t$RNs，$\mathcal{L}_{c_j}(\mathcal{M}_1)=\left(\underline{\mathcal{L}_{c_j}}(\mathcal{M}_1), \overline{\mathcal{L}_{c_j}}(\mathcal{M}_1)\right)(j=1, 2)$，则它们之间的运算规则定义如下：

(1) $\mathcal{L}_{c_1}(\mathcal{M}_1)\cup\mathcal{L}_{c_2}(\mathcal{M}_1)=\left\{\left(\underline{\mathcal{L}_{c_1}}(\mathcal{M}_1)\cup\underline{\mathcal{L}_{c_2}}(\mathcal{M}_1)\right), \left(\overline{\mathcal{L}_{c_1}}(\mathcal{M}_1)\cup\overline{\mathcal{L}_{c_2}}(\mathcal{M}_1)\right)\right\}$。

(2) $\mathcal{L}_{c_1}(\mathcal{M}_1)\cap\mathcal{L}_{c_2}(\mathcal{M}_1)=\left\{\left(\underline{\mathcal{L}_{c_1}}(\mathcal{M}_1)\cap\underline{\mathcal{L}_{c_2}}(\mathcal{M}_1)\right), \left(\overline{\mathcal{L}_{c_1}}(\mathcal{M}_1)\cap\overline{\mathcal{L}_{c_2}}(\mathcal{M}_1)\right)\right\}$。

(3) $\mathcal{L}_{c_1}(\mathcal{M}_1)\oplus\mathcal{L}_{c_2}(\mathcal{M}_1)=\left\{\left(\underline{\mathcal{L}_{c_1}}(\mathcal{M}_1)\oplus\underline{\mathcal{L}_{c_2}}(\mathcal{M}_1)\right), \left(\overline{\mathcal{L}_{c_1}}(\mathcal{M}_1)\oplus\overline{\mathcal{L}_{c_2}}(\mathcal{M}_1)\right)\right\}$。

(4) $\mathcal{L}_{c_1}(\mathcal{M}_1)\otimes\mathcal{L}_{c_2}(\mathcal{M}_1)=\left\{\left(\underline{\mathcal{L}_{c_1}}(\mathcal{M}_1)\otimes\underline{\mathcal{L}_{c_2}}(\mathcal{M}_1)\right), \left(\overline{\mathcal{L}_{c_1}}(\mathcal{M}_1)\otimes\overline{\mathcal{L}_{c_2}}(\mathcal{M}_1)\right)\right\}$。

(5) $\mathcal{L}_{c_1}(\mathcal{M}_1)\subseteq\mathcal{L}_{c_2}(\mathcal{M}_1)=\left(\underline{\mathcal{L}_{c_1}}(\mathcal{M}_1)\subseteq\underline{\mathcal{L}_{c_2}}(\mathcal{M}_1)\right)$和$\left(\overline{\mathcal{L}_{c_1}}(\mathcal{M}_1)\subseteq\overline{\mathcal{L}_{c_2}}(\mathcal{M}_1)\right)$。

(6) $\alpha\mathcal{L}_{c_1}(\mathcal{M}_1)=\left(\alpha\,\underline{\mathcal{L}_{c_1}}(\mathcal{M}_1), \alpha\,\overline{\mathcal{L}_{c_1}}(\mathcal{M}_1)\right)$，$\alpha\geq 1$。

（7）$(\mathcal{L}_{c_1}(\mathcal{M}_1))^{\alpha}=\left(\left(\underline{\mathcal{L}_{c_1}}(\mathcal{M}_1)\right)^{\alpha},\ \left(\overline{\mathcal{L}_{c_1}}(\mathcal{M}_1)\right)^{\alpha}\right)$，$\alpha\geqslant 1$。

（8）$\mathcal{L}_{c_1}(\mathcal{M}_1)^{c}=\left(\underline{\mathcal{L}_{c_j}}(\mathcal{M}_1)^{c},\ \overline{\mathcal{L}_{c_j}}(\mathcal{M}_1)^{c}\right)$，其中$\underline{\mathcal{L}_{c_j}}(\mathcal{M}_1)^{c}$和$\overline{\mathcal{L}_{c_j}}(\mathcal{M}_1)^{c}$分别是 q-ROFS$_t$R 近似算子$\underline{\mathcal{L}_{c_j}}(\mathcal{M}_1)$和$\overline{\mathcal{L}_{c_j}}(\mathcal{M}_1)$的补，即$\underline{\mathcal{L}_{c_j}}(\mathcal{M}_1)^{c}=(\underline{\vartheta_{ij}},\ \underline{\beta_{ij}})$。

（9）若 $\underline{\mathcal{L}}(\mathcal{M}_1)=\underline{\mathcal{L}}(\mathcal{M}_2)$且 $\overline{\mathcal{L}}(\mathcal{M}_1)=\overline{\mathcal{L}}(\mathcal{M}_2)$，则 $\mathcal{L}(\mathcal{M}_1)=\mathcal{L}(\mathcal{M}_2)$。

定义 5.10 设 $\mathcal{L}_{c_1}(\mathcal{M}_1)=\left(\underline{\mathcal{L}_{c_1}}(\mathcal{M}_1),\ \overline{\mathcal{L}_{c_1}}(\mathcal{M}_1)\right)=\left((\underline{\beta_{11}},\ \underline{\vartheta_{11}}),\ (\overline{\beta_{11}},\ \overline{\vartheta_{11}})\right)$是一个 q-ROFS$_t$RN，则其得分函数定义为：

$$SC\left(\mathcal{L}_{c_1}(\mathcal{M}_1)\right)=\frac{1}{2}(\underline{\beta_{11}}^{q}+\overline{\beta_{11}}^{q}-\underline{\vartheta_{11}}^{q}-\overline{\vartheta_{11}}^{q}),\ SC\left(\mathcal{L}_{c_1}(\mathcal{M}_1)\right)\in[-1,\ 1]\text{且 } q\geqslant 1。$$

其中，得分值越大，q-ROFS$_t$RN 就越大。

命题 5.1 设$(\mathcal{T},\ \varepsilon,\ \mathcal{L})$为 q-ROFS$_t$ 近似空间，对于在论域 Y 上的任意两个 q-ROFS$_t$RSs，$\mathcal{L}(\mathcal{M}_1)=(\underline{\mathcal{L}}(\mathcal{M}_1),\overline{\mathcal{L}}(\mathcal{M}_1))$ 和 $\mathcal{L}(\mathcal{M}_2)=(\underline{\mathcal{L}}(\mathcal{M}_2),\overline{\mathcal{L}}(\mathcal{M}_2))$，可得以下性质：

（1）$\sim(\sim\mathcal{L}(\mathcal{M}_1))=\mathcal{M}_1$，其中 $\sim\mathcal{L}(\mathcal{M}_1)$ 是 $\mathcal{L}(\mathcal{M}_1)$ 的补。

（2）$\mathcal{L}(\mathcal{M}_1)\cup\mathcal{L}(\mathcal{M}_2)=\mathcal{L}(\mathcal{M}_2)\cup\mathcal{L}(\mathcal{M}_1)$，$\mathcal{L}(\mathcal{M}_1)\cap\mathcal{L}(\mathcal{M}_2)=\mathcal{L}(\mathcal{M}_2)\cap\mathcal{L}(\mathcal{M}_1)$。

（3）$\sim(\mathcal{L}(\mathcal{M}_1)\cup\mathcal{L}(\mathcal{M}_2))=(\sim\mathcal{L}(\mathcal{M}_1))\cap(\sim\mathcal{L}(\mathcal{M}_2))$。

（4）$\sim(\mathcal{L}(\mathcal{M}_1)\cap\mathcal{L}(\mathcal{M}_2))=(\sim\mathcal{L}(\mathcal{M}_1))\cup(\sim\mathcal{L}(\mathcal{M}_2))$。

（5）若 $\mathcal{M}_1\subseteq\mathcal{M}_2$，则 $\mathcal{L}(\mathcal{M}_1)\subseteq\mathcal{L}(\mathcal{M}_2)$。

（6）$\mathcal{L}(\mathcal{M}_1\cup\mathcal{M}_2)\supseteq\mathcal{L}(\mathcal{M}_1)\cup\mathcal{L}(\mathcal{M}_2)$。

（7）$\mathcal{L}(\mathcal{M}_1\cap\mathcal{M}_2)\subseteq\mathcal{L}(\mathcal{M}_1)\cap\mathcal{L}(\mathcal{M}_2)$。

第二节　广义正交模糊软粗糙（有序）加权平均算子

本节提出 q-ROFS$_t$R 集成算子，如 q-ROFS$_t$RWA 算子、q-ROFS$_t$ROWA 算子，并讨论了这些算子的基本性质。

定义 5.11 设 $\mathcal{L}_{c_j}(\mathcal{M}_i)=\left(\underline{\mathcal{L}_{c_j}}(\mathcal{M}_i),\ \overline{\mathcal{L}_{c_j}}(\mathcal{M}_i)\right)(i=1,\ 2,\ \cdots,\ m,\ j=1,$

2, …, n) 为 q-ROFS$_t$RNs 的集合。其中 $t=(t_1, t_2, \cdots, t_m)^T$ 和 $v=(v_1, v_2, \cdots, v_n)^T$ 分别表示专家 s_i 和参数 c_j 的权重向量，且 $\sum_{i=1}^{m} t_i=1$，$\sum_{j=1}^{n} v_j=1$，$0\leqslant t_i, v_j\leqslant 1$，则 q-ROFS$_t$RWA 算子定义为：

$$\text{q-ROFS}_t\text{RWA}\left(\mathcal{L}_{c_1}(\mathcal{M}_1), \cdots, \mathcal{L}_{c_n}(\mathcal{M}_m)\right)=\left(\oplus_{j=1}^{n} v_j\left(\oplus_{i=1}^{m} t_i \underline{\mathcal{L}_{c_j}}(\mathcal{M}_i)\right), \oplus_{j=1}^{n} v_j\left(\oplus_{i=1}^{m} t_i \overline{\mathcal{L}_{c_j}}(\mathcal{M}_i)\right)\right) \tag{5-9}$$

下面通过定理 5.1 证明上述定义中的 q-ROFS$_t$RWA 集成结果。

定理 5.1 设 $\mathcal{L}_{c_j}(\mathcal{M}_i)=\left(\underline{\mathcal{L}_{c_j}}(\mathcal{M}_i), \overline{\mathcal{L}_{c_j}}(\mathcal{M}_i)\right)$ $(i=1, 2, \cdots, m, j=1, 2, \cdots, n)$ 为 q-ROFS$_t$RNs 的集合。其中 $t=(t_1, t_2, \cdots, t_m)^T$ 和 $v=(v_1, v_2, \cdots, v_n)^T$ 分别表示专家 s_i 和参数 c_j 的权重向量，且 $\sum_{i=1}^{m} t_i=1$，$\sum_{j=1}^{n} v_j=1$，$0\leqslant t_i, v_j\leqslant 1$，则 q-ROFS$_t$RWA 算子定义为：

$$\text{q-ROFS}_t\text{RWA}\left(\mathcal{L}_{c_1}(\mathcal{M}_1), \cdots, \mathcal{L}_{c_n}(\mathcal{M}_m)\right)=\left[\oplus_{j=1}^{n} v_j\left(\oplus_{i=1}^{m} t_i \underline{\mathcal{L}_{c_j}}(\mathcal{M}_i)\right), \oplus_{j=1}^{n} v_j\left(\oplus_{i=1}^{m} t_i \overline{\mathcal{L}_{c_j}}(\mathcal{M}_i)\right)\right]$$

$$=\left[\begin{array}{l}\left\{\sqrt[q]{1-\prod_{j=1}^{n}\left(\prod_{i=1}^{m}(1-\underline{\beta_{ij}}^{q})^{t_i}\right)^{v_j}}, \prod_{j=1}^{n}\left(\prod_{i=1}^{m}\underline{\vartheta_{ij}}^{t_i}\right)^{v_j}\right\}, \\ \left\{\sqrt[q]{1-\prod_{j=1}^{n}\left(\prod_{i=1}^{m}(1-\overline{\beta_{ij}}^{q})^{t_i}\right)^{v_j}}, \prod_{j=1}^{n}\left(\prod_{i=1}^{m}\overline{\vartheta_{ij}}^{t_i}\right)^{v_j}\right\}\end{array}\right]$$

证明：下面通过数学归纳法对上述集成结果进行证明。根据运算规则可得：

$$\mathcal{L}_{c_1}(\mathcal{M}_1)\oplus\mathcal{L}_{c_1}(\mathcal{M}_2)=\left((\underline{\beta_{11}}, \underline{\vartheta_{11}})\oplus(\underline{\beta_{12}}, \underline{\vartheta_{12}}), (\overline{\beta_{11}}, \overline{\vartheta_{11}})\oplus(\overline{\beta_{12}}, \overline{\vartheta_{12}})\right)$$

$$=\left[\left(\sqrt[q]{\underline{\beta_{11}}^{q}+\underline{\beta_{12}}^{q}+\underline{\beta_{11}}^{q}\underline{\beta_{12}}^{q}}, \underline{\vartheta_{11}\vartheta_{12}}\right), \left(\sqrt[q]{\overline{\beta_{11}}^{q}+\overline{\beta_{12}}^{q}+\overline{\beta_{11}}^{q}\overline{\beta_{12}}^{q}}, \overline{\vartheta_{11}\vartheta_{12}}\right)\right]$$

和

$$\alpha\mathcal{L}_{c_1}(\mathcal{M}_1)=\left[\left(\sqrt[q]{1-(1-\underline{\beta_{11}}^{q})^{\alpha}}, \underline{\vartheta_{11}}^{\alpha}\right), \left(\sqrt[q]{1-(1-\overline{\beta_{11}}^{q})^{\alpha}}, \overline{\vartheta_{11}}^{\alpha}\right)\right]$$

假设 $m=2$，$n=2$ 时结果成立，即

$$\text{q-ROFS}_t\text{RWA}\left(\mathcal{L}_{c_j}(\mathcal{M}_i), \mathcal{L}_{c_j}(\mathcal{M}_i)\right)=\left(\oplus_{j=1}^{2} v_j\left(\oplus_{i=1}^{2} t_i \underline{\mathcal{L}_{c_j}}\left(\mathcal{M}_i\right)\right),\right.$$

$\oplus_{j=1}^{2} v_j \left(\oplus_{i=1}^{2} t_i \overline{\mathcal{L}_{c_j}}(\mathcal{M}_i) \right) \Big)$

现考虑

$$\text{q-ROFS}_t\text{RWA}\left(\mathcal{L}_{c_j}(\mathcal{M}_i),\ \mathcal{L}_{c_j}(\mathcal{M}_i)\right) = \left[\oplus_{j=1}^{2} v_j \left(\oplus_{i=1}^{2} t_i \underline{\mathcal{L}_{c_j}}(\mathcal{M}_i)\right),\right.$$

$$\left.\oplus_{j=1}^{2} v_j \left(\oplus_{i=1}^{2} t_i \overline{\mathcal{L}_{c_j}}(\mathcal{M}_i)\right)\right]$$

$$= \begin{bmatrix} \left\{ v_1 \left(t_1 \underline{\mathcal{L}_{c_1}}(\mathcal{M}_1) \oplus t_2 \underline{\mathcal{L}_{c_1}}(\mathcal{M}_2) \right) \oplus v_2 \left(t_1 \underline{\mathcal{L}_{c_2}}(\mathcal{M}_1) \oplus t_2 \underline{\mathcal{L}_{c_2}}(\mathcal{M}_2) \right) \right\} \\ \left\{ v_1 \left(t_1 \overline{\mathcal{L}_{c_j}}(\mathcal{M}_1) \oplus t_2 \overline{\mathcal{L}_{c_j}}(\mathcal{M}_2) \right) \oplus v_2 \left(t_1 \overline{\mathcal{L}_{c_j}}(\mathcal{M}_1) \oplus t_2 \overline{\mathcal{L}_{c_j}}(\mathcal{M}_2) \right) \right\} \end{bmatrix}$$

$$\text{q-ROFS}_t\text{RWA}\left(\mathcal{L}_{c_j}(\mathcal{M}_i),\ \mathcal{L}_{c_j}(\mathcal{M}_i),\right) =$$

$$\begin{bmatrix} \left\{ \sqrt[q]{1 - \prod_{j=1}^{2}\left(\prod_{i=1}^{2}(1 - \underline{\beta_{ij}}^{q})^{t_i}\right)^{v_j}},\ \prod_{j=1}^{2}\left(\prod_{i=1}^{2}\underline{\vartheta_{ij}}^{t_i}\right)^{v_j} \right\} \\ \left\{ \left(\sqrt[q]{1 - \prod_{j=1}^{2}\left(\prod_{i=1}^{2}(1 - \overline{\beta_{ij}}^{q})^{t_i}\right)^{v_j}},\ \prod_{j=1}^{2}\left(\prod_{i=1}^{2}\overline{\vartheta_{ij}}^{t_i}\right)^{v_j} \right) \right\} \end{bmatrix}$$

故 $m=2$，$n=2$ 时结果成立。

现考虑 $n=k_1$，$m=k_2$ 的情况，有：

$$\text{q-ROFS}_t\text{RWA}\left(\mathcal{L}_{c_j}(\mathcal{M}_i),\ \mathcal{L}_{c_j}(\mathcal{M}_i),\ \cdots,\ \mathcal{L}_{c_{k_1}}(\mathcal{M}_{k_2})\right) =$$

$$\begin{bmatrix} \left\{ \sqrt[q]{1 - \prod_{j=1}^{k_1}\left(\prod_{i=1}^{k_2}(1 - \underline{\beta_{ij}}^{q})^{t_i}\right)^{v_j}},\ \prod_{j=1}^{k_1}\left(\prod_{i=1}^{k_2}\underline{\vartheta_{ij}}^{t_i}\right)^{v_j} \right\} \\ \left\{ \left(\sqrt[q]{1 - \prod_{j=1}^{k_1}\left(\prod_{i=1}^{k_2}(1 - \overline{\beta_{ij}}^{q})^{t_i}\right)^{v_j}},\ \prod_{j=1}^{k_1}\left(\prod_{i=1}^{k_2}\overline{\vartheta_{ij}}^{t_i}\right)^{v_j} \right) \right\} \end{bmatrix}$$

假设 $n=k_1+1$，$m=k_2+1$ 时结果成立，则有：

$$\text{q-ROFS}_t\text{RWA}\left[\left(\mathcal{L}_{c_j}(\mathcal{M}_i),\ \mathcal{L}_{c_j}(\mathcal{M}_i),\ \cdots,\ \mathcal{L}_{c_{k_1}}(\mathcal{M}_{k_2})\right),\ \mathcal{L}_{c_{k_1+1}}(\mathcal{M}_{k_2+1})\right] =$$

$$\begin{bmatrix} \oplus_{j=1}^{k_1} v_j \left(\oplus_{i=1}^{k_2} t_i \underline{\mathcal{L}_{c_j}}(\mathcal{M}_i) \right) \oplus v_{k_1+1} \left(t_{k_2+1} \underline{\mathcal{L}_{c_{k_1+1}}}(\mathcal{M}_{k_2+1}) \right) \\ \oplus_{j=1}^{k_1} v_j \left(\oplus_{i=1}^{k_2} t_i \overline{\mathcal{L}_{c_j}}(\mathcal{M}_i) \right) \oplus v_{k_1+1} \left(t_{k_2+1} \overline{\mathcal{L}_{c_{k_1+1}}}(\mathcal{M}_{k_2+1}) \right) \end{bmatrix}$$

$$=\left[\begin{array}{l}\left\{\sqrt[q]{1-\prod_{j=1}^{k_1+1}\left(\prod_{i=1}^{k_2+1}(1-\underline{\beta_{ij}}^q)^{t_i}\right)^{v_j}},\ \prod_{j=1}^{k_1+1}\left(\prod_{i=1}^{k_2+1}\underline{\vartheta_{ij}}^{t_i}\right)^{v_j}\right\}\\ \left\{\left(\sqrt[q]{1-\prod_{j=1}^{k_1+1}\left(\prod_{i=1}^{k_2+1}(1-\overline{\beta_{ij}}^q)^{t_i}\right)^{v_j}},\ \prod_{j=1}^{k_1+1}\left(\prod_{i=1}^{k_2+1}\overline{\vartheta_{ij}}^{t_i}\right)^{v_j}\right)\right\}\end{array}\right]$$

上述结果表明，当 $n=k_1+1$，$m=k_2+1$ 时结果成立，因此对所有 m，$n\geqslant1$ 结果成立。

显然，$\underline{\mathcal{L}_{c_j}}(\mathcal{M}_i)$ 和 $\overline{\mathcal{L}_{c_j}}(\mathcal{M}_i)$ 是 q-ROFNs，所以根据定义 5.7 可得 $\oplus_{j=1}^{n}v_j\left(\oplus_{i=1}^{m}t_i\ \underline{\mathcal{L}_{c_j}}(\mathcal{M}_i)\right)$ 和 $\oplus_{j=1}^{n}v_j\left(\oplus_{i=1}^{m}t_i\ \overline{\mathcal{L}_{c_j}}(\mathcal{M}_i)\right)$ 也是 q-ROFNs，因此在近似空间 $(\mathcal{T},\ \varepsilon,\ \mathcal{L})$ 中，q-ROFS$_t$RWA $\left(\mathcal{L}_{c_1}(\mathcal{M}_1),\ \cdots,\ \mathcal{L}_{c_n}(\mathcal{M}_m)\right)$ 也是一个 q-ROFS$_t$RN。

例 5.2　设 $Y=\{s_1,\ s_2,\ s_3\}$ 为一个集合，$\mathcal{M}=\{c_1,\ c_2\}\subseteq\varepsilon$ 为一个参数集，且 $s_i(i=1,\ 2,\ 3)$ 的权重向量为 $t=(0.25,\ 0.3,\ 0.45)^T$，$c_j(j=1,\ 2)$ 的权重向量为 $v=(0.55,\ 0.45)$，则 q-ROFS$_t$RNs 如表 5-3 所示。

表 5-3　$\mathcal{L}_{c_j}(\mathcal{M}_i)=\left(\underline{\mathcal{L}_{c_j}}(\mathcal{M}_i),\overline{\mathcal{L}_{c_j}}(\mathcal{M}_i)\right)$ 的表示信息

$\mathcal{L}$	c_1	c_2
s_1	((0.9, 0.3), (0.8, 0.4))	((0.55, 0.2), (0.76, 0.14))
s_2	((0.7, 0.1), (0.2, 0.75))	((0.92, 0.3), (0.6, 0.3))
s_3	((0.92, 0.25), (0.65, 0.15))	((0.4, 0.85), (0.88, 0.12))

q-ROFS$_t$RWA $\left(\mathcal{L}_{c_1}(\mathcal{M}_1),\ \cdots,\ \mathcal{L}_{c_n}(\mathcal{M}_m)\right)=\left[\oplus_{j=1}^{2}v_j\left(\oplus_{i=1}^{3}t_i\ \underline{\mathcal{L}_{c_j}}(\mathcal{M}_i)\right),\right.$ $\left.\oplus_{j=1}^{2}v_j\left(\oplus_{i=1}^{3}t_i\ \overline{\mathcal{L}_{c_j}}(\mathcal{M}_i)\right)\right]$

$$=\left[\begin{array}{l}\left\{\begin{array}{l}\sqrt[3]{1-\left(\begin{array}{l}[(1-0.9^3)^{0.25}(1-0.7^3)^{0.25}(1-0.29^3)^{0.45}]^{0.55}\\ [(1-0.55^3)^{0.25}(1-0.92^3)^{0.25}(1-0.4^3)^{0.45}]^{0.45}\end{array}\right)}\\ (0.3^{0.25}0.1^{0.3}0.25^{0.45})^{0.55}\left(\begin{array}{c}0.2^{0.25}0.3^{0.3}\\ 0.85^{0.45}\end{array}\right)^{0.45}\end{array}\right\}\\ \left\{\begin{array}{l}\sqrt[3]{1-\left(\begin{array}{l}[(1-0.4^3)^{0.25}(1-0.2^3)^{0.25}(1-0.65^3)^{0.45}]^{0.55}\\ [(1-0.76^3)^{0.25}(1-0.6^3)^{0.25}(1-0.88^3)^{0.45}]^{0.45}\end{array}\right)}\\ (0.4^{0.25}0.75^{0.3}0.15^{0.45})^{0.55}\left(\begin{array}{c}0.14^{0.25}0.3^{0.3}\\ 0.12^{0.45}\end{array}\right)^{0.45}\end{array}\right\}\end{array}\right]$$

$=[(0.831432, 0.255487), (0.72581, 0.26258)]$。

通过对定理 5.1 的分析，下面对 q-ROFS$_t$RWA 算子的性质进行讨论。

定理 5.2 设 $\mathcal{L}_{c_j}(\mathcal{M}_i)=\left(\underline{\mathcal{L}_{c_j}}(\mathcal{M}_i), \overline{\mathcal{L}_{c_j}}(\mathcal{M}_i)\right)(i=1, 2, \cdots, m, j=1, 2, \cdots, n)$ 为 q-ROFS$_t$RNs 的集合。其中 $t=(t_1, t_2, \cdots, t_m)^T$ 和 $v=(v_1, v_2, \cdots, v_n)^T$ 分别表示专家 s_i 和参数 c_j 的权重向量，且 $\sum_{i=1}^{m} t_i=1$，$\sum_{j=1}^{n} v_j=1$，$0 \leqslant t_i, v_j \leqslant 1$，则 q-ROFS$_t$RWA 算子具有以下性质：

（1）（幂等性）：若对所有的 $i=1, 2, \cdots, m$ 和 $j=1, 2, \cdots, n$，有 $\mathcal{L}_{c_j}(\mathcal{M}_i)=\mathcal{P}_c(\mathcal{N})$，其中 $\mathcal{P}_c(\mathcal{M})=(\underline{\mathcal{P}_c}(\mathcal{M}), \overline{\mathcal{P}_c}(\mathcal{M}))=((\underline{b}, \underline{d}), (\overline{b}, \overline{d}))$，则

$$\text{q-ROFS}_t\text{RWA}\left(\mathcal{L}_{c_1}(\mathcal{M}_1), \mathcal{L}_{c_2}(\mathcal{M}_2), \cdots, \mathcal{L}_{c_n}(\mathcal{M}_m)\right)=\mathcal{P}_c(\mathcal{M})$$

（2）（有界性）：设 $\left(\mathcal{L}_{c_j}(\mathcal{M}_i)\right)^{-}=\left(\min_j \min_i \underline{\mathcal{L}_{c_j}}(\mathcal{M}_i), \max_j \max_i \overline{\mathcal{L}_{c_j}}(\mathcal{M}_i)\right)$，$\left(\mathcal{L}_{c_j}(\mathcal{M}_i)\right)^{+}=\left(\max_j \max_i \underline{\mathcal{L}_{c_j}}(\mathcal{M}_i), \min_j \min_i \overline{\mathcal{L}_{c_j}}(\mathcal{M}_i)\right)$，则

$$\left(\mathcal{L}_{c_j}(\mathcal{M}_i)\right)^{-} \leqslant q-ROFS_tRWA\left(\mathcal{L}_{c_1}(\mathcal{M}_1), \mathcal{L}_{c_2}(\mathcal{M}_2), \cdots, \mathcal{L}_{c_n}(\mathcal{M}_m)\right) \leqslant \left(\mathcal{L}_{c_j}(\mathcal{M}_i)\right)^{+}$$

（3）（单调性）：设 $\mathcal{P}_{c_j}(\mathcal{N}_i)=\left(\underline{\mathcal{P}_{c_j}}(\mathcal{N}_i), \overline{\mathcal{P}_{c_j}}(\mathcal{N}_i)\right)(i=1, 2, \cdots, m, j=1, 2, \cdots, n)$ 为另一个 q-ROFS$_t$RNs 的集合，其中 $\underline{\mathcal{P}_{c_j}}(\mathcal{N}_i) \leqslant \underline{\mathcal{L}_{c_j}}(\mathcal{M}_i)$，$\overline{\mathcal{P}_{c_j}}(\mathcal{N}_i) \leqslant \overline{\mathcal{L}_{c_j}}(\mathcal{M}_i)$。则

$$q\text{-}ROFS_tRWA\left(\mathcal{P}_{c_1}(\mathcal{N}_1), \mathcal{P}_{c_2}(\mathcal{N}_2), \cdots, \mathcal{P}_{c_n}(\mathcal{N}_m)\right) \leqslant q-ROFS_tRWA\left(\mathcal{L}_{c_1}(\mathcal{M}_1), \mathcal{L}_{c_2}(\mathcal{M}_2), \cdots, \mathcal{L}_{c_n}(\mathcal{M}_m)\right)$$

（4）（平移不变性）：设 $\mathcal{P}_c(\mathcal{N})=(\underline{\mathcal{P}_c}(\mathcal{N}), \overline{\mathcal{P}_c}(\mathcal{N}))=((\underline{b}, \underline{d}), (\overline{b}, \overline{d}))$ 为其他任意的 q-ROFS$_t$RN，则

$$q\text{-}ROFS_tRWA\left(\mathcal{L}_{c_1}(\mathcal{M}_1) \oplus \mathcal{P}_c(\mathcal{N}), \mathcal{L}_{c_2}(\mathcal{M}_2) \oplus \mathcal{P}_c(\mathcal{N}), \cdots, \mathcal{L}_{c_n}(\mathcal{M}_m) \oplus \mathcal{P}_c(\mathcal{N})\right)=q\text{-}ROFS_tRWA\left(\mathcal{L}_{c_1}(\mathcal{M}_1), \mathcal{L}_{c_2}(\mathcal{M}_2), \cdots, \mathcal{L}_{c_n}(\mathcal{M}_m)\right) \oplus \mathcal{P}_c(\mathcal{N})$$

（5）（齐性）：对任意实数 $\lambda>0$，有

$$q\text{-}ROFS_tRWA\left(\lambda\mathcal{L}_{c_1}(\mathcal{M}_1),\ \lambda\mathcal{L}_{c_2}(\mathcal{M}_2),\ \cdots,\ \lambda\mathcal{L}_{c_n}(\mathcal{M}_m)\right)=\lambda q\text{-}ROFS_tRWA\left(\mathcal{L}_{c_1}(\mathcal{M}_1),\ \mathcal{L}_{c_2}(\mathcal{M}_2),\ \cdots,\ \mathcal{L}_{c_n}(\mathcal{M}_m)\right)$$

注 2：

（1）若 $q=1$，则 q-ROFS_tRWA 算子退化成 IFS_tRWA 算子。

（2）若 $q=2$，则 q-ROFS_tRWA 算子退化成 PFS_tRWA 算子。

（3）若软参数 c_1 唯一（即 $n=1$），则 q-ROFS_tRWA 算子退化成 q-ROFRWA 算子。

下面对 q-ROFS_tROWA 算子及其特性进行分析，如幂等性、有界性和单调性等。q-ROFS_tROWG 算子的基本优点是对 q-ROFVs 的有序位置进行加权，而不是对值本身进行加权。

定义 5.12　设 $\mathcal{L}_{c_j}(\mathcal{M}_i)=\left(\underline{\mathcal{L}_{c_j}}(\mathcal{M}_i),\ \overline{\mathcal{L}_{c_j}}(\mathcal{M}_i)\right)(i=1,\ 2,\ \cdots,\ m,\ j=1,\ 2,\ \cdots,\ n)$ 为 q-ROFS_tRNs 的集合。其中 $t=(t_1,\ t_2,\ \cdots,\ t_m)^T$ 和 $v=(v_1,\ v_2,\ \cdots,\ v_n)^T$ 分别表示专家 s_i 和参数 c_j 的权重向量，且 $\sum_{i=1}^{m}t_i=1$，$\sum_{j=1}^{n}v_j=1$，$0\leqslant t_i$，$v_j\leqslant 1$，则 q-ROFS_tROWA 算子定义为：

$$q\text{-}ROFS_tROWA\left(\mathcal{L}_{c_1}(\mathcal{M}_1),\ \cdots,\ \mathcal{L}_{c_n}(\mathcal{M}_m)\right)=\left(\oplus_{j=1}^{n}v_j\left(\oplus_{i=1}^{m}t_i\,\underline{\mathcal{L}_{\delta c_j}}(\mathcal{M}_i)\right),\ \oplus_{j=1}^{n}v_j\left(\oplus_{i=1}^{m}t_i\,\overline{\mathcal{L}_{\delta c_j}}(\mathcal{M}_i)\right)\right) \tag{5-10}$$

下面通过定理 5.3 对上述定义的 q-ROFS_tROWA 聚合结果进行描述。

定理 5.3　设 $\mathcal{L}_{c_j}(\mathcal{M}_i)=\left(\underline{\mathcal{L}_{c_j}}(\mathcal{M}_i),\ \overline{\mathcal{L}_{c_j}}(\mathcal{M}_i)\right)(i=1,\ 2,\ \cdots,\ m,\ j=1,\ 2,\ \cdots,\ n)$ 为 q-ROFS_tRNs 的集合。其中 $t=(t_1,\ t_2,\ \cdots,\ t_m)^T$ 和 $v=(v_1,\ v_2,\ \cdots,\ v_n)^T$ 分别表示专家 s_i 和参数 c_j 的权重向量，且 $\sum_{i=1}^{m}t_i=1$，$\sum_{j=1}^{n}v_j=1$，$0\leqslant t_i$，$v_j\leqslant 1$，则 q-ROFS_tROWA 算子的聚合结果为：

$$q\text{-}ROFS_tROWA\left(\mathcal{L}_{c_1}(\mathcal{M}_1),\ \cdots,\ \mathcal{L}_{c_n}(\mathcal{M}_m)\right)=\left(\oplus_{j=1}^{n}v_j\left(\oplus_{i=1}^{m}t_i\,\underline{\mathcal{L}_{\delta c_j}}(\mathcal{M}_i)\right),\ \oplus_{j=1}^{n}v_j\left(\oplus_{i=1}^{m}t_i\,\overline{\mathcal{L}_{\delta c_j}}(\mathcal{M}_i)\right)\right)$$

$$= \left[\begin{array}{l} \left(\sqrt[q]{1 - \prod_{j=1}^{n} \left(\prod_{i=1}^{m} (1 - \underline{\beta_{\delta ij}}^{q})^{t_i} \right)^{v_j}}, \prod_{j=1}^{n} \left(\prod_{i=1}^{m} \underline{\vartheta_{\delta ij}}^{t_i} \right)^{v_j} \right), \\ \left(\sqrt[q]{1 - \prod_{j=1}^{n} \left(\prod_{i=1}^{m} (1 - \overline{\beta_{\delta ij}}^{q})^{t_i} \right)^{v_j}}, \prod_{j=1}^{n} \left(\prod_{i=1}^{m} \overline{\vartheta_{\delta ij}}^{t_i} \right)^{v_j} \right) \end{array} \right]$$

其中，$\mathcal{L}_{\delta c_j}(\mathcal{M}_i) = \left(\underline{\mathcal{L}_{\delta c_j}}(\mathcal{M}_i), \overline{\mathcal{L}_{\delta c_j}}(\mathcal{M}_i) \right)$表示以 q-ROF$S_t$RNs $\mathcal{L}_{c_j}(\mathcal{M}_i) = \left(\underline{\mathcal{L}_{c_j}}(\mathcal{M}_i), \overline{\mathcal{L}_{c_j}}(\mathcal{M}_i) \right)$的 $i \times j$ 的矩阵中第 i 行第 j 列的排列最大值。

例 5.3 基于例 5.2 的表 5-3 以及集合 q-ROFS_tRNs $\mathcal{L}_{c_j}(\mathcal{M}_i) = \left(\underline{\mathcal{L}_{c_j}}(\mathcal{M}_i), \overline{\mathcal{L}_{c_j}}(\mathcal{M}_i) \right)$，可得基于得分函数的 $\mathcal{L}_{c_j}(\mathcal{M}_i)$，如表 5-4 所示。

表 5-4 基于得分函数的 $\mathcal{L}_{c_j}(\mathcal{M}_i)$

$\mathcal{L}$	c_1	c_2
s_1	((0.9, 0.2), (0.8, 0.4))	((0.92, 0.3), (0.6, 0.3))
s_2	((0.92, 0.25), (0.65, 0.15))	((0.55, 0.2), (0.76, 0.14))
s_3	((0.7, 0.1), (0.2, 0.75))	((0.4, 0.85), (0.88, 0.12))

进而可得

$$\text{q-ROF}S_t\text{ROWA}\left(\mathcal{L}_{c_1}(\mathcal{M}_1), \cdots, \mathcal{L}_{c_n}(\mathcal{M}_m) \right) = \left[\oplus_{j=1}^{2} v_j \left(\oplus_{i=1}^{3} t_i \underline{\mathcal{L}_{\delta c_j}}(\mathcal{M}_i) \right), \oplus_{j=1}^{2} v_j \left(\oplus_{i=1}^{3} t_i \overline{\mathcal{L}_{\delta c_j}}(\mathcal{M}_i) \right) \right]$$

即 q-ROFS_tROWA $\left(\mathcal{L}_{c_1}(\mathcal{M}_1), \cdots, \mathcal{L}_{c_n}(\mathcal{M}_m) \right) = ((0.838595, 0.261642), (0.727318, 0.255189))$。

通过对定理 5.3 的分析，下面对 q-ROFS_tRWA 算子的性质进行讨论。

定理 5.4 设 $\mathcal{L}_{c_j}(\mathcal{M}_i) = \left(\underline{\mathcal{L}_{c_j}}(\mathcal{M}_i), \overline{\mathcal{L}_{c_j}}(\mathcal{M}_i) \right)(i = 1, 2, \cdots, m, j = 1, 2, \cdots, n)$为 q-ROF$S_t$RNs 的集合。其中 $t = (t_1, t_2, \cdots, t_m)^T$ 和 $v = (v_1, v_2, \cdots, v_n)^T$ 分别表示专家 s_i 和参数 c_j 的权重向量，且 $\sum_{i=1}^{m} t_i = 1$，$\sum_{j=1}^{n} v_j = 1$，$0 \leqslant t_i, v_j \leqslant 1$，

则 q-ROFS$_t$ROWA 算子具有以下性质：

（1）（幂等性）：若对所有的 $i=1, 2, \cdots, m$ 和 $j=1, 2, \cdots n$，有 $\mathcal{L}_{\delta c_j}(\mathcal{M}_i)=\mathcal{P}_c(\mathcal{N})$，其中 $\mathcal{P}_c(\mathcal{M})=(\underline{\mathcal{P}_c}(\mathcal{M}), \overline{\mathcal{P}_c}(\mathcal{M}))=((\underline{b}, \underline{d}), (\overline{b}, \overline{d}))$，则

$$q\text{-}ROFS_tROWA\left(\mathcal{L}_{c_1}(\mathcal{M}_1), \mathcal{L}_{c_2}(\mathcal{M}_2), \cdots, \mathcal{L}_{c_n}(\mathcal{M}_m)\right)=\mathcal{P}_c(\mathcal{M})$$

（2）（有界性）：设 $\left(\mathcal{L}_{\delta c_j}(\mathcal{M}_i)\right)^-=\left(\min\limits_j\min\limits_i\underline{\mathcal{L}_{\delta c_j}}(\mathcal{M}_i), \max\limits_j\max\limits_i\overline{\mathcal{L}_{\delta c_j}}(\mathcal{M}_i)\right)$，$\left(\mathcal{L}_{\delta c_j}(\mathcal{M}_i)\right)^+=\left(\max\limits_j\max\limits_i\underline{\mathcal{L}_{\delta c_j}}(\mathcal{M}_i), \min\limits_j\min\limits_i\overline{\mathcal{L}_{\delta c_j}}(\mathcal{M}_i)\right)$，则

$$\left(\mathcal{L}_{\delta c_j}(\mathcal{M}_i)\right)^-\leqslant q\text{-}ROFS_tROWA\left(\mathcal{L}_{c_1}(\mathcal{M}_1), \mathcal{L}_{c_2}(\mathcal{M}_2), \cdots, \mathcal{L}_{c_n}(\mathcal{M}_m)\right)\leqslant\left(\mathcal{L}_{\delta c_j}(\mathcal{M}_i)\right)^+$$

（3）（单调性）：设 $\mathcal{P}_{c_j}(\mathcal{N}_i)=\left(\underline{\mathcal{P}_{c_j}}(\mathcal{N}_i), \overline{\mathcal{P}_{c_j}}(\mathcal{N}_i)\right)(i=1, 2, \cdots, m, j=1, 2, \cdots, n)$ 为另一个 q-ROFS$_t$RNs 的集合，其中 $\underline{\mathcal{P}_{c_j}}(\mathcal{N}_i)\leqslant\underline{\mathcal{L}_{c_j}}(\mathcal{M}_i)$，$\overline{\mathcal{P}_{c_j}}(\mathcal{N}_i)\leqslant\overline{\mathcal{L}_{c_j}}(\mathcal{M}_i)$，则

$$q\text{-}ROFS_tROWA\left(\mathcal{P}_{c_1}(\mathcal{M}_1), \mathcal{P}_{c_2}(\mathcal{M}_2), \cdots, \mathcal{P}_{c_n}(\mathcal{M}_m)\right)\leqslant q\text{-}ROFS_tROWA\left(\mathcal{L}_{c_1}(\mathcal{M}_1), \mathcal{L}_{c_2}(\mathcal{M}_2), \cdots, \mathcal{L}_{c_n}(\mathcal{M}_m)\right)$$

（4）（平移不变性）：设 $\mathcal{P}_c(\mathcal{N})=(\underline{\mathcal{P}_c}(\mathcal{N}), \overline{\mathcal{P}_c}(\mathcal{N}))=((\underline{b}, \underline{d}), (\overline{b}, \overline{d}))$ 为其他任意的 q-ROFS$_t$RN，则

$$q\text{-}ROFS_tROWA\left(\mathcal{L}_{c_1}(\mathcal{M}_1)\oplus\mathcal{P}_c(\mathcal{N}), \mathcal{L}_{c_2}(\mathcal{M}_2)\oplus\mathcal{P}_c(\mathcal{N}), \cdots, \mathcal{L}_{c_n}(\mathcal{M}_m)\oplus\mathcal{P}_c(\mathcal{N})\right)=q\text{-}ROFS_tROWA\left(\mathcal{L}_{c_1}(\mathcal{M}_1), \mathcal{L}_{c_2}(\mathcal{M}_2), \cdots, \mathcal{L}_{c_n}(\mathcal{M}_m)\right)\oplus\mathcal{P}_c(\mathcal{N})$$

（5）（齐性）：对任意实数 $\lambda>0$，有

$$q-ROFS_tROWA\left(\lambda\mathcal{L}_{c_1}(\mathcal{M}_1), \lambda\mathcal{L}_{c_2}(\mathcal{M}_2), \cdots, \lambda\mathcal{L}_{c_n}(\mathcal{M}_m)\right)=\lambda q-ROFS_tROWA\left(\mathcal{L}_{c_1}(\mathcal{M}_1), \mathcal{L}_{c_2}(\mathcal{M}_2), \cdots, \mathcal{L}_{c_n}(\mathcal{M}_m)\right)$$

注 3：

（1）若 $q=1$，则 q-ROFS$_t$ROWA 算子退化成 IFS$_t$ROWA 算子。

（2）若 $q=2$，则 q-ROFS$_t$ROWA 算子退化成 PFS$_t$ROWA 算子。

(3) 若软参数 c_1 唯一(即 $n=1$),则这种情况下的 q-ROFS_tROWA 算子退化成 q-ROFROWA 算子。

第三节 广义正交模糊软粗糙混合平均算子

从定义 5.11 和定义 5.12 的分析中可以清楚地看出,q-ROFS_tRWA 算子只对 q-ROFVs 进行加权,而 q-ROFS_tROWA 算子对 q-ROFVs 的有序位置进行加权,而不是对值本身进行加权。为克服这一局限性,并基于软粗糙集成混合加权平均和有序加权平均的思想,本节提出 q-ROFS_tRHA 算子,它同时对 q-ROFV 和有序位置进行加权。下面对该算子的一些基本性质进行详细介绍:

定义 5.13 设 $\mathcal{L}_{c_j}(\mathcal{M}_i)=\left(\underline{\mathcal{L}_{c_j}}(\mathcal{M}_i),\ \overline{\mathcal{L}_{c_j}}(\mathcal{M}_i)\right)$ $(i=1,\ 2,\ \cdots,\ m,\ j=1,\ 2,\ \cdots,\ n)$ 为 q-ROFS_tRNs 的集合。其中 $k=(k_1,\ k_2,\ \cdots,\ k_m)^T$ 和 $l=(l_1,\ l_2,\ \cdots,\ l_n)^T$ 分别表示专家 s_i 和参数 c_j 的权重向量,且 $\sum_{i=1}^{m}k_i=1$,$\sum_{j=1}^{n}l_j=1$,$0\leqslant k_i,\ l_j\leqslant 1$,同时 $t=(t_1,\ t_2,\ \cdots,\ t_m)^T$ 和 $v=(v_1,\ v_2,\ \cdots,\ v_n)^T$ 分别表示与专家 s_i 和参数 c_j 相关联的权重向量,且 $\sum_{i=1}^{m}t_i=1$,$\sum_{j=1}^{n}v_j=1$,$0\leqslant t_i,\ v_j\leqslant 1$,则 q-ROF$S_t$RHA 算子定义为:

$$\text{q-ROF}S_t\text{RHA}\left(\mathcal{L}_{c_1}(\mathcal{M}_1),\ \cdots,\ \mathcal{L}_{c_n}(\mathcal{M}_m)\right)=\left(\oplus_{j=1}^{n}v_j\left(\oplus_{i=1}^{m}t_i\ \underline{\mathcal{L}_{\delta c_j}^{*}}(\mathcal{M}_i)\right),\ \oplus_{j=1}^{n}v_j\left(\oplus_{i=1}^{m}t_i\ \overline{\mathcal{L}_{\delta c_j}^{*}}(\mathcal{M}_i)\right)\right) \tag{5-11}$$

下面通过定理 5.5 对上述定义的 q-ROFS_tRHA 集成结果进行分析。

定理 5.5 设 $\mathcal{L}_{c_j}(\mathcal{M}_i)=\left(\underline{\mathcal{L}_{c_j}}(\mathcal{M}_i),\ \overline{\mathcal{L}_{c_j}}(\mathcal{M}_i)\right)$ $(i=1,\ 2,\ \cdots,\ m,\ j=1,\ 2,\ \cdots,\ n)$ 为 q-ROFS_tRNs 的集合。其中 $k=(k_1,\ k_2,\ \cdots,\ k_m)^T$ 和 $l=(l_1,\ l_2,\ \cdots,\ l_n)^T$ 分别表示专家 s_i 和参数 c_j 的权重向量,且 $\sum_{i=1}^{m}k_i=1$,$\sum_{j=1}^{n}l_j=1$,$0\leqslant k_i,\ l_j\leqslant 1$,同时 $t=(t_1,\ t_2,\ \cdots,\ t_m)^T$ 和 $v=(v_1,\ v_2,\ \cdots,\ v_n)^T$ 分别表示与专家 s_i 和参数 c_j 相关联的权重向量,且 $\sum_{i=1}^{m}t_i=1$,$\sum_{j=1}^{n}v_j=1$,$0\leqslant t_i,\ v_j\leqslant 1$,则 q-

ROFS$_t$RHA 算子的聚合结果为：

$$\text{q-ROFS}_t\text{RHA}\left(\mathcal{L}_{c_1}(\mathcal{M}_1),\ \cdots,\ \mathcal{L}_{c_n}(\mathcal{M}_m)\right)=\left(\oplus_{j=1}^{n}v_j(\oplus_{i=1}^{m}t_i\ \underline{\mathcal{L}_{\delta c_j}^{*}}(\mathcal{M}_i)\right),$$

$$\oplus_{j=1}^{n}v_j\left(\oplus_{i=1}^{m}t_i\ \overline{\mathcal{L}_{\delta c_j}^{*}}(\mathcal{M}_i)\right)\Big)$$

$$=\begin{bmatrix}\left(\sqrt[q]{1-\prod_{j=1}^{n}\left(\prod_{i=1}^{m}(1-\underline{\beta_{\delta ij}^{*}}^{q})^{t_i}\right)^{v_j}},\ \prod_{j=1}^{n}\left(\prod_{i=1}^{m}\underline{\vartheta_{\delta ij}^{*}}^{t_i}\right)^{v_j}\right)\\ \left(\sqrt[q]{1-\prod_{j=1}^{n}\left(\prod_{i=1}^{m}(1-\overline{\beta_{\delta ij}^{*}}^{q})^{t_i}\right)^{v_j}},\ \prod_{j=1}^{n}\left(\prod_{i=1}^{m}\overline{\vartheta_{\delta ij}^{*}}^{t_i}\right)^{v_j}\right)\end{bmatrix}$$

其中，$\mathcal{L}_{\delta c_j}^{*}(\mathcal{M}_i)=nkl\mathcal{L}_{c_j}=\left(nkl\ \underline{\mathcal{L}_{c_j}}(\mathcal{M}_i),\ nkl\ \overline{\mathcal{L}_{c_j}}(\mathcal{M}_i)\right)$ 表示以 q-ROFS$_t$RNs $\mathcal{L}_{c_j}(\mathcal{M}_i)=\left(\underline{\mathcal{L}_{c_j}}(\mathcal{M}_i),\overline{\mathcal{L}_{c_j}}(\mathcal{M}_i)\right)$ 的 $i\times j$ 的矩阵中第 i 行第 j 列的排列最大值，且 n 表示平衡系数。

例 5.4　在例 5.2 的表 5-3 中，集合 q-ROFS$_t$RNs $\mathcal{L}_{c_j}(\mathcal{M}_i)=\left(\underline{\mathcal{L}_{c_j}}(\mathcal{M}_i),\overline{\mathcal{L}_{c_j}}(\mathcal{M}_i)\right)$，其中 $k=(0.33,\ 0.37,\ 0.3)^T$，$l=(0.42,\ 0.58)^T$ 分别表示专家 s_i 和参数 c_j 的权重向量。且 $t=(0.36,\ 0.34,\ 0.3)^T$ 和 $v=(0.55,\ 0.45)^T$ 分别表示与专家 s_i 和参数 c_j 相关联的权重向量，则基于运算规则和得分函数的 $\mathcal{L}_{\delta c_j}^{*}(\mathcal{M}_i)$ 表格如表 5-5 和表 5-6 所示。

表 5-5　基于运算规则的 $\mathcal{L}_{\delta c_j}^{*}(\mathcal{M}_i)=nkl\mathcal{L}_{c_j}=\left(nkl\underline{\mathcal{L}_{c_j}}(\mathcal{M}_i),\ nkl\overline{\mathcal{L}_{c_j}}(\mathcal{M}_i)\right)$ 表格表示法

$\mathcal{L}$	c_1	c_2
s_1	((0.7483, 0.1247), (0.6366, 0.1663))	((0.4629, 0.1148), (0.6561, 0.0804))
s_2	((0.5624, 0.0466), (0.1551, 0.3497))	((0.8533, 0.1931), (0.5254, 0.1931))
s_3	((0.7574, 0.0945), (0.4853, 0.0567))	((0.3238, 0.4437), (0.7661, 0.0626))

表 5-6　基于得分函数的 $\mathcal{L}^*_{\delta c_j}(\mathcal{M}_i)=\left(\underline{\mathcal{L}^*_{\delta c_j}}(\mathcal{M}_i),\overline{\mathcal{L}^*_{\delta c_j}}(\mathcal{M}_i)\right)$ 表格表示法

$\mathcal{L}$	c_1	c_2
s_1	((0.7483, 0.1247), (0.6366, 0.1663))	((0.8533, 0.1931), (0.5254, 0.1931))
s_2	((0.7574, 0.0945), (0.4853, 0.0567))	((0.3238, 0.4437), (0.7661, 0.0626))
s_3	((0.5624, 0.0466), (0.1551, 0.3497))	((0.4629, 0.1148), (0.6561, 0.0804))

进而可得

$$\text{q-ROFS}_t\text{RHA}\left(\mathcal{L}_{c_1}(\mathcal{M}_1),\ \cdots,\ \mathcal{L}_{c_n}(\mathcal{M}_m)\right)=\left(\oplus_{j=1}^{2}v_j\left(\oplus_{i=1}^{3}t_i\ \underline{\mathcal{L}^*_{\delta c_j}}(\mathcal{M}_i)\right),\ \oplus_{j=1}^{2}v_j\left(\oplus_{i=1}^{3}t_i\ \overline{\mathcal{L}^*_{\delta c_j}}(\mathcal{M}_i)\right)\right)$$

即

$$\text{q-ROFS}_t\text{RHA}\left(\mathcal{L}_{c_1}(\mathcal{M}_1),\ \cdots,\ \mathcal{L}_{c_n}(\mathcal{M}_m)\right)=[(0.701609,\ 0.129765),\ (0.600425,\ 0.122969)]$$

通过对定理 5.5 的分析，下面讨论 q-ROFS$_t$RHA 算子的性质。

定理 5.6　设 $\mathcal{L}_{c_j}(\mathcal{M}_i)=\left(\underline{\mathcal{L}_{c_j}}(\mathcal{M}_i),\overline{\mathcal{L}_{c_j}}(\mathcal{M}_i)\right)(i=1,\ 2,\ \cdots,\ m,\ j=1,\ 2,\ \cdots,\ n)$ 为 q-ROFS$_t$RNs 的集合。其中 $k=(k_1,\ k_2,\ \cdots,\ k_m)^T$ 和 $l=(l_1,\ l_2,\ \cdots,\ l_n)^T$ 分别表示专家 s_i 和参数 c_j 的权重向量，且 $\sum_{i=1}^{m}k_i=1$，$\sum_{j=1}^{n}l_j=1$，$0\leqslant k_i,\ l_j\leqslant 1$，同时 $t=(t_1,\ t_2,\ \cdots,\ t_m)^T$ 和 $v=(v_1,\ v_2,\ \cdots,\ v_n)^T$ 分别表示与专家 s_i 和参数 c_j 相关联的权重向量，且 $\sum_{i=1}^{m}t_i=1$，$\sum_{j=1}^{n}v_j=1$，$0\leqslant t_i,\ v_j\leqslant 1$，则 q-ROFS$_t$RHA 算子具有以下性质：

（1）（幂等性）：若对所有的 $i=1,\ 2,\ \cdots,\ m$ 和 $j=1,\ 2,\ \cdots,\ n$，有 $\mathcal{L}^*_{\delta c_j}(\mathcal{M}_i)=\mathcal{P}_c(\mathcal{N})$，其中 $\mathcal{P}_c(\mathcal{M})=(\underline{\mathcal{P}_c}(\mathcal{M}),\overline{\mathcal{P}_c}(\mathcal{M}))=((\underline{b},\ \underline{d}),\ (\overline{b},\ \overline{d}))$，则

$$\text{q-ROFS}_t\text{RHA}(\mathcal{L}_{c_1}(\mathcal{M}_1),\ \mathcal{L}_{c_2}(\mathcal{M}_2),\ \cdots,\ \mathcal{L}_{c_n}(\mathcal{M}_m))=\mathcal{P}_c(\mathcal{M})$$

（2）（有界性）：设 $\left(\mathcal{L}^*_{\delta c_j}(\mathcal{M}_i)\right)^-=\left(\min_j\min_i\underline{\mathcal{L}^*_{\delta c_j}}(\mathcal{M}_i),\ \max_j\max_i\overline{\mathcal{L}^*_{\delta c_j}}(\mathcal{M}_i)\right)$，$\left(\mathcal{L}^*_{\delta c_j}(\mathcal{M}_i)\right)^+=\left(\max_j\max_i\underline{\mathcal{L}^*_{\delta c_j}}(\mathcal{M}_i),\ \min_j\min_i\overline{\mathcal{L}^*_{\delta c_j}}(\mathcal{M}_i)\right)$，则

$\left(\mathcal{L}^*_{\delta c_j}(\mathcal{M}_i)\right)^- \leqslant q-ROFS_tRHA\left(\mathcal{L}_{c_1}(\mathcal{M}_1),\ \mathcal{L}_{c_2}(\mathcal{M}_2),\ \cdots,\ \mathcal{L}_{c_n}(\mathcal{M}_m)\right) \leqslant \left(\mathcal{L}^*_{\delta c_j}(\mathcal{M}_i)\right)^+$

（3）（单调性）：设$\mathcal{P}_{c_j}(\mathcal{N}_i)=\left(\underline{\mathcal{P}_{c_j}}(\mathcal{N}_i),\overline{\mathcal{P}_{c_j}}(\mathcal{N}_i)\right)(i=1,\ 2,\ \cdots,\ m,\ j=1,\ 2,\ \cdots,\ n)$为另一个 q-ROF$S_t$RNs 的集合，其中$\underline{\mathcal{P}_{c_j}}(\mathcal{N}_i)\leqslant\underline{\mathcal{L}_{c_j}}(\mathcal{M}_i),\overline{\mathcal{P}_{c_j}}(\mathcal{N}_i)\leqslant\overline{\mathcal{L}_{c_j}}(\mathcal{M}_i)$。则

$q-ROFS_tRHA\left(\mathcal{P}_{c_1}(\mathcal{M}_1),\ \mathcal{P}_{c_2}(\mathcal{M}_2),\ \cdots,\ \mathcal{P}_{c_n}(\mathcal{M}_m)\right) \leqslant q-ROFS_tRHA\left(\mathcal{L}_{c_1}(\mathcal{M}_1),\ \mathcal{L}_{c_2}(\mathcal{M}_2),\ \cdots,\ \mathcal{L}_{c_n}(\mathcal{M}_m)\right)$

（4）（平移不变性）：设$\mathcal{P}_c(\mathcal{N})=\left(\underline{\mathcal{P}_c}(\mathcal{N}),\overline{\mathcal{P}_c}(\mathcal{N})\right)=\left((\underline{b},\ \underline{d}),\ (\overline{b},\ \overline{d})\right)$为其他任意的 q-ROF$S_t$RN，则

$q-ROFS_tRHA\left(\mathcal{L}_{c_1}(\mathcal{M}_1)\oplus\mathcal{P}_c(\mathcal{N}),\ \mathcal{L}_{c_2}(\mathcal{M}_2)\oplus\mathcal{P}_c(\mathcal{N}),\ \cdots,\ \mathcal{L}_{c_n}(\mathcal{M}_m)\oplus\mathcal{P}_c(\mathcal{N})\right)=q-ROFS_tRHA\left(\mathcal{L}_{c_1}(\mathcal{M}_1),\ \mathcal{L}_{c_2}(\mathcal{M}_2),\ \cdots,\ \mathcal{L}_{c_n}(\mathcal{M}_m)\right)\oplus\mathcal{P}_c(\mathcal{N})$

（5）（齐性）：对任意实数 $\lambda>0$，有

$q-ROFS_tRHA\left(\lambda\mathcal{L}_{c_1}(\mathcal{M}_1),\ \lambda\mathcal{L}_{c_2}(\mathcal{M}_2),\ \cdots,\ \lambda\mathcal{L}_{c_n}(\mathcal{M}_m)\right)=\lambda q-ROFS_tRHA\left(\mathcal{L}_{c_1}(\mathcal{M}_1),\ \mathcal{L}_{c_2}(\mathcal{M}_2),\ \cdots,\ \mathcal{L}_{c_n}(\mathcal{M}_m)\right)$

注 4：

（1）若 $q=1$，则 q-ROFS_tRHA 算子退化成 IFS_tRHA 算子。

（2）若 $q=2$，则 q-ROFS_tRHA 算子退化成 PFS_tRHA 算子。

（3）若软参数 c_1 唯一（即 $n=1$），则 q-ROFS_tRHA 算子退化成 q-ROFRHA 算子。

（4）若 $kl=\left(\frac{1}{n},\ \frac{1}{n},\ \cdots,\ \frac{1}{n}\right)^T$，则 q-ROF$S_t$RHA 算子退化成 q-ROF$S_t$RWA 算子。

（5）若 $tv=\left(\frac{1}{n},\ \frac{1}{n},\ \cdots,\ \frac{1}{n}\right)^T$，则 q-ROF$S_t$RHA 算子退化成 q-ROF$S_t$ROWA 算子。

第四节 广义正交模糊软粗糙（有序）加权几何算子

定义 5.14 设 $\mathcal{L}_{c_j}(\mathcal{M}_i)=\left(\underline{\mathcal{L}_{c_j}}(\mathcal{M}_i),\overline{\mathcal{L}_{c_j}}(\mathcal{M}_i)\right)(i=1,2,\cdots,m,j=1,2,\cdots,n)$为 q-ROF$S_t$RNs 的集合。其中 $t=(t_1,t_2,\cdots,t_m)^T$ 和 $v=(v_1,v_2,\cdots,v_n)^T$ 分别表示专家 s_i 和参数 c_j 的权重向量，且 $\sum_{i=1}^{m}t_i=1$，$\sum_{j=1}^{n}v_j=1$，$0\leqslant t_i$，$v_j\leqslant 1$，则 q-ROFS_tRWG 算子定义为：

$$\text{q-ROF}S_t\text{RWG}\left(\mathcal{L}_{c_1}(\mathcal{M}_1),\cdots,\mathcal{L}_{c_n}(\mathcal{M}_m)\right)=\left[\otimes_{j=1}^{n}\left\{\otimes_{i=1}^{m}\left(\underline{\mathcal{L}_{c_j}}(\mathcal{M}_i)\right)^{t_i}\right\}^{v_j},\otimes_{j=1}^{n}\left\{\otimes_{i=1}^{m}(\overline{\mathcal{L}_{c_j}}(\mathcal{M}_i))^{t_i}\right\}^{v_j}\right]\tag{5-12}$$

下面通过定理 5.7 对上述定义的 q-ROFS_tRWG 集成结果进行分析。

定理 5.7 设 $\mathcal{L}_{c_j}(\mathcal{M}_i)=\left(\underline{\mathcal{L}_{c_j}}(\mathcal{M}_i),\overline{\mathcal{L}_{c_j}}(\mathcal{M}_i)\right)(i=1,2,\cdots,m,j=1,2,\cdots,n)$为 q-ROF$S_t$RNs 的集合。其中 $t=(t_1,t_2,\cdots,t_m)^T$ 和 $v=(v_1,v_2,\cdots,v_n)^T$ 分别表示专家 s_i 和参数 c_j 的权重向量，且 $\sum_{i=1}^{m}t_i=1$，$\sum_{j=1}^{n}v_j=1$，$0\leqslant t_i$，$v_j\leqslant 1$，则 q-ROFS_tRWG 算子的集成结果为：

$$\text{q-ROF}S_t\text{RWG}\left(\mathcal{L}_{c_1}(\mathcal{M}_1),\cdots,\mathcal{L}_{c_n}(\mathcal{M}_m)\right)=\left[\otimes_{j=1}^{n}\left\{\otimes_{i=1}^{m}\left(\underline{\mathcal{L}_{c_j}}(\mathcal{M}_i)\right)^{t_i}\right\}^{v_j},\otimes_{j=1}^{n}\left\{\otimes_{i=1}^{m}\left(\overline{\mathcal{L}_{c_j}}(\mathcal{M}_i)\right)^{t_i}\right\}^{v_j}\right]$$

$$=\left[\begin{array}{c}\left\{\prod_{j=1}^{n}\left(\prod_{i=1}^{m}\underline{\beta_{ij}}^{t_i}\right)^{v_j},\sqrt[q]{1-\prod_{j=1}^{n}\left(\prod_{i=1}^{m}(1-\underline{\vartheta_{ij}}^{q})^{t_i}\right)^{v_j}}\right\}\\ \left\{\prod_{j=1}^{n}\left(\prod_{i=1}^{m}\overline{\beta_{ij}}^{t_i}\right)^{v_j},\sqrt[q]{1-\prod_{j=1}^{n}\left(\prod_{i=1}^{m}(1-\overline{\vartheta_{ij}}^{q})^{t_i}\right)^{v_j}}\right\}\end{array}\right]$$

显然，$\underline{\mathcal{L}_{c_j}}(\mathcal{M}_i)$和$\overline{\mathcal{L}_{c_j}}(\mathcal{M}_i)$是 q－ROFNs，所以根据定义 5.7，可得$\otimes_{j=1}^{n}$

$\left\{\otimes_{i=1}^{m}\left(\underline{\mathcal{L}_{c_j}}(\mathcal{M}_i)\right)^{t_i}\right\}^{v_j}$ 和$\otimes_{j=1}^{n}\left\{\otimes_{i=1}^{m}\left(\overline{\mathcal{L}_{c_j}}(\mathcal{M}_i)\right)^{t_i}\right\}^{v_j}$ 也是 q-ROFNs，因此在近似空间（$\mathcal{T}$，ε，$\mathcal{L}$）中，q-ROFS$_t$RWG $\left(\mathcal{L}_{c_1}(\mathcal{M}_1),\ \cdots,\ \mathcal{L}_{c_n}(\mathcal{M}_m)\right)$ 也是一个 q-ROFS$_t$RN。

例 5.5　在例 5.2 的表 5-3 中，集合 q-ROFS$_t$RNs $\mathcal{L}_{c_j}(\mathcal{M}_i)=\left(\underline{\mathcal{L}_{c_j}}(\mathcal{M}_i),\ \overline{\mathcal{L}_{c_j}}(\mathcal{M}_i)\right)$，则 q-ROFS$_t$RWG 的聚合结果为：

$$\text{q-ROFS}_t\text{RWG}\left(\mathcal{L}_{c_1}(\mathcal{M}_1),\ \cdots,\ \mathcal{L}_{c_n}(\mathcal{M}_m)\right)=\left[\otimes_{j=1}^{2}\left\{\otimes_{i=1}^{3}\left(\underline{\mathcal{L}_{c_j}}(\mathcal{M}_i)\right)^{t_i}\right\}^{v_j},\ \otimes_{j=1}^{2}\left\{\otimes_{i=1}^{3}\left(\overline{\mathcal{L}_{c_j}}(\mathcal{M}_i)\right)^{t_i}\right\}^{v_j}\right]$$

$$=\left[\begin{array}{c}\left\{\begin{array}{c}(0.9^{0.25}0.7^{0.3}0.92^{0.45})^{0.55}\begin{pmatrix}0.55^{0.25}0.92^{0.3}\\0.4^{0.45}\end{pmatrix}^{0.45}\\ \sqrt[3]{1-\begin{pmatrix}[(1-0.3^3)^{0.25}(1-0.1^3)^{0.25}(1-0.25^3)^{0.45}]^{0.55}\\ [(1-0.2^3)^{0.25}(1-0.3^3)^{0.25}(1-0.85^3)^{0.45}]^{0.45}\end{pmatrix}}\end{array}\right\}\\ \left\{\begin{array}{c}(0.8^{0.25}0.2^{0.3}0.65^{0.45})^{0.55}\begin{pmatrix}0.76^{0.25}0.6^{0.3}\\0.88^{0.45}\end{pmatrix}^{0.45}\\ \sqrt[3]{1-\begin{pmatrix}[(1-0.4^3)^{0.25}(1-0.75^3)^{0.25}(1-0.15^3)^{0.45}]^{0.55}\\ [(1-0.14^3)^{0.25}(1-0.3^3)^{0.25}(1-0.12^3)^{0.45}]^{0.45}\end{pmatrix}}\end{array}\right\}\end{array}\right]$$

$$=[(0.715607,\ 0.509925),\ (0.573442,\ 0.484819)]$$

通过对定理 5.7 的分析，下面对 q-ROFS$_t$RWG 算子的性质进行讨论。

定理 5.8　设 $\mathcal{L}_{c_j}(\mathcal{M}_i)=\left(\underline{\mathcal{L}_{c_j}}(\mathcal{M}_i),\ \overline{\mathcal{L}_{c_j}}(\mathcal{M}_i)\right)$（$i=1,\ 2,\ \cdots,\ m,\ j=1,\ 2,\ \cdots,\ n$）为 q-ROFS$_t$RNs 的集合。其中 $t=(t_1,\ t_2,\ \cdots,\ t_m)^T$ 和 $v=(v_1,\ v_2,\ \cdots,\ v_n)^T$ 分别表示专家 s_i 和参数 c_j 的权重向量，且 $\sum_{i=1}^{m}t_i=1$，$\sum_{j=1}^{n}v_j=1$，$0\leqslant t_i,\ v_j\leqslant 1$，则 q-ROFS$_t$RWG 算子具有以下性质：

（1）（幂等性）：若对所有的 $i=1,\ 2,\ \cdots,\ m$ 和 $j=1,\ 2,\ \cdots,\ n$，有 $\mathcal{L}_{c_j}(\mathcal{M}_i)=\mathcal{P}_c(\mathcal{N})$，其中$\mathcal{P}_c(\mathcal{M})=\left(\underline{\mathcal{P}_c}(\mathcal{M}),\ \overline{\mathcal{P}_c}(\mathcal{M})\right)=\left((\underline{b},\ \underline{d}),\ (\overline{b},\ \overline{d})\right)$，则

$$q\text{-}ROFS_tRWG\left(\mathcal{L}_{c_1}(\mathcal{M}_1),\ \mathcal{L}_{c_2}(\mathcal{M}_2),\ \cdots,\ \mathcal{L}_{c_n}(\mathcal{M}_m)\right)=\mathcal{P}_c(\mathcal{M})$$

（2）（有界性）：设 $\left(\mathcal{L}_{c_j}(\mathcal{M}_i)\right)^- = \left(\min_j \min_i \underline{\mathcal{L}_{c_j}}(\mathcal{M}_i),\ \max_j \max_i \overline{\mathcal{L}_{c_j}}(\mathcal{M}_i)\right)$，$\left(\mathcal{L}_{c_j}(\mathcal{M}_i)\right)^+ = \left(\max_j \max_i \underline{\mathcal{L}_{c_j}}(\mathcal{M}_i),\ \min_j \min_i \overline{\mathcal{L}_{c_j}}(\mathcal{M}_i)\right)$，则

$$\left(\mathcal{L}_{c_j}(\mathcal{M}_i)\right)^- \leqslant q-ROFS_tRWG\left(\mathcal{L}_{c_1}(\mathcal{M}_1),\ \mathcal{L}_{c_2}(\mathcal{M}_2),\ \cdots,\ \mathcal{L}_{c_n}(\mathcal{M}_m)\right) \leqslant \left(\mathcal{L}_{c_j}(\mathcal{M}_i)\right)^+$$

（3）（单调性）：设 $\mathcal{P}_{c_j}(\mathcal{N}_i) = \left(\underline{\mathcal{P}_{c_j}}(\mathcal{N}_i), \overline{\mathcal{P}_{c_j}}(\mathcal{N}_i)\right)(i=1,\ 2,\ \cdots,\ m,\ j=1,\ 2,\ \cdots,\ n)$ 为另一个 q-ROFS$_t$RNs 的集合，其中 $\underline{\mathcal{P}_{c_j}}(\mathcal{N}_i) \leqslant \underline{\mathcal{L}_{c_j}}(\mathcal{M}_i)$，$\overline{\mathcal{P}_{c_j}}(\mathcal{N}_i) \leqslant \overline{\mathcal{L}_{c_j}}(\mathcal{M}_i)$，则

$$q-ROFS_tRWG\left(\mathcal{P}_{c_1}(\mathcal{M}_1),\ \mathcal{P}_{c_2}(\mathcal{M}_2),\ \cdots,\ \mathcal{P}_{c_n}(\mathcal{M}_m)\right) \leqslant q-ROFS_tRWG\left(\mathcal{L}_{c_1}(\mathcal{M}_1),\ \mathcal{L}_{c_2}(\mathcal{M}_2),\ \cdots,\ \mathcal{L}_{c_n}(\mathcal{M}_m)\right)$$

（4）（平移不变性）：设 $\mathcal{P}_c(\mathcal{N}) = \left(\underline{\mathcal{P}_c}(\mathcal{N}), \overline{\mathcal{P}_c}(\mathcal{N})\right) = ((\underline{b},\ \underline{d}),\ (\bar{b},\ \bar{d}))$ 为其他任意的 q-ROFS$_t$RN，则

$$q-ROFS_tRWG\left(\mathcal{L}_{c_1}(\mathcal{M}_1)\oplus\mathcal{P}_c(\mathcal{N}),\ \mathcal{L}_{c_2}(\mathcal{M}_2)\oplus\mathcal{P}_c(\mathcal{N}),\ \cdots,\ \mathcal{L}_{c_n}(\mathcal{M}_m)\oplus\mathcal{P}_c(\mathcal{N})\right) = q-ROFS_tRWG\left(\mathcal{L}_{c_1}(\mathcal{M}_1),\ \mathcal{L}_{c_2}(\mathcal{M}_2),\ \cdots,\ \mathcal{L}_{c_n}(\mathcal{M}_m)\right)\oplus\mathcal{P}_c(\mathcal{N})$$

（5）（齐性）：对任意实数 $\lambda>0$，有

$$q-ROFS_tRWG\left(\lambda\mathcal{L}_{c_1}(\mathcal{M}_1),\ \lambda\mathcal{L}_{c_2}(\mathcal{M}_2),\ \cdots,\ \lambda\mathcal{L}_{c_n}(\mathcal{M}_m)\right) = \lambda q-ROFS_tRWG\left(\mathcal{L}_{c_1}(\mathcal{M}_1),\ \mathcal{L}_{c_2}(\mathcal{M}_2),\ \cdots,\ \mathcal{L}_{c_n}(\mathcal{M}_m)\right)$$

注 5：

（1）若 $q=1$，则 q-ROFS$_t$RWG 算子退化成 IFS$_t$RWG 算子。

（2）若 $q=2$，则 q-ROFS$_t$RWG 算子退化成 PFS$_t$RWG 算子。

（3）若软参数 c_1 唯一(即 $n=1$)，则 q-ROFS$_t$RWG 算子退化成 q-ROFRWG 算子。

下面提出 q-ROFS$_t$ROWG 算子，并对其基本性质进行讨论。其中 q-ROFS$_t$ROWG 算子对 q-ROFVs 的有序位置进行加权，而不是对值本身加权。

定义 5.15 设 $\mathcal{L}_{c_j}(\mathcal{M}_i) = \left(\underline{\mathcal{L}_{c_j}}(\mathcal{M}_i), \overline{\mathcal{L}_{c_j}}(\mathcal{M}_i)\right)(i=1,\ 2,\ \cdots,\ m,\ j=1,$

2，…，n)为 q-ROFS_tRNs 的集合。其中 $t=(t_1,\ t_2,\ \cdots,\ t_m)^T$ 和 $v=(v_1,\ v_2,\ \cdots,\ v_n)^T$ 分别表示专家 s_i 和参数 c_j 的权重向量，且 $\sum_{i=1}^{m} t_i=1$，$\sum_{j=1}^{n} v_j=1$，$0\leqslant t_i,\ v_j\leqslant 1$，则 q-ROF$S_t$ROWG 算子定义为：

$$\text{q-ROF}S_t\text{ROWG}\left(\mathcal{L}_{c_1}(\mathcal{M}_1),\ \cdots,\ \mathcal{L}_{c_n}(\mathcal{M}_m)\right)=\left[\otimes_{j=1}^{n}\left\{\otimes_{i=1}^{m}\left(\underline{\mathcal{L}_{\delta c_j}}(\mathcal{M}_i)\right)^{t_i}\right\}^{v_j},\ \otimes_{j=1}^{n}\left\{\otimes_{i=1}^{m}\left(\overline{\mathcal{L}_{\delta c_j}}(\mathcal{M}_i)\right)^{t_i}\right\}^{v_j}\right] \tag{5-13}$$

下面通过定理 5.9 对上述定义的 q-ROFS_tROWG 聚合结果进行描述。

定理 5.9　设 $\mathcal{L}_{c_j}(\mathcal{M}_i)=\left(\underline{\mathcal{L}_{c_j}}(\mathcal{M}_i),\ \overline{\mathcal{L}_{c_j}}(\mathcal{M}_i)\right)(i=1,\ 2,\ \cdots,\ m,\ j=1,\ 2,\ \cdots,\ n)$为 q-ROF$S_t$RNs 的集合。其中 $t=(t_1,\ t_2,\ \cdots,\ t_m)^T$ 和 $v=(v_1,\ v_2,\ \cdots,\ v_n)^T$ 分别表示专家 s_i 和参数 c_j 的权重向量，且 $\sum_{i=1}^{m} t_i=1$，$\sum_{j=1}^{n} v_j=1$，$0\leqslant t_i,\ v_j\leqslant 1$，则 q-ROF$S_t$ROWG 算子的聚合结果为：

$$\text{q-ROF}S_t\text{ROWG}\left(\mathcal{L}_{c_1}(\mathcal{M}_1),\ \cdots,\ \mathcal{L}_{c_n}(\mathcal{M}_m)\right)=\left[\otimes_{j=1}^{n}\left\{\otimes_{i=1}^{m}\left(\underline{\mathcal{L}_{\delta c_j}}(\mathcal{M}_i)\right)^{t_i}\right\}^{v_j},\ \otimes_{j=1}^{n}\left\{\otimes_{i=1}^{m}\left(\overline{\mathcal{L}_{\delta c_j}}(\mathcal{M}_i)\right)^{t_i}\right\}^{v_j}\right]$$

$$=\left[\begin{array}{c}\left\{\prod_{j=1}^{n}\left(\prod_{i=1}^{m}\underline{\beta_{\delta ij}}^{t_i}\right)^{v_j},\ \sqrt[q]{1-\prod_{j=1}^{n}\left(\prod_{i=1}^{m}\left(1-\underline{\vartheta_{\delta ij}}^{q}\right)^{t_i}\right)^{v_j}}\right\},\\ \left\{\prod_{j=1}^{n}\left(\prod_{i=1}^{m}\overline{\beta_{\delta ij}}^{t_i}\right)^{v_j},\ \sqrt[q]{1-\prod_{j=1}^{n}\left(\prod_{i=1}^{m}\left(1-\overline{\vartheta_{\delta ij}}^{q}\right)^{t_i}\right)^{v_j}}\right\}\end{array}\right]$$

其中，$\mathcal{L}_{\delta c_j}(\mathcal{M}_i)=\left(\underline{\mathcal{L}_{\delta c_j}}(\mathcal{M}_i),\ \overline{\mathcal{L}_{\delta c_j}}(\mathcal{M}_i)\right)$表示以 q-ROF$S_t$RNs $\mathcal{L}_{c_j}(\mathcal{M}_i)=\left(\underline{\mathcal{L}_{c_j}}(\mathcal{M}_i),\ \overline{\mathcal{L}_{c_j}}(\mathcal{M}_i)\right)$的 $i\times j$ 的矩阵中第 i 行第 j 列的排列最大值。

注 6：

（1）若 $q=1$，则 q-ROFS_tROWG 算子退化成 IFS_tROWG 算子。

（2）若 $q=2$，则 q-ROFS_tROWG 算子退化成 PFS_tROWG 算子。

（3）若软参数 c_1 唯一（即 $n=1$），则 q-ROFS_tROWG 算子退化成 q-ROFROWG 算子。

第五节　广义正交模糊软粗糙混合几何算子

从定义 5.14 和定义 5.15 的分析中可以清楚地看出，q-ROFS_tRWG 算子只是对 q-ROFVs 进行加权，而 q-ROFS_tROWG 算子对 q-ROFVs 的有序位置进行加权，而不是对值本身进行加权。基于软粗糙集成混合加权几何和有序加权几何的思想，提出 q-ROFS_tRHG 算子，它同时对 q-ROFV 和有序位置进行加权。下面对该算子的基本性质进行详细介绍：

定义 5.16　设 $\mathcal{L}_{c_j}(\mathcal{M}_i)=\left(\underline{\mathcal{L}_{c_j}}(\mathcal{M}_i),\ \overline{\mathcal{L}_{c_j}}(\mathcal{M}_i)\right)(i=1,\ 2,\ \cdots,\ m,\ j=1,\ 2,\ \cdots,\ n)$ 为 q-ROFS_tRNs 的集合。其中 $k=(k_1,\ k_2,\ \cdots,\ k_m)^T$ 和 $l=(l_1,\ l_2,\ \cdots,\ l_n)^T$ 分别表示专家 s_i 和参数 c_j 的权重向量，且 $\sum_{i=1}^{m}k_i=1$，$\sum_{j=1}^{n}l_j=1$，$0\leqslant k_i,\ l_j\leqslant 1$，同时 $t=(t_1,\ t_2,\ \cdots,\ t_m)^T$ 和 $v=(v_1,\ v_2,\ \cdots,\ v_n)^T$ 分别表示与专家 s_i 和参数 c_j 相关联的权重向量，且 $\sum_{i=1}^{m}t_i=1$，$\sum_{j=1}^{n}v_j=1$，$0\leqslant t_i,\ v_j\leqslant 1$，则 q-ROF$S_t$RHG 算子定义为：

$$\text{q-ROFS}_t\text{RHG}\left(\mathcal{L}_{c_1}(\mathcal{M}_1),\ \cdots,\ \mathcal{L}_{c_n}(\mathcal{M}_m)\right)=\left[\otimes_{j=1}^{n}\left\{\otimes_{i=1}^{m}\left(\underline{\mathcal{L}_{\delta c_j}^{*}}(\mathcal{M}_i)\right)^{t_i}\right\}^{v_j},\ \otimes_{j=1}^{n}\left\{\otimes_{i=1}^{m}\left(\overline{\mathcal{L}_{\delta c_j}^{*}}(\mathcal{M}_i)\right)^{t_i}\right\}^{v_j}\right] \tag{5-14}$$

定理 5.10　设 $\mathcal{L}_{c_j}(\mathcal{M}_i)=\left(\underline{\mathcal{L}_{c_j}}(\mathcal{M}_i),\ \overline{\mathcal{L}_{c_j}}(\mathcal{M}_i)\right)(i=1,\ 2,\ \cdots,\ m,\ j=1,\ 2,\ \cdots,\ n)$ 为 q-ROFS_tRNs 的集合。其中 $k=(k_1,\ k_2,\ \cdots,\ k_m)^T$ 和 $l=(l_1,\ l_2,\ \cdots,\ l_n)^T$ 分别表示专家 s_i 和参数 c_j 的权重向量，且 $\sum_{i=1}^{m}k_i=1$，$\sum_{j=1}^{n}l_j=1$，$0\leqslant k_i,\ l_j\leqslant 1$，同时 $t=(t_1,\ t_2,\ \cdots,\ t_m)^T$ 和 $v=(v_1,\ v_2,\ \cdots,\ v_n)^T$ 分别表示与专家 s_i 和参数 c_j 相关联的权重向量，且 $\sum_{i=1}^{m}t_i=1$，$\sum_{j=1}^{n}v_j=1$，$0\leqslant t_i,\ v_j\leqslant 1$，则 q-ROF$S_t$RHG 算子的集成结果为：

$$\text{q-ROFS}_t\text{RHG}\left(\mathcal{L}_{c_1}(\mathcal{M}_1),\ \cdots,\ \mathcal{L}_{c_n}(\mathcal{M}_m)\right)=\left[\otimes_{j=1}^{n}\left\{\otimes_{i=1}^{m}\left(\underline{\mathcal{L}_{\delta c_j}^{*}}(\mathcal{M}_i)\right)^{t_i}\right\}^{v_j},\right.$$

$\otimes_{j=1}^{n}\left\{\otimes_{i=1}^{m}\left(\overline{\mathcal{L}_{\delta c_j}^{*}}(\mathcal{M}_i)\right)^{t_i}\right\}^{v_j}]$

$$=\begin{bmatrix}\left\{\prod_{j=1}^{n}\left(\prod_{i=1}^{m}\underline{\beta_{\delta ij}^{*}}^{t_i}\right)^{v_j},\ \sqrt[q]{1-\prod_{j=1}^{n}\left(\prod_{i=1}^{m}(1-\underline{\vartheta_{\delta ij}^{*}}^{q})^{t_i}\right)^{v_j}}\right\},\\ \left\{\prod_{j=1}^{n}\left(\prod_{i=1}^{m}\overline{\beta_{\delta ij}^{*}}^{t_i}\right)^{v_j},\ \sqrt[q]{1-\prod_{j=1}^{n}\left(\prod_{i=1}^{m}(1-\overline{\vartheta_{\delta ij}^{*}}^{q})^{t_i}\right)^{v_j}}\right\}\end{bmatrix}$$

其中 $\mathcal{L}_{\delta c_j}^{*}(\mathcal{M}_i)=(\mathcal{L}_{c_j})^{nkl}=\left(\left(\underline{\mathcal{L}_{c_j}}(\mathcal{M}_i)\right)^{nkl},\ \left(\overline{\mathcal{L}_{c_j}}(\mathcal{M}_i)\right)^{nkl}\right)$ 表示以 q-ROFS$_t$RNs $\mathcal{L}_{c_j}(\mathcal{M}_i)=\left(\underline{\mathcal{L}_{c_j}}(\mathcal{M}_i),\overline{\mathcal{L}_{c_j}}(\mathcal{M}_i)\right)$的 $i\times j$ 的矩阵中第 i 行第 j 列的排列最大值，且 n 表示平衡系数。

例 5.6 在上述示例中，集合 q-ROFS$_t$RNs $\mathcal{L}_{c_j}(\mathcal{M}_i)=\left(\underline{\mathcal{L}_{c_j}}(\mathcal{M}_i),\overline{\mathcal{L}_{c_j}}(\mathcal{M}_i)\right)$，其中 $k=(0.33,\ 0.37,\ 0.3)^T$ 和 $l=(0.42,\ 0.58)^T$ 分别表示专家 s_i 和参数 c_j 的权重向量，且 $t=(0.36,\ 0.34,\ 0.3)^T$ 和 $v=(0.55,\ 0.45)^T$ 分别表示与专家 s_i 和参数 c_j 相关联的权重向量，则 $\mathcal{L}_{\delta c_j}^{*}(\mathcal{M}_i)$的集成结果为：

q-ROFS$_t$RHG $\left(\mathcal{L}_{c_1}(\mathcal{M}_1),\ \cdots,\ \mathcal{L}_{c_n}(\mathcal{M}_m)\right)=\left[\otimes_{j=1}^{2}\left\{\otimes_{i=1}^{3}\left(\underline{\mathcal{L}_{\delta c_j}}(\mathcal{M}_i)\right)^{t_i}\right\}^{v_j},\right.$
$\left.\otimes_{j=1}^{2}\left\{\otimes_{i=1}^{3}\left(\overline{\mathcal{L}_{\delta c_j}}(\mathcal{M}_i)\right)^{t_i}\right\}^{v_j}\right]$

即 q-ROFS$_t$RHG $\left(\mathcal{L}_{c_1}(\mathcal{M}_1),\ \cdots,\ \mathcal{L}_{c_n}(\mathcal{M}_m)\right)=((0.602629,\ 0.250898),(0.479995,\ 0.210973))$

通过对定理 5.11 的分析，讨论 q-ROFS$_t$RHG 算子的性质。

定理 5.11 设 $\mathcal{L}_{c_j}(\mathcal{M}_i)=\left(\underline{\mathcal{L}_{c_j}}(\mathcal{M}_i),\overline{\mathcal{L}_{c_j}}(\mathcal{M}_i)\right)(i=1,\ 2,\ \cdots,\ m,\ j=1,\ 2,\ \cdots,\ n)$ 为 q-ROFS$_t$RNs 的集合。其中 $k=(k_1,\ k_2,\ \cdots,\ k_m)^T$ 和 $l=(l_1,\ l_2,\ \cdots,\ l_n)^T$ 分别表示专家 s_i 和参数 c_j 的权重向量，且 $\sum_{i=1}^{m}k_i=1$，$\sum_{j=1}^{n}l_j=1$，$0\leqslant k_i,\ l_j\leqslant 1$，同时 $t=(t_1,\ t_2,\ \cdots,\ t_m)^T$ 和 $v=(v_1,\ v_2,\ \cdots,\ v_n)^T$ 分别表示与专家 s_i 和参数 c_j 相关联的权重向量，且 $\sum_{i=1}^{m}t_i=1$，$\sum_{j=1}^{n}v_j=1$，$0\leqslant t_i,\ v_j\leqslant 1$，则 q-ROFS$_t$RHG 算子具有以下性质：

(1)(幂等性):若对所有的 $i=1, 2, \cdots, m$ 和 $j=1, 2, \cdots n$,有 $\mathcal{L}^*_{\delta c_j}(\mathcal{M}_i)=\mathcal{P}_c(\mathcal{N})$,其中 $\mathcal{P}_c(\mathcal{M})=(\underline{\mathcal{P}_c}(\mathcal{M}), \overline{\mathcal{P}_c}(\mathcal{M}))=((\underline{b}, \underline{d}), (\bar{b}, \bar{d}))$,则

$$q\text{-}ROFS_tRHG\left(\mathcal{L}_{c_1}(\mathcal{M}_1), \mathcal{L}_{c_2}(\mathcal{M}_2), \cdots, \mathcal{L}_{c_n}(\mathcal{M}_m)\right)=\mathcal{P}_c(\mathcal{M})$$

(2)(有界性):设 $\left(\mathcal{L}^*_{\delta c_j}(\mathcal{M}_i)\right)^-=\left(\min_j \min_i \underline{\mathcal{L}^*_{\delta c_j}}(\mathcal{M}_i), \max_j \max_i \overline{\mathcal{L}^*_{\delta c_j}}(\mathcal{M}_i)\right)$,$\left(\mathcal{L}^*_{\delta c_j}(\mathcal{M}_i)\right)^+=\left(\max_j \max_i \underline{\mathcal{L}^*_{\delta c_j}}(\mathcal{M}_i), \min_j \min_i \overline{\mathcal{L}^*_{\delta c_j}}(\mathcal{M}_i)\right)$,则

$$\left(\mathcal{L}^*_{\delta c_j}(\mathcal{M}_i)\right)^- \leqslant q\text{-}ROFS_tRHG\left(\mathcal{L}_{c_1}(\mathcal{M}_1), \mathcal{L}_{c_2}(\mathcal{M}_2), \cdots, \mathcal{L}_{c_n}(\mathcal{M}_m)\right) \leqslant \left(\mathcal{L}^*_{\delta c_j}(\mathcal{M}_i)\right)^+$$

(3)(单调性):设 $\mathcal{P}_{c_j}(\mathcal{N}_i)=\left(\underline{\mathcal{P}_{c_j}}(\mathcal{N}_i), \overline{\mathcal{P}_{c_j}}(\mathcal{N}_i)\right)(i=1, 2, \cdots, m, j=1, 2, \cdots, n)$ 为另一个 q-ROFS_tRNs 的集合,其中 $\underline{\mathcal{P}_{c_j}}(\mathcal{N}_i)\leqslant\underline{\mathcal{L}_{c_j}}(\mathcal{M}_i)$,$\overline{\mathcal{P}_{c_j}}(\mathcal{N}_i)\leqslant\overline{\mathcal{L}_{c_j}}(\mathcal{M}_i)$,则

$$q\text{-}ROFS_tRHG\left(\mathcal{P}_{c_1}(\mathcal{M}_1), \mathcal{P}_{c_2}(\mathcal{M}_2), \cdots, \mathcal{P}_{c_n}(\mathcal{M}_m)\right)\leqslant q\text{-}ROFS_tRHG\left(\mathcal{L}_{c_1}(\mathcal{M}_1), \mathcal{L}_{c_2}(\mathcal{M}_2), \cdots, \mathcal{L}_{c_n}(\mathcal{M}_m)\right)$$

(4)(平移不变性):设 $\mathcal{P}_c(\mathcal{N})=(\underline{\mathcal{P}_c}(\mathcal{N}), \overline{\mathcal{P}_c}(\mathcal{N}))=((\underline{b}, \underline{d}), (\bar{b}, \bar{d}))$ 为其他任意的 q-ROFS_tRN,则

$$q\text{-}ROFS_tRHG\left(\mathcal{L}_{c_1}(\mathcal{M}_1)\oplus\mathcal{P}_c(\mathcal{N}), \mathcal{L}_{c_2}(\mathcal{M}_2)\oplus\mathcal{P}_c(\mathcal{N}), \cdots, \mathcal{L}_{c_n}(\mathcal{M}_m)\oplus\mathcal{P}_c(\mathcal{N})\right)=q\text{-}ROFS_tRHG\left(\mathcal{L}_{c_1}(\mathcal{M}_1), \mathcal{L}_{c_2}(\mathcal{M}_2), \cdots, \mathcal{L}_{c_n}(\mathcal{M}_m)\right)\oplus\mathcal{P}_c(\mathcal{N})$$

(5)(齐性):对任意实数 $\lambda>0$,有

$$q\text{-}ROFS_tRHG\left(\lambda\mathcal{L}_{c_1}(\mathcal{M}_1), \lambda\mathcal{L}_{c_2}(\mathcal{M}_2), \cdots, \lambda\mathcal{L}_{c_n}(\mathcal{M}_m)\right)=\lambda q\text{-}ROFS_tRHG\left(\mathcal{L}_{c_1}(\mathcal{M}_1), \mathcal{L}_{c_2}(\mathcal{M}_2), \cdots, \mathcal{L}_{c_n}(\mathcal{M}_m)\right)$$

注 7:

(1)若 $q=1$,则 q-ROFS_tRHG 算子退化成 IFS_tRHG 算子。

(2)若 $q=2$,则 q-ROFS_tRHG 算子退化成 PFS_tRHG 算子。

(3)若软参数 c_1 唯一(即 $n=1$),则 q-ROFS_tRHG 算子退化成 q-ROFRHG

算子。

（4）若 $kl=\left(\frac{1}{n}, \frac{1}{n}, \cdots, \frac{1}{n}\right)^T$，则 q-ROF$S_t$RHG 算子退化成 q-ROF$S_t$RWG 算子。

（5）若 $tv=\left(\frac{1}{n}, \frac{1}{n}, \cdots, \frac{1}{n}\right)^T$，则 q-ROF$S_t$RHG 算子退化成 q-ROF$S_t$ROWG 算子。

第六节　基于广义正交模糊软粗糙信息集成算子的多属性决策方法及其数值分析

一、基于广义正交模糊软粗糙集成算子的多属性决策方法

假设 $Y=\{s_1, s_2, s_3, \cdots, s_p\}$ 为各备选方案的初始集合，$\varepsilon=\{c_1, c_2, c_3, \cdots, c_n\}$ 为 n 个参数的集合。$\mathcal{Z}=\{z_1, z_2, z_3, \cdots, z_m\}$ 为 m 个专家的集合，他们对每个方案 $s_k(k=1, 2, \cdots, p)$ 的 n 个参数进行专业评估。设专家 z_i 的权重向量 $t=(t_1, t_2, \cdots, t_m)^T$，参数 c_j 的权重向量 $v=(v_1, v_2, \cdots, v_n)^T$，且 $\sum_{i=1}^{m} t_i=1$，$\sum_{j=1}^{n} v_j=1$，$0\leqslant t_i, v_j\leqslant 1$。专家对方案 s_k 在参数 c_j 下的偏好评估用 q-ROFS_tRNs 表示。专家的偏好信息以 q-ROFS_tR 决策矩阵给出，即 $\mathbb{M}=\left[\mathcal{L}_{c_j}(\mathcal{M}_i)\right]_{n\times m}$，其中 $\mathcal{M}\subseteq\varepsilon$。进一步地，基于所提出的方法聚合专家的偏好信息以获得每个备选方案 s_k 相对于参数 c_j 的聚合结果 $\mathcal{R}_k(k=1, \cdots, p)$。最后，基于聚合结果 $\mathcal{R}_k=[(\underline{\beta}, \underline{\vartheta}), (\overline{\beta}, \overline{\vartheta})]$ 的得分函数对结果进行排序，以获得最优选择。基于所研究算子的分步决策算法如下：

步骤 1：专家以 q-ROFS_tRNs 表达他们对方案 s_k 在参数 c_j 下的偏好信息，然后收集专家提供的 q-ROFS_tR 偏好信息决策矩阵 $\mathbb{M}=\left[\mathcal{L}_{c_j}(\mathcal{M}_i)\right]_{n\times m}$，其中 $\mathcal{M}\subseteq\varepsilon$。

步骤 2：基于提出的聚合算子对每个方案 $s_k(k=1, 2, \cdots, p)$ 在参数 c_j 下的各

决策矩阵$\mathbb{M}=\left[\mathcal{L}_{c_j}(\mathcal{M}_i)\right]_{n\times m}$进行聚合，以获得聚合结果$\mathcal{R}_k=[(\underline{\beta},\underline{\vartheta}),(\overline{\beta},\overline{\vartheta})]$。

步骤 3：计算每个方案 s_k 的聚合结果$\mathcal{R}_k=[(\underline{\beta},\underline{\vartheta}),(\overline{\beta},\overline{\vartheta})]$的得分函数。

步骤 4：对$\mathcal{R}_k$ 的得分值进行排序以获得专家的最优选择。

二、数值分析

假设某高等教育委员会计划引入一个由 4 名来自国内外的高潜力专业教授 $\mathcal{Z}=\{z_1, z_2, z_3, z_4\}$组成的遴选委员会，以挑选最理想的申请人。在许多申请人中，有 3 名申请人 $Y=\{s_1, s_2, s_3\}$被要求面试。面试主要根据一些属性 $\mathcal{M}=\{c_1=$学术水平，$c_2=$发展潜力，$c_3=$职业道德，$c_4=$研究生产力$\}\subseteq\varepsilon$ 来对申请人进行判断。设专家 $z_i(i=1, \cdots, 4)$的权重向量 $t=(0.3, 0.28, 0.24, 0.18)^T$，属性 $c_j(j=1, 2, 3)$的权重向量 $v=(0.32, 0.17, 0.31, 0.2)^T$。专家以 q-ROF$S_t$RNs 来表示候选人 s_k 在属性 c_j 下的偏好信息。最后，利用所提出的模型，并按照以下步骤选择最理想、最合适的申请人 s_k。

1. 基于 q-ROFS_tRWA 方法的决策结果

步骤 1：专家以 q-ROFS_tRNs 表达他们对方案 s_k 在参数 c_j 下的偏好信息，然后收集专家提供的 q-ROFS_tR 偏好信息决策矩阵$\mathbb{M}=\left[\mathcal{L}_{c_j}(\mathcal{M}_i)\right]_{n\times m}$，其中 $\mathcal{M}\subseteq\varepsilon$ 见表 5-7~表 5-9。

步骤 2：基于所提出的 q-ROFS_tRWA 聚合算子对每个方案$s_k(k=1, 2, 3)$在参数 c_j 下的各决策矩阵$\mathbb{M}=\left[\mathcal{L}_{c_j}(\mathcal{M}_i)\right]_{n\times m}$进行聚合，以获得聚合结果$\mathcal{R}_k=[(\underline{\beta},\underline{\vartheta}),(\overline{\beta},\overline{\vartheta})]$，即

$\mathcal{R}_1=[(0.640506, 0.218382), (0.600249, 0.254431)]$

$\mathcal{R}_2=[(0.607809, 0.217229), (0.730645, 0.202415)]$

$\mathcal{R}_3=[(0.606198, 0.198551), (0.649417, 0.183108)]$

步骤 3：计算每个方案 s_k 的聚合结果$\mathcal{R}_k=[(\underline{\beta},\underline{\vartheta}),(\overline{\beta},\overline{\vartheta})]$的得分函数，即

$SC(\mathcal{R}_1)=0.226074$

$SC(\mathcal{R}_2)=0.298025$

$SC(\mathcal{R}_3)=0.241341$

步骤 4：对$\mathcal{R}_k$ 的得分值进行排序以获得专家的最优选择，即

$SC(\mathcal{R}_2)>SC(\mathcal{R}_3)>SC(\mathcal{R}_1)$

因此，从上述分析可以看出，s_2 是 3 个候选人中最合适、最理想的。

2. 基于 q-ROFS_tRWG 方法的决策结果

步骤 1：同上。

步骤 2：基于所提出的 q-ROFS_tRWG 聚合算子对每个方案 $s_k(k=1, 2, 3)$ 在参数 c_j 下的各决策矩阵 $\mathbb{M}=\left[\mathcal{L}_{c_j}(\mathcal{M}_i)\right]_{n\times m}$ 进行聚合，以获得聚合结果 $\mathcal{R}_k=[(\underline{\beta}, \underline{\vartheta}), (\overline{\beta}, \overline{\vartheta})]$，即

$\mathcal{R}_1=[(0.540892, 0.29117), (0.446263, 0.448329)]$

$\mathcal{R}_2=[(0.50166, 0.321735), (0.598613, 0.331553)]$

$\mathcal{R}_3=[(0.491017, 0.291113), (0.545527, 0.264822)]$

步骤 3：计算每个方案 s_k 的 q-ROFS_tRWG 聚合结果 $\mathcal{R}_k=[(\underline{\beta}, \underline{\vartheta}), (\overline{\beta}, \overline{\vartheta})]$ 的得分函数，即

$SC(\mathcal{R}_1)=0.06616$

$SC(\mathcal{R}_2)=0.135502$

$SC(R_3)=0.118744$

步骤 4：对 $\mathcal{R}_k$ 的得分值进行排序以获得专家的最优选择，即

$SC(\mathcal{R}_2)>SC(\mathcal{R}_3)>SC(\mathcal{R}_1)$

因此，从上述分析可以看出，s_2 是 3 个候选人中最合适、最理想的。

3. 基于 q-ROFS_tROWA 方法的决策结果

步骤 1：同上。

步骤 2：$\mathcal{R}_1=[(0.657933, 0.217542), (0.621125, 0.234448)]$

$\mathcal{R}_2=[(0.612743, 0.216413), (0.744755, 0.193923)]$

$\mathcal{R}_3=[(0.621268, 0.203392), (0.677814, 0.180796)]$

步骤 3：$SC(\mathcal{R}_1)=0.250625$ $SC(\mathcal{R}_2)=0.312857$ $SC(\mathcal{R}_3)=0.26844$。

步骤 4：$SC(\mathcal{R}_2)>SC(\mathcal{R}_3)>SC(\mathcal{R}_1)$。

因此，从上述分析可以看出，s_2 是 3 个候选人中最合适、最理想的。

4. 基于 q-ROFS_tROWG 方法的决策结果

步骤 1：同上。

步骤 2：$\mathcal{R}_1=[(0.562833, 0.293072), (0.473363, 0.418793)]$

$\mathcal{R}_2=[(0.517595, 0.319441), (0.614971, 0.321818)]$

$\mathcal{R}_3=[(0.49826, 0.296096), (0.583543, 0.259781)]$

步骤 3：$SC(\mathcal{R}_1)=0.09287$，$SC(\mathcal{R}_2)=0.152658$，$SC(\mathcal{R}_3)=0.139459$。

步骤 4：$SC(\mathcal{R}_2)>SC(\mathcal{R}_3)>SC(\mathcal{R}_1)$。

因此，从上述分析可以看出，s_2 是 3 个候选人中最合适、最理想的。

5. 基于 q-ROFS_tRHA 方法的决策结果

步骤 1：同上。

步骤 2：基于提出的 q-ROFS_tRHA 聚合算子对每个方案 $s_k(k=1, 2, 3)$ 在参数 c_j 下的各决策矩阵$\mathbb{M}=\left[\mathcal{L}_{\delta c_j}^{*}(\mathcal{M}_i)\right]_{n\times m}$ 进行聚合，以获得聚合结果$\mathcal{R}_k=[(\underline{\beta_\delta^*}, \underline{\vartheta_\delta^*}), (\overline{\beta_\delta^*}, \overline{\vartheta_\delta^*})]$，其中 $k=(0.25, 0.29, 0.3, 0.16)^T$ 和 $l=(0.27, 0.23, 0.32, 0.18)^T$ 分别为专家 s_i 和参数 c_j 的权重向量，则 $\mathcal{L}_{\delta c_j}^{*}(\mathcal{M}_i)$的聚合结果为：

$\mathcal{R}_1=[(0.432025, 0.669215), (0.408108, 0.691652)]$

$\mathcal{R}_2=[(0.417457, 0.662671), (0.503394, 0.6509)]$

$\mathcal{R}_3=[(0.392067, 0.655437), (0.442525, 0.635251)]$

步骤 3：$SC(\mathcal{R}_1)=-0.24099$，$SC(\mathcal{R}_2)=-0.18323$，$SC(\mathcal{R}_3)=-0.1955$。

步骤 4：$SC(\mathcal{R}_2)>SC(\mathcal{R}_3)>SC(\mathcal{R}_1)$。

因此，从上述分析可以看出，s_2 是 3 个候选人中最合适、最理想的。

6. 基于 q-ROFS_tRHG 方法的决策结果

步骤 1：同上。

步骤 2：基于提出的 q-ROFS_tRHG 聚合算子对每个方案 $s_k(k=1, 2, 3)$ 在参数 c_j 下的各决策矩阵$\mathbb{M}=\left[\mathcal{L}_{\delta c_j}^{*}(\mathcal{M}_i)\right]_{n\times m}$ 进行聚合，以获得聚合结果$\mathcal{R}_k=[(\underline{\beta_\delta^*}, \underline{\vartheta_\delta^*}), (\overline{\beta_\delta^*}, \overline{\vartheta_\delta^*})]$，其中 $k=(0.25, 0.29, 0.3, 0.16)^T$ 和 $l=(0.27, 0.23, 0.32, 0.18)^T$ 分别为专家 s_i 和参数 c_j 的权重向量，则 $\mathcal{L}_{\delta c_j}^{*}(\mathcal{M}_i)$的聚合结果为：

$\mathcal{R}_1=[(0.365745, 0.709626), (0.308693, 0.751049)]$

$\mathcal{R}_2=[(0.332518, 0.713922), (0.407739, 0.706165)]$

$\mathcal{R}_3=[(0.318639, 0.693983), (0.36813, 0.673448)]$

步骤 3：$SC(\mathcal{R}_1)=-0.35133$，$SC(\mathcal{R}_2)=-0.30573$，$SC(\mathcal{R}_3)=-0.27871$。

步骤 4：$SC(\mathcal{R}_3)>SC(\mathcal{R}_2)>SC(\mathcal{R}_1)$。

因此，从上述分析可以看出，s_3 是 3 个候选人中最合适、最理想的。分值越高，该值越乐观，分值越小，该值越悲观。从上述提出的算子的排序结果可以清楚地看出，平均算子的结果比几何算子的结果更乐观。

表 5-7 候选人 s_1 的 q-ROFS_tR 矩阵

专业教授	c_1	c_2	c_3	c_4
z_1	[(0.7, 0.2), (0.8, 0.1)]	[(0.65, 0.25), (0.3, 0.6)]	[(0.82, 0.18), (0.6, 0.4)]	[(0.5, 0.2), (0.4, 0.1)]
z_2	[(0.6, 0.1), (0.5, 0.3)]	[(0.5, 0.1), (0.7, 0.15)]	[(0.3, 0.2), (0.2, 0.7)]	[(0.2, 0.3), (0.6, 0.2)]
z_3	[(0.4, 0.5), (0.6, 0.2)]	[(0.75, 0.2), (0.4, 0.1)]	[(0.65, 0.3), (0.7, 0.25)]	[(0.5, 0.4), (0.1, 0.5)]
z_4	[(0.5, 0.3), (0.3, 0.7)]	[(0.6, 0.4), (0.9, 0.1)]	[(0.78, 0.22), (0.45, 0.4)]	[(0.8, 0.1), (0.3, 0.1)]

表 5-8 候选人 s_2 的 q-ROFS_tR 矩阵

专业教授	c_1	c_2	c_3	c_4
z_1	[(0.6, 0.3), (0.9, 0.1)]	[(0.2, 0.4), (0.6, 0.1)]	[(0.5, 0.2), (0.9, 0.1)]	[(0.6, 0.2), (0.7, 0.2)]
z_2	[(0.4, 0.25), (0.3, 0.5)]	[(0.5, 0.15), (0.7, 0.3)]	[(0.77, 0.1), (0.6, 0.35)]	[(0.4, 0.3), (0.5, 0.1)]
z_3	[(0.3, 0.6), (0.65, 0.25)]	[(0.66, 0.2), (0.8, 0.17)]	[(0.8, 0.15), (0.55, 0.2)]	[(0.7, 0.1), (0.3, 0.6)]
z_4	[(0.5, 0.15), (0.55, 0.2)]	[(0.8, 0.1), (0.4, 0.5)]	[(0.62, 0.3), (0.9, 0.1)]	[(0.2, 0.4), (0.5, 0.3)]

表 5-9 候选人 s_3 的 q-ROFS_tR 矩阵

专业教授	c_1	c_2	c_3	c_4
z_1	[(0.8, 0.13), (0.8, 0.1)]	[(0.5, 0.2), (0.6, 0.1)]	[(0.4, 0.1), (0.7, 0.2)]	[(0.7, 0.1), (0.6, 0.3)]
z_2	[(0.5, 0.16), (0.4, 0.2)]	[(0.8, 0.12), (0.3, 0.4)]	[(0.6, 0.2), (0.4, 0.3)]	[(0.5, 0.2), (0.4, 0.1)]
z_3	[(0.4, 0.5), (0.7, 0.3)]	[(0.5, 0.4), (0.5, 0.12)]	[(0.2, 0.4), (0.8, 0.14)]	[(0.3, 0.4), (0.2, 0.5)]
z_4	[(0.3, 0.2), (0.5, 0.15)]	[(0.6, 0.25), (0.7, 0.3)]	[(0.8, 0.18), (0.75, 0.1)]	[(0.6, 0.2), (0.8, 0.1)]

下面通过上述例子说明所提出方法的可行性和优越性。其中基于不同集成算子的对比研究见文献[41,42,43,55,59,60,64,162]。基于此，本章利用所提出的聚合算子对上述数值例子的不同参数进行聚合，其中权重向量 $v=(0.32, 0.17, 0.31, 0.2)^T$，且基于每个候选人 s_i（$i=1, 2, 3$）的群聚合决策矩阵如表 5-10 所示。现利用评价矩阵的信息，将所提出的方法与其他方法进行对比分析，结果如表 5-11 所示。从表 5-11 可以看出，文献[41,42,43,55,59,60,64,162]的方法仅能求解（β, ϑ）形式的 q-ROFV，并不能求解$[(\underline{\beta}, \underline{\vartheta}), (\overline{\beta}, \overline{\vartheta})]$形式的 q-ROF$S_t$RV，因此现有方法缺失粗糙信息，不能对上述数值例子进行求解和排序，故所提出的方法比现有的方法更具优越性，更有能力去处理上述实例。

表 5-10　基于候选人的群决策矩阵

专业教授	s_1	s_2	s_3
z_1	[(0.719, 0.201), (0.651, 0.208)]	[(0.538, 0.256), (0.849, 0.115)]	[(0.670, 0.122), (0.713, 0.154)]
z_2	[(0.471, 0.154), (0.534, 0.320)]	[(0.602, 0.179), (0.550, 0.298)]	[(0.616, 0.171), (0.387, 0.222)]
z_3	[(0.598, 0.350), (0.582, 0.229)]	[(0.678, 0.226), (0.629, 0.260)]	[(0.370, 0.430), (0.682, 0.225)]
z_4	[(0.703, 0.230), (0.616, 0.287)]	[(0.605, 0.211), (0.733, 0.205)]	[(0.650, 0.201), (0.703, 0.137)]

表 5-11　不同方法的对比分析

方法	得分值			排序
	$\mathcal{R}_1$	$\mathcal{R}_2$	$\mathcal{R}_3$	
IFWA [42]	无法获取			×
IFS$_t$WA [64]	无法获取			×
PFS$_t$WA [41]	无法获取			×
q-ROFWA [55]	无法获取			×
q-ROFHOWAGA [162]	无法获取			×
q-ROFS$_t$WA [41]	无法获取			×
Cq-ROFWA [59]	无法获取			×
q-RONFWA [60]	无法获取			×
q-ROFS$_t$RWA（本章方法）	0.226074	0.298025	0.241341	$\mathcal{R}_2 \geqslant \mathcal{R}_3 \geqslant \mathcal{R}_1$

续表

方法	得分值			排序
	$\mathcal{R}_1$	$\mathcal{R}_2$	$\mathcal{R}_3$	
q-ROFS$_t$ROWA（本章方法）	0.250625	0.312857	0.26844	$\mathcal{R}_2 \geqslant \mathcal{R}_3 \geqslant \mathcal{R}_1$
q-ROFS$_t$RHA（本章方法）	-0.24099	-0.18323	-0.1955	$\mathcal{R}_2 \geqslant \mathcal{R}_3 \geqslant \mathcal{R}_1$
IFWG［43］	无法获取			×
IFS$_t$WG［64］	无法获取			×
q-ROFWG［55］	无法获取			×
Cq-ROFWG［59］	无法获取			×
q-RONFWG［60］	无法获取			×
q-ROFS$_t$RWG（本章方法）	0.06616	0.135502	0.118744	$\mathcal{R}_2 \geqslant \mathcal{R}_3 \geqslant \mathcal{R}_1$
q-ROFS$_t$ROWG（本章方法）	0.09287	0.152658	0.139459	$\mathcal{R}_2 \geqslant \mathcal{R}_3 \geqslant \mathcal{R}_1$
q-ROFS$_t$RHG（本章方法）	-0.35133	-0.30573	-0.27871	$\mathcal{R}_2 \geqslant \mathcal{R}_3 \geqslant \mathcal{R}_1$

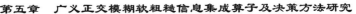

第六章　两类复杂模糊信息的新型相关系数及决策方法研究

相关系数 CC（也称为 Pearson 相关系数）是两个变量之间线性关联的无标度测度，是决策领域常用的测度工具。本章旨在将传统实数集之间的相关概念拓展到情景模糊中，提出一种新型 Pearson 情景模糊相关系数，其显著特征是取值位于区间［-1，1］，可全面描述变量之间的正负相关程度。这与统计学中传统相关系数的取值范围一致，而现有研究的情景模糊相关系数位于单位区间［0，1］，并不能描述变量之间的负相关性。本章进一步构建了一种新的基于 Pearson 相关的 TOPSIS 模型解决情景模糊评价中的多属性决策问题。此外，还提出了一种基于 T-球形模糊信息相关系数的多属性决策方法，并应用于医学诊断和模式识别领域的决策问题。

第一节　两类复杂模糊集及相关系数理论

一、情景模糊集和 T-球形模糊集

定义 6.1　给定论域 $X=\{x_1, x_2, \cdots, x_n\}$，则 X 上的情景模糊集（PFS）P 定义如下：

$$P=\{[x, (E_P(x), I_P(x), N_P(x))] \mid x\in X\} \tag{6-1}$$

其中，$E_P(x)\in[0, 1]$代表隶属度，$I_P(x)\in[0, 1]$代表中立度，$N_P(x)\in[0, 1]$代表非隶属度，且 $\forall x\in X$ 满足条件 $0\leqslant E_P(x)+I_P(x)+N_P(x)\leqslant 1$。对任意

$x\in X$，拒绝度 $T_P(x)=1-(E_P(x)+I_P(x)+N_P(x))$。

如果 $I_P(x)=0$，则 PFS 退化为 Atanassov 的 IFS，显然 IFS 是 PFS 的一种特殊情况。为计算方便，我们用 $p=(E, I, N)$ 表示一个情景模糊值（PFV）。

定义 6.2 设 $p_1=(E_1, I_1, N_1)$ 和 $p_2=(E_2, I_2, N_2)$ 是两个情景模糊值（PFVs），则其基本运算法则定义如下：

（1）$\alpha_1\oplus\alpha_2=(E_1+E_2-E_1\times E_2, I_1\times I_2, N_1\times N_2)$。

（2）$\lambda\alpha_1=(1-(1-E_1)^\lambda, (I_1)^\lambda, (N_1)^\lambda)$，$\lambda\geqslant 0$。

定义 6.3 关于 T-球形模糊集 TSFSP^t 的定义见定义 4.1。

二、现有情景模糊集和 T-球形模糊集的相关系数

定义 6.4[163] 设 P，Q 为两个 PFSs，则 P，Q 间的 CC 表达式为：

$$\rho(P, Q)=\frac{\sum_{l=1}^{t}\{\mu_P(u_l)\mu_Q(u_l)+\vartheta_P(u_l)\vartheta_Q(u_l)+\eta_P(u_l)\eta_Q(u_l)+\delta_P(u_l)\delta_Q(u_l)\}}{\left\{\begin{array}{l}\left\{\sum_{l=1}^{t}(\mu_P(u_l))^2+(\vartheta_P(u_l))^2+(\eta_P(u_l))^2+(\delta_P(u_l))^2\right\}^{\frac{1}{2}}\times\\ \left\{\sum_{l=1}^{t}(\mu_Q(u_l))^2+(\vartheta_Q(u_l))^2+(\eta_Q(u_l))^2+(\delta_Q(u_l))^2\right\}^{\frac{1}{2}}\end{array}\right\}}\tag{6-2}$$

其中，$\mu_P(u_l)$，$\vartheta_P(u_l)$，$\eta_P(u_l)$ 分别表示元素 $u_l\in U$ 的 MD，AD 和 NMD，且对于 $l=1, 2, 3, \cdots, t$，$\delta_Q(u_l)=1-(\mu_P(u_l)+\vartheta_P(u_l)+\eta_P(u_l))$。

定义 6.5[163] 设 P，Q 为两个 PFSs，则 P，Q 间的 CC 表达式为：

$$\rho^{\vee}(P, Q)=\frac{\sum_{l=1}^{t}\{\mu_P(u_l)\mu_Q(u_l)+\vartheta_P(u_l)\vartheta_Q(u_l)+\eta_P(u_l)\eta_Q(u_l)+\delta_P(u_l)\delta_Q(u_l)\}}{\max\left\{\begin{array}{l}\sum_{l=1}^{t}(\mu_P(u_l))^2+(\vartheta_P(u_l))^2+(\eta_P(u_l))^2+(\delta_P(u_l))^2,\\ \sum_{l=1}^{t}(\mu_Q(u_l))^2+(\vartheta_Q(u_l))^2+(\eta_Q(u_l))^2+(\delta_Q(u_l))^2\end{array}\right\}}\tag{6-3}$$

其中，$\mu_P(u_l)$，$\vartheta_P(u_l)$，$\eta_P(u_l)$ 分别表示元素 $u_l\in U$ 的 MD，AD 和 NMD，且对于 $l=1, 2, 3, \cdots, t$，$\delta_Q(u_l)=1-(\mu_P(u_l)+\vartheta_P(u_l)+\eta_P(u_l))$。

定义 6.6[18] 设 P，Q 为两个 TSFSs，则 P，Q 间的 CC 表达式为：

$$\rho_{TSFS}^{3}(P,\ Q)=\frac{\sum_{l=1}^{t}\{\mu_P(u_l)\mu_Q(u_l)+\vartheta_P(u_l)\vartheta_Q(u_l)+\eta_P(u_l)\eta_Q(u_l)+\delta_P(u_l)\delta_Q(u_l)\}}{\left\{\left\{\sum_{l=1}^{t}(\mu_P^2(u_l))^n+(\vartheta_P^2(u_l))^n+(\eta_P^2(u_l))^n+(\delta_P^2(u_l))^n\right\}^{\frac{1}{2}}\times\left\{\sum_{l=1}^{t}(\mu_Q^2(u_l))^n+(\vartheta_Q^2(u_l))^n+(\eta_Q^2(u_l))^n+(\delta_Q^2(u_l))^n\right\}^{\frac{1}{2}}\right\}}\tag{6-4}$$

其中，$\mu_P(u_l)$，$\vartheta_P(u_l)$，$\eta_P(u_l)$分别表示元素 $u_l\in U$ 的 MD，AD 和 NMD，且对于$l=1$，2，3，…，t，$\delta_Q^n(u_l)=1-(\mu_P^n(u_l)+\vartheta_P^n(u_l)+\eta_P^n(u_l))$。

到目前为止，Pearson 相关系数已经被广泛应用到一些模糊决策问题中，如直觉模糊集的相关系数、毕达哥拉斯模糊集相关系数、区间毕达哥拉斯模糊集的 Pearson 相关系数、PFS 相关系数等。但 PFS 相关系数的取值主要位于区间［0，1］，与传统统计学意义上的相关系数取值介于区间［-1，1］相违背。即现有的 PFS 相关系数只考虑了 PFS 间的正相关关系而忽略了它们的负相关情形，降低了理论支持和合理性。该相关系数定义如下：

定义 6.7[163] 给定论域 X 上的两个 PFSs $P=(p_1,\ p_2,\ \cdots,\ p_n)$和 $Q=(q_1,\ q_2,\ \cdots,\ q_n)$，则 P 和 Q 之间的 CC 表达式为：

$$K(P,\ Q)=\frac{\sum_{i=1}^{n}(E_{P_i}E_{Q_i}+I_{P_i}I_{Q_i}+N_{P_i}N_{Q_i}+T_{P_i}T_{Q_i})}{\left\{\sum_{i=1}^{n}\left((E_{P_i})^2+(I_{P_i})^2+(N_{P_i})^2+(T_{P_i})^2\right)\right\}^{\frac{1}{2}}\times\left\{\sum_{i=1}^{n}\left((E_{Q_i})^2+(I_{Q_i})^2+(N_{Q_i})^2+(T_{Q_i})^2\right)\right\}^{\frac{1}{2}}}\tag{6-5}$$

容易验证该相关系数 $K(P,\ Q)$位于区间［0，1］。因此，它只能描述 PFS 之间的正相关关系，而无法描述 PFS 之间的负相关关系。为弥补此缺陷，基于传统 Pearson 相关系数，本章提出一种新的情景模糊相关系数的概念，其主要性质是它的取值介于区间［-1，1］，这与传统统计学上的相关系数特点一致，从而可全面描述变量之间的正负相关联程度。此外，它考虑了 PFS 的四个特征元素，从而避免了决策信息的丢失。

第二节　新型 Pearson 情景模糊相关系数

定义 6.8　给定论域 X 上的两个 PFSs $P=(p_1, p_2, \cdots, p_n)$ 和 $Q=(q_1, q_2, \cdots, q_n)$，则 P 和 Q 之间的情景模糊相关系数 $r(P, Q)$ 定义如下：

$$r(P, Q)=\frac{1}{4}(r_E(P, Q)+r_I(P, Q)+r_N(P, Q)+r_T(P, Q)) \tag{6-6}$$

其中，

$$r_E(P, Q)=\frac{\sum_{i=1}^{n}(E_{p_i}-\overline{E}_p)(E_{q_i}-\overline{E}_q)}{\sqrt{\sum_{i=1}^{n}(E_{p_i}-\overline{E}_p)^2}\sqrt{\sum_{i=1}^{n}(E_{q_i}-\overline{E}_q)^2}} \tag{6-7}$$

$$r_I(P, Q)=\frac{\sum_{i=1}^{n}(I_{p_i}-\overline{I}_p)(I_{q_i}-\overline{I}_q)}{\sqrt{\sum_{i=1}^{n}(I_{p_i}-\overline{I}_p)^2}\sqrt{\sum_{i=1}^{n}(I_{q_i}-\overline{I}_q)^2}} \tag{6-8}$$

$$r_N(P, Q)=\frac{\sum_{i=1}^{n}(N_{p_i}-\overline{N}_p)(N_{q_i}-\overline{N}_q)}{\sqrt{\sum_{i=1}^{n}(N_{p_i}-\overline{N}_p)^2}\sqrt{\sum_{i=1}^{n}(N_{q_i}-\overline{N}_q)^2}} \tag{6-9}$$

$$r_T(P, Q)=\frac{\sum_{i=1}^{n}(T_{p_i}-\overline{T}_p)(T_{q_i}-\overline{T}_q)}{\sqrt{\sum_{i=1}^{n}(T_{p_i}-\overline{T}_p)^2}\sqrt{\sum_{i=1}^{n}(T_{q_i}-\overline{T}_q)^2}} \tag{6-10}$$

式（6-7）~式（6-10）中，关于 p_i 和 q_i 的隶属度、中立度以及非隶属度的相关均值计算方法如下：

$$\overline{E}_p=\sum_{i=1}^{n}E_{p_i}/n,\ \overline{E}_q=\sum_{i=1}^{n}E_{q_i}/n,\ \overline{I}_p=\sum_{i=1}^{n}I_{p_i}/n$$

$$\overline{I}_q=\sum_{i=1}^{n}I_{q_i}/n,\ \overline{N}_p=\sum_{i=1}^{n}N_{p_i}/n,\ \overline{N}_q=\sum_{i=1}^{n}N_{q_i}/n$$

$$\overline{T}_p=\sum_{i=1}^{n}T_{p_i}/n \text{ 以及 } \overline{T}_q=\sum_{i=1}^{n}T_{q_i}/n$$

定理 6.1 情景模糊相关系数 $r(P, Q)$ 中的隶属度部分 $r_E(P, Q)$ 具有如下性质：

(1) $r_E(P, Q)=r_E(Q, P)$。

(2) 若 $E_{p_i}=E_{q_i}$，则 $r_E(P, Q)=1$，$\forall i\in[1, n]$。

(3) $|r_E(P, Q)|\leqslant 1$。

证明：

(1) 根据式（6-7），定理 6.1 的性质（1）显然成立，证明略。

(2) 若 $p_i=q_i$，$\forall i\in[1, n]$，则 $\overline{E}_p=\overline{E}_q$。因此，有

$$r_E(P, Q)=\frac{\sum_{i=1}^{n}(E_{p_i}-\overline{E}_p)(E_{q_i}-\overline{E}_q)}{\sqrt{\sum_{i=1}^{n}(E_{p_i}-\overline{E}_p)^2}\sqrt{\sum_{i=1}^{n}(E_{q_i}-\overline{E}_q)^2}}=\frac{\sum_{i=1}^{n}(E_{p_i}-\overline{E}_p)^2}{\sum_{i=1}^{n}(E_{p_i}-\overline{E}_p)^2}=1$$

(3) 若 $0\leqslant E_{p_i}, E_{q_i}\leqslant 1$，$\forall i\in[1, n]$，则 $0\leqslant\overline{E}_p, \overline{E}_q\leqslant 1$。因此，可得 $-1\leqslant E_{p_i}-\overline{E}_p\leqslant 1$，$-1\leqslant E_{q_i}-\overline{E}_q\leqslant 1$，$(E_{p_i}-\overline{E}_p)^2\leqslant 1$ 和 $(E_{q_i}-\overline{E}_q)^2\leqslant 1$。进一步可得 $-n\leqslant\sum_{i=1}^{n}(E_{p_i}-\overline{E}_p)(E_{q_i}-\overline{E}_q)\leqslant n$ 以及 $\sqrt{\sum_{i=1}^{n}(E_{p_i}-\overline{E}_p)^2}\sqrt{\sum_{i=1}^{n}(E_{q_i}-\overline{E}_q)^2}\leqslant\sqrt{n}\cdot\sqrt{n}=n$。显然可得 $-1\leqslant r_E(P, Q)\leqslant 1$，即 $|r_E(P, Q)|\leqslant 1$。

同理，可得到下面的定理 6.2~定理 6.5。

定理 6.2 情景模糊相关系数 $r(P, Q)$ 中的中立度部分 $r_I(P, Q)$ 具有如下性质：

(1) $r_I(P, Q)=r_I(Q, P)$。

(2) 若 $I_{p_i}=I_{q_i}$，则 $r_I(P, Q)=1$，$\forall i\in[1, n]$。

(3) $|r_I(P, Q)|\leqslant 1$。

定理 6.3 情景模糊相关系数 $r(P, Q)$ 中的非隶属度部分 $r_N(P, Q)$ 具有如下性质：

(1) $r_N(P, Q)=r_N(Q, P)$。

(2) 若 $N_{p_i}=N_{q_i}$，则 $r_N(P, Q)=1$，$\forall i\in[1, n]$。

(3) $|r_N(P, Q)|\leqslant 1$。

定理 6.4 情景模糊相关系数 $r(P, Q)$ 中的拒绝度部分 $r_T(P, Q)$ 具有如下性质：

(1) $r_T(P, Q)=r_T(Q, P)$。

(2) 若 $T_{p_i}=T_{q_i}$，则 $r_T(P, Q)=1$，$\forall i\in[1, n]$。

(3) $|r_T(P,\ Q)|\leqslant 1$。

定理 6.5　P 和 Q 之间的情景模糊相关系数 $r(P,\ Q)$ 具有如下性质:

(1) $r(P,\ Q)=r(Q,\ P)$。

(2) 对于 $\forall i\in[1,\ n]$，如果 $p_i=q_i$，则 $r(P,\ Q)=1$。

(3) $|r(P,\ Q)|\leqslant 1$。

证明:

(1) 定理 6.5 的性质 (1) 显然成立，此处证明省略。

(2) 若 $p_i=q_i$，$\forall i\in[1,\ n]$，则 $E_{p_i}=E_{q_i}$，$I_{p_i}=I_{q_i}$，$N_{p_i}=N_{q_i}$ 和 $T_{p_i}=T_{q_i}$；然后根据定理 6.1~定理 6.4，可得 $r_E(P,\ Q)=1$，$r_I(P,\ Q)=1$，$r_T(P,\ Q)=1$ 和 $r_T(P,\ Q)=1$。因此，$r(P,\ Q)=\dfrac{1}{4}(1+1+1+1)=1$。

(3) 根据定理 6.1~定理 6.4 容易验证，此处证明省略。

定义 6.9　给定论域 X，其中 w_i 是 x_i 的权重，满足 $\sum_{i=1}^{n} w_i=1$，$w_i\in[0,\ 1]$，则 P 和 Q 之间的加权情景模糊相关系数 $r^w(P,\ Q)$ 定义如下:

$$r^w(P,\ Q)=\frac{1}{4}(r_E^w(P,\ Q)+r_I^w(P,\ Q)+r_N^w(P,\ Q)+r_T^w(P,\ Q)) \tag{6-11}$$

其中，

$$r_E^w(P,\ Q)=\frac{\sum_{i=1}^{n} w_i(E_{p_i}-\overline{E}_p)(E_{q_i}-\overline{E}_q)}{\sqrt{\sum_{i=1}^{n} w_i(E_{p_i}-\overline{E}_p)^2}\sqrt{\sum_{i=1}^{n} w_i(E_{q_i}-\overline{E}_q)^2}} \tag{6-12}$$

$$r_I^w(P,\ Q)=\frac{\sum_{i=1}^{n} w_i(I_{p_i}-\overline{I}_p)(I_{q_i}-\overline{I}_q)}{\sqrt{\sum_{i=1}^{n} w_i(I_{p_i}-\overline{I}_p)^2}\sqrt{\sum_{i=1}^{n} w_i(I_{q_i}-\overline{I}_q)^2}} \tag{6-13}$$

$$r_N^w(P,\ Q)=\frac{\sum_{i=1}^{n} w_i(N_{p_i}-\overline{N}_p)(N_{q_i}-\overline{N}_q)}{\sqrt{\sum_{i=1}^{n} w_i(N_{p_i}-\overline{N}_p)^2}\sqrt{\sum_{i=1}^{n} w_i(N_{q_i}-\overline{N}_q)^2}} \tag{6-14}$$

$$r_T^w(P,\ Q)=\frac{\sum_{i=1}^{n} w_i(T_{p_i}-\overline{T}_p)(T_{q_i}-\overline{T}_q)}{\sqrt{\sum_{i=1}^{n} w_i(T_{p_i}-\overline{T}_p)^2}\sqrt{\sum_{i=1}^{n} w_i(T_{q_i}-\overline{T}_q)^2}} \tag{6-15}$$

定理 6.6 P 和 Q 之间的加权情景模糊相关系数 $r^w(P, Q)$ 具有如下性质：

（1）$r^w(P, Q)=r^w(Q, P)$。

（2）若 $p_i=q_i$，则 $r^w(P, Q)=1$，$\forall i\in[1, n]$。

（3）$|r^w(P, Q)|\leqslant 1$。

（4）若 $w_i=i/n$，则 $r^w(P, Q)=r(P, Q)$，$\forall i\in[1, n]$。

证明：

（1）定理 6.6 的性质（1）显然成立，此处证明省略。

（2）若 $p_i=q_i$，$\forall i\in[1, n]$，则 $E_p=E_q$，$I_p=I_q$ 和 $N_p=N_q$。进一步可得 $r_E^w(P, Q)=1$，$r_I^w(P, Q)=1$，$r_N^w(P, Q)=1$，$r_T^w(P, Q)=1$。

因此，$r^w(P, Q)=\dfrac{1}{4}(1+1+1+1)=1$。

（3）容易证明 $|r_E^w(P, Q)|\leqslant 1$，$|r_I^w(P, Q)|\leqslant 1$，$|r_N^w(P, Q)|\leqslant 1$ 和 $|r_T^w(P, Q)|\leqslant 1$。因此，$|r_E^w(P, Q)|\leqslant 1$ 显然成立。

（4）定理 6.6 的性质（4）显然成立，此处证明省略。

第三节　新型 T-球形模糊相关系数

由于 PFS 表达范围的局限性，在 PFS 环境中的相关系数也具有相对局限性，而 TSFS 可最小限度地防止信息丢失，更为全面详尽地反映出了真实的决策信息，因此，本节将提出一种新型 T-球形模糊相关系数。首先定义 TSFS 环境下方差和协方差的理论公式，其次提出 TSFS 环境下相关系数的具体定义。

定义 6.10 设 P，Q 为有限论域 $U=\{u_1, u_2, u_3, \cdots, u_l\}$ 上的两个 TSFSs，则其方差公式表示为：

$$\theta(P)=\frac{1}{t-1}\sum_{l=1}^{t}\left\{\begin{matrix}(\mu_P^n(u_l)-\overline{\mu_P})^2+(\vartheta_P^n(u_l)-\overline{\vartheta_P})^2+\\(\eta_P^n(u_l)-\overline{\eta_P})^2+\sigma_l^2(P)\end{matrix}\right\}\tag{6-16}$$

其中，对于 $l=\{1, 2, 3, \cdots, t\}$，$\overline{\mu_P}=\dfrac{1}{t}\sum_{l=1}^{t}\mu_P^n(u_l)$，$\overline{\vartheta_P}=\dfrac{1}{t}\sum_{l=1}^{t}\vartheta_P^n(u_l)$，$\overline{\eta_P}=\dfrac{1}{t}\sum_{l=1}^{t}\eta_P^n(u_l)$，$\sigma_l(P)=((\mu_P^n(u_l)-\overline{\mu_P})-(\vartheta_P^n(u_l)-\overline{\vartheta_P})-(\eta_P^n(u_l)-\overline{\eta_P}))$。

定义 6.11 设 P，Q 为有限论域 $U=\{u_1, u_2, u_3, \cdots, u_l\}$ 上的两个 TSFSs，则两者协方差的表达式为：

$$\theta(P, Q)=\frac{1}{t-1}\sum_{l=1}^{t}\left\{\begin{array}{l}(\mu_P^n(u_l)-\overline{\mu_P})(\mu_Q^n(u_l)-\overline{\mu_Q})+(\vartheta_P^n(u_l)-\overline{\vartheta_P})(\vartheta_Q^n(u_l)-\overline{\vartheta_Q})+\\(\eta_P^n(u_l)-\overline{\eta_P})(\eta_Q^n(u_l)-\overline{\eta_Q})+\sigma_l(P)\sigma_l(Q)\end{array}\right\} \tag{6-17}$$

其中，对于 $l=\{1, 2, 3, \cdots, t\}$，$\overline{\mu_P}=\frac{1}{t}\sum_{l=1}^{t}\mu_P^n(u_l)$，$\overline{\vartheta_P}=\frac{1}{t}\sum_{l=1}^{t}\vartheta_P^n(u_l)$，$\overline{\eta_P}=\frac{1}{t}\sum_{l=1}^{t}\eta_P^n(u_l)$，$\sigma_l(P)=((\mu_P^n(u_l)-\overline{\mu_P})-(\vartheta_P^n(u_l)-\overline{\vartheta_P})-(\eta_P^n(u_l)-\overline{\eta_P}))$。

文献[163]中基于方差和协方差的理论公式，在 PFS 框架内对相关系数进行了拓展研究。考虑到 PFS 环境下的相关系数存在局限性，结合 TSFS 的表达范围的广泛性和多维性特征，提出一种基于 TSFS 的新型相关系数，定义如下：

定义 6.12 设 P，Q 为有限论域 $U=\{u_1, u_2, u_3, \cdots, u_l\}$ 上的两个 TSFSs，则两者间相关系数的表达式为：

$$\gamma(P, Q)=\frac{1}{3}(\gamma_1+\gamma_2+\gamma_3) \tag{6-18}$$

其中，

$$\gamma_1(P, Q)=\frac{\sum_{l=1}^{t}(\mu_P^n(u_l)-\overline{\mu_P})(\mu_Q^n(u_l)-\overline{\mu_Q})}{\sqrt[n]{\sum_{l=1}^{t}(\mu_P^n(u_l)-\overline{\mu_P})^2\times\sum_{l=1}^{t}(\mu_Q^n(u_l)-\overline{\mu_Q})^2}}$$

$$\gamma_2(P, Q)=\frac{\sum_{l=1}^{t}(\vartheta_P^n(u_l)-\overline{\vartheta_P})(\vartheta_Q^n(u_l)-\overline{\vartheta_Q})}{\sqrt[n]{\sum_{l=1}^{t}(\vartheta_P^n(u_l)-\overline{\vartheta_P})^2\times\sum_{l=1}^{t}(\vartheta_Q^n(u_l)-\overline{\vartheta_Q})^2}}$$

$$\gamma_3(P, Q)=\frac{\sum_{l=1}^{t}(\eta_P^n(u_l)-\overline{\eta_P})(\eta_Q^n(u_l)-\overline{\eta_Q})}{\sqrt[n]{\sum_{l=1}^{t}(\eta_P^n(u_l)-\overline{\eta_P})^2\times\sum_{l=1}^{t}(\eta_Q^n(u_l)-\overline{\eta_Q})^2}}$$

定理 6.7 存在三个 TSFNs，分别为 $P=(\mu_P, \vartheta_P, \eta_P)$，$Q=(\mu_Q, \vartheta_Q, \eta_Q)$，$R=(\mu_R, \vartheta_R, \eta_R)$，则有：

(1) $0\leqslant\gamma(P, Q)\leqslant 1$。

(2) $\gamma(P, Q)=\gamma(Q, P)$。

(3) 若 $P=Q$，则对于 $l=1, 2, 3, \cdots, m$，有 $\gamma(P, Q)=1$。

(4) 若 $P\subseteq Q\subseteq R$，则 $\gamma(P, R) \leqslant \gamma(P, Q) \leqslant \gamma(Q, R)$。

证明：

(1) 定理 6.7 中的 (1)、(2) 满足相关系数的性质。

(2) 定理 6.7 中的(3)若 $P=Q$，则 $\mu_P(u_l)=\mu_Q(u_l)$，$\vartheta_P(u_l)=\vartheta_Q(u_l)$，$\eta_P(u_l)=\eta_Q(u_l)$，故而得出 $\gamma(P, Q)=\frac{1}{3}(\gamma_1+\gamma_2+\gamma_3)=1$。

(3) 定理 6.7 中的 (4) 的结果显而易见，从几何角度出发，P、R 的夹角大于 P、Q 和 Q、R 的夹角，故而能得出 $\gamma(P, R) \leqslant \gamma(P, Q) \leqslant \gamma(Q, R)$。

下面，对所提出的新型相关系数的几种特殊形式进行讨论分析。显然，现有一些相关系数是所提新型相关系数的特殊形式，具体如下：

根据定义 6.12 可知，

$$\gamma(P, Q)=\frac{1}{3}\left(\frac{\sum_{l=1}^{t}(\mu_P^n(u_l)-\overline{\mu_P})(\mu_Q^n(u_l)-\overline{\mu_Q})}{\sqrt[n]{\sum_{l=1}^{t}(\mu_P^n(u_l)-\overline{\mu_P})^2\times\sum_{l=1}^{t}(\mu_Q^n(u_l)-\overline{\mu_Q})^2}}+\frac{\sum_{l=1}^{t}(\vartheta_P^n(u_l)-\overline{\vartheta_P})(\vartheta_Q^n(u_l)-\overline{\vartheta_Q})}{\sqrt[n]{\sum_{l=1}^{t}(\vartheta_P^n(u_l)-\overline{\vartheta_P})^2\times\sum_{l=1}^{t}(\vartheta_Q^n(u_l)-\overline{\vartheta_Q})^2}}+\frac{\sum_{l=1}^{t}(\eta_P^n(u_l)-\overline{\eta_P})(\eta_Q^n(u_l)-\overline{\eta_Q})}{\sqrt[n]{\sum_{l=1}^{t}(\eta_P^n(u_l)-\overline{\eta_P})^2\times\sum_{l=1}^{t}(\eta_Q^n(u_l)-\overline{\eta_Q})^2}}\right) \tag{6-19}$$

(1) 假设 $n=2$，则可以得到基于 SFS 的相关系数。

(2) 假设 $n=1$，则得出基于 PFS 的相关系数。

(3) 假设忽略 AD，则得到基于 q-ROFS 的相关系数。

(4) 假设 $n=2$ 且忽略 AD，则得出基于 PyFS 的相关系数。

(5) 假设 $n=1$ 且忽略 AD，则得出基于 IFS 的相关系数。

定义 6.13 设 $w=(w_1, w_2, w_3, \cdots, w_t)^T$ 是 $x_l=(l=1, 2, 3, \cdots, n)$ 的权重信息，满足 $w_l\geqslant 0$，$\sum_{l=1}^{n}w_l=1$，则定义在有限论域 $U=\{u_1, u_2, u_3, \cdots,$

$u_l\}$ 上的两个 TSFSs P、Q 间的加权相关系数 CC 表达式为：

$$\gamma(P, Q)=\frac{1}{3}(\gamma_1+\gamma_2+\gamma_3) \tag{6-20}$$

其中，

$$\gamma_1(P, Q)=\frac{\sum_{l=1}^{t} w_l(\mu_P^n(u_l)-\overline{\mu_P})(\mu_Q^n(u_l)-\overline{\mu_Q})}{\sqrt[n]{\sum_{l=1}^{t}(\mu_P^n(u_l)-\overline{\mu_P})^2\times\sum_{l=1}^{t}(\mu_Q^n(u_l)-\overline{\mu_Q})^2}}$$

$$\gamma_2(P, Q)=\frac{\sum_{l=1}^{t} w_l(\vartheta_P^n(u_l)-\overline{\vartheta_P})(\vartheta_Q^n(u_l)-\overline{\vartheta_Q})}{\sqrt[n]{\sum_{l=1}^{t}(\vartheta_P^n(u_l)-\overline{\vartheta_P})^2\times\sum_{l=1}^{t}(\vartheta_Q^n(u_l)-\overline{\vartheta_Q})^2}}$$

$$\gamma_3(P, Q)=\frac{\sum_{l=1}^{t} w_l(\eta_P^n(u_l)-\overline{\eta_P})(\eta_Q^n(u_l)-\overline{\eta_Q})}{\sqrt[n]{\sum_{l=1}^{t}(\eta_P^n(u_l)-\overline{\eta_P})^2\times\sum_{l=1}^{t}(\eta_Q^n(u_l)-\overline{\eta_Q})^2}}$$

定理 6.8　存在两个 TSFNs，分别为 $P=(\mu_P, \vartheta_P, \eta_P)$，$Q=(\mu_Q, \vartheta_Q, \eta_Q)$，则有：

（1）$0\leqslant\gamma(P, Q)\leqslant1$。

（2）$\gamma(P, Q)=\gamma(Q, P)$。

（3）若 $P=Q$，则对于 $l=1, 2, 3, \cdots, m$，有 $\gamma(P, Q)=1$。

证明： 同定理 6.7 证明过程类似，故不展开叙述。

第四节　基于模糊相关系数的多属性决策方法及其数值分析

一、基于新型 Pearson 情景模糊相关系数的多属性决策方法及其数值分析

关于情景模糊环境下的多属性决策问题可描述如下：假设 $A=\{A_1, A_2, \cdots, A_m\}$ 是一个离散的备选方案集，$S=\{S_1, S_2, \cdots, S_n\}$ 是一个有限的评价属性

集，对应的属性权重为 $w^T=(w_1, w_2, \cdots, w_n)^T$，其中 $\sum_{j=1}^{n} w_j=1$，$w_j \in [0, 1]$。备选方案 $A_i \in A$ 关于属性 $S_j \in S$ 的评价信息由 PFV $p'_{ij}=(E'_{ij}, I'_{ij}, N'_{ij})$ 表示，其中 $E'_{ij}, I'_{ij}, N'_{ij} \in [0, 1]$ 以及 $0 \leq E'_{ij}+I'_{ij}+N'_{ij} \leq 1$。任意 p'_{ij} 的拒绝度 $\pi'_{ij}=1-(E'_{ij}+I'_{ij}+N'_{ij})$。因此，情景模糊决策矩阵可以表示为：

$$R'=(p'_{ij})_{m\times n}=\begin{pmatrix} p'_{11} & \cdots & p'_{1n} \\ \vdots & \ddots & \vdots \\ p'_{m1} & \cdots & p'_{mn} \end{pmatrix} \tag{6-21}$$

如果所有属性 $S_j \in S$ $(j=1, 2, \cdots, n)$ 是相同类型，则不需要对其进行规范化处理。然而，在 MADM 问题中，通常会出现效益型属性（属性评价值越大越好）和成本型属性（属性评价值越小越好）。在这种情况下，可以将成本型属性值转化为效益型属性值，则式（6-21）的情景模糊决策矩阵可以转化为如下形式：

$$R=(p_{ij})_{m\times n}=\begin{pmatrix} p_{11} & \cdots & p_{1n} \\ \vdots & \ddots & \vdots \\ p_{m1} & \cdots & p_{mn} \end{pmatrix} \tag{6-22}$$

其中，

$$p_{ij}=(E_{ij}, I_{ij}, N_{ij})=\begin{cases} p'_{ij}, & S_j \text{ 是效益型属性} \\ \bar{p}'_{ij}, & S_j \text{ 是成本型属性} \end{cases} \tag{6-23}$$

$\bar{p}'_{ij}$ 是 p'_{ij} 的补，即 $\bar{p}'_{ij}=(N'_{ij}, I'_{ij}, E'_{ij})$。

进一步可得备选方案 A_i 的情景模糊向量 p_i：

$$p_i=\{p_{i1}, p_{i2}, \cdots, p_{in}\}=\{(E_{i1}, I_{i1}, N_{i1}), (E_{i2}, I_{i2}, N_{i2}), \cdots, (E_{in}, I_{in}, N_{in})\} \tag{6-24}$$

基于上述信息，下面提出了一种基于新型 Pearson 情景模糊相关系数的决策方法以解决情景模糊多属性决策问题。具体决策步骤如下：

步骤 1：根据决策者的评价信息构建决策矩阵 $R=(p_{ij})_{m\times n}$，并确定 n 个属性的权重向量 $w^T=(w_1, w_2, \cdots, w_n)^T$。

步骤 2：利用式（6-23）和式（6-24），确定情景模糊正理想解 $p^+=\{p_1^+, p_2^+, \cdots, p_n^+\}$ 和情景模糊负理想解 $p^-=\{p_1^-, p_2^-, \cdots, p_n^-\}$：

$$p_j^+=(E_j^+, I_j^+, N_j^+)=(\max_i\{E_{ij}\}, \min_i\{I_{ij}\}, \min_i\{N_{ij}\}) \tag{6-25}$$

$$p_j^-=(E_j^-, I_j^-, N_j^-)=(\min_i\{E_{ij}\}, \min_i\{I_{ij}\}, \max_i\{N_{ij}\}) \tag{6-26}$$

此外，关于 p_j^+ 和 p_j^- 的拒绝度分别计算如下：$\pi_j^+=1-(E_j^++I_j^++N_j^+)$ 和 $\pi_j^-=1-(E_j^-+I_j^-+N_j^-)$。

步骤 3：利用式（6-25）和式（6-26）确定各个备选方案 $A_i\in A$ 的情景模糊加权相关系数 $r^w(p_i,\ p^+)$ 和 $r^w(p_i,\ p^-)$。

步骤 4：基于步骤 3，计算各个备选方案 $A_i\in A$ 的情景模糊加权相关贴近系数 $CC^w(p_i)$。

$$CC^w(p_i)=\frac{1+r^w(p_i,\ p^+)}{2+r^w(p_i,\ p^+)+r^w(p_i,\ p^-)} \tag{6-27}$$

步骤 5：根据各个备选方案 A_i（$i=1,\ 2,\ \cdots,\ n$）的 $CC^w(p_i)$ 值对备选方案进行排序。显然，$CC^w(p_i)$ 值越大，备选方案越优。

下面对式（6-27）的情景模糊加权相关贴近系数进行分析。通常情况下，正 $r^w(p_i,\ p^+)$ 表示情景模糊向量 p_i 和 p^+ 之间是正相关，而负 $r^w(p_i,\ p^+)$ 表示负相关。因此，$r^w(p_i,\ p^+)$ 越大或 $r^w(p_i,\ p^-)$ 越小，备选方案 A_i 越优。然而，现有贴近系数无法保证备选方案 A_i 同时满足与 p^+ 最近且与 p^- 最远。式（6-27）提出的情景模糊加权相关贴近系数 $CC^w(p_i)$ 可解决这一问题，因为它可以计算出 p_i 与 p^+ 高度相关的同时与 p^- 尽可能线性无关。此外，因 $-1\leqslant r^w(p_i,\ p^+)\leqslant 1$ 和 $-1\leqslant r^w(p_i,\ p^-)\leqslant 1$，则 $0\leqslant CC^w(p_i)\leqslant 1$。

例 6.1　随着经济全球化的发展，技术复杂度的提升以及产品研发周期的缩短，企业面临着日益剧烈的竞争，为获得并维持企业的竞争力，将已有技术实施商业化以实现最大化自身收益是众多企业的共同战略选择[164]。其中，商业化指产品从研发、生产至销售的一系列活动，技术商业化作为商业化行为的重要一环，目的在于促进产品在各个环节的技术增值。

一方面，智能产品技术的商业化问题可以从科技和企业的角度分开考虑。首先，从企业的角度来看，在开放式创新的背景下，可以通过企业自主研发或通过产业内合作、产学研联盟等共同研发方式，也可以通过外部购买等方式获得可用于商业化的外部技术资源。智能产品技术的商业化是一个非常复杂的过程。李扬和沈志渔[165] 系统梳理了技术商业化各个层次各个阶段的运行规律，提出了多层次的智慧创业型企业新技术商业化模型，从横向与纵向对商业化过程进行分解。具体来说，按纵向划分为商业分析、商业应用、商业开发和商业改进四个阶段，横向视角划分为技术层、市场层、资金层和互补层，突出智能产品创业者的重要作用。也有学者提出技术创新过程的模块化，即认为技术创新由异质性的独立模块组成，具体地，将技术商业化分成技术获取、生产能力开发、产品开发和市场开发[166] 四个独立的阶段，并将这一划分嵌入创新主体的价值网络。

其次，从技术发展与应用视角来看，技术商业化是从理论到小批量实验，再到企业量产的过程；对于企业来说，技术商业化涉及科技成果的使用与推广；从社会整体角度来看，技术商业化是技术不断发展向纵深化、复杂化方向演化的过程。尤其对于智能产品企业而言，新技术的商业化是通过具有实用价值、时代感、科技感和体验感且快速迭代的技术成果，经过生产、运营与销售等阶段实现产品技术价值与消费者使用价值的统一，是研究成果适应技术发展、满足市场需要的过程。从这个角度来看，技术的商业化是企业从技术愿景到将这种技术应用到智能产品中，再将产品推向市场，成为客户感知的商品；或者公司购买新技术，将其应用到自主研发的智能产品上，然后进行市场推广。

另一方面，关于影响智能产品技术商业化的因素。首先，技术商业化的最终目的是要满足消费市场的需求，因此市场信息是影响企业技术商业化实施的重要因素，就智能技术和产品而言，对现有技术的拓展以及用户的潜在需求至关重要。值得注意的是，随着智能产业的发展，组织开始通过技术进步引导并激发用户的需求，即技术创新需求。此外，需求的持续增长也是技术持续商业化需要考虑的因素。其次，技术自身的属性也是影响技术商业化成果的重要因素。基于创新扩散视角，技术的扩散率与技术或发明本身的属性有关。最后，组织内部资源决定技术商业化能力。组织资源包括使企业能够为客户创造价值的金融、人力、实物、技术资源和组织捐赠。从资源观的角度来看，组织需要这些资源来加强其技术商业化能力，从这个角度来说，有形资源也是技术商业化的要素之一[167]。除了以上几点，环境因素和风险控制也是技术商业化需要考虑的重要因素，是影响技术商业化成功与否的重要因素。企业的资金约束、技术多元化及专业化倾向以及主要产品市场上需求能力的变化贯穿技术商业化的全过程，且在各个阶段具有截然不同的作用效应与方向。基于项目来源视角，技术商业化的风险可以分为技术系统风险、社会系统风险与管理过程风险[168]。

下面将所提出的决策方法应用到情景模糊环境下智能产品技术商业化的供应商评估中，以验证所提方法的有效性和优越性。根据以上对影响智能产品技术商业化的因素分析，拟从 6 个评价属性进行综合评估，以挑选出最优智能产品新兴技术企业：①S_1 = 市场信息；②S_2 = 技术发展；③S_3 = 组织资源；④S_4 = 环境因素；⑤S_5 = 风险控制；⑥S_6 = 绩效和财务状况。现有 5 个潜在备选方案 A_i（i = 1,

2，…，5）作为评价对象：

步骤 1：专家们考虑了每个备选方案的 6 个评价属性，并给出了如表 6-1 所描述的情景模糊决策矩阵。

表 6-1　情景模糊决策矩阵

方案	S_1	S_2	S_3
A_1	(0.53，0.33，0.09)	(0.89，0.08，0.03)	(0.42，0.35，0.18)
A_2	(0.85，0.09，0.05)	(0.74，0.16，0.10)	(0.02，0.89，0.05)
A_3	(0.91，0.03，0.02)	(0.07，0.09，0.05)	(0.04，0.85，0.10)
A_4	(0.73，0.12，0.08)	(0.13，0.64，0.21)	(0.03，0.82，0.13)
A_5	(0.90，0.05，0.02)	(0.68，0.08，0.21)	(0.05，0.87，0.06)

属性的权重向量由专家事先确定，为 $(0.12, 0.25, 0.09, 0.16, 0.20, 0.18)^T$。

步骤 2：利用式（6-25）和式（6-26），情景模糊正理想方案 $p^+=\{p_1^+, p_2^+, \cdots, p_n^+\}$ 和情景模糊负理想方案 $p^-=\{p_1^-, p_2^-, \cdots, p_n^-\}$ 计算结果如下：

$p^+=\{(0.91, 0.05, 0.02), (0.89, 0.08, 0.03), (0.42, 0.35, 0.05), (0.73, 0.15, 0.02), (0.52, 0.31, 0.05), (1.00, 0.00, 0.00)\}$

$p^-=\{(0.53, 0.33, 0.09), (0.07, 0.64, 0.21), (0.02, 0.89, 0.18), (0.08, 0.89, 0.09), (0.15, 0.76, 0.16), (0.17, 0.53, 0.25)\}$

以 p_1^+ 和 p_2^- 为例：

$p_1^+=(0.09, 0.03, 0.02)=(\max\{0.53, 0.73, 0.91, 0.85, 0.90), \min\{0.33, 0.12, 0.03, 0.09, 0.05), \min\{0.09, 0.08, 0.02, 0.05, 0.02\})$

$p_2^-=(0.07, 0.64, 0.21)=(\min\{0.89, 0.13, 0.07, 0.74, 0.68), \max\{0.08, 0.64, 0.09, 0.16, 0.08\}, \max\{0.03, 0.21, 0.05, 0.05, 0.10, 0.21\})$

步骤 3：计算各个备选方案 $A_i \in A$ 的情景模糊加权相关系数 $r^w(p_i, p^+)$ 和 $r^w(p_i, p^-)$，计算结果如表 6-2 所示。

步骤 4：计算各个备选方案 $A_i \in A$ 的 $CC^w(p_i)$，结果如表 6-2 所示。

表 6-2　情景模糊加权相关系数计算结果

方案	$r^w(p_i, p^+)$	$r^w(p_i, p^-)$	$CC^w(p_i)$
A_1	0.0882	0.0669	0.4640
A_2	0.7505	0.1142	0.6110

续表

方案	$r^w(p_i, p^+)$	$r^w(p_i, p^-)$	$CC^w(p_i)$
A_3	-0.0295	0.0766	0.3666
A_4	0.0039	0.4339	0.4118
A_5	0.5854	0.0669	0.5977

步骤 5：由表 6-2 可以看出，各个备选方案 $A_i \in A$ 的情景模糊加权相关贴近系数 $CC^w(p_i)$ 为：

$CC^w(p_1) = 0.4640$，$CC^w(p_2) = 0.6110$，$CC^w(p_3) = 0.3666$，$CC^w(p_4) = 0.4118$，$CC^w(p_5) = 0.5977$

如前所述，$CC^w(p_i)$ 越大，备选方案 A_i 越优。各备选方案的排序为 $A_2 > A_5 > A_1 > A_4 > A_3$，因此，$A_2$ 是最优备选方案。

为了验证所提出的基于新型 Pearson 情景模糊相关系数的决策方法的有效性，下面将本章所提方法与现有方法进行比较分析。如果只考虑将情景模糊正理想方案 p^+ 作为参考点，得到的排序结果为 $A_2 > A_5 > A_1 > A_4 > A_3$，与所提方法一致；如果只考虑情景模糊负理想方案 p^-，得到的排序结果为 $A_1 = A_5 > A_3 > A_2 > A_4$。显然，选择不同的参考点可能会导致不同的排序结果。可以看出，由于所提方法充分考虑了正理想解和负理想解，因此得到的结果更加科学合理。

如果利用 Singh 相关系数构建基于相应的 TOPSIS 方法，并将其用于上述实例中进行计算分析，得到如表 6-3 所示的结果。

表 6-3　基于 Singh 相关系数的逼近理想解排序法（TOPSIS）的结果

方案	$r^w(p_i, p^+)$	$r^w(p_i, p^-)$	$CC^w(p_i)$
A_1	0.6863	0.3672	0.5523
A_2	0.7161	0.4426	0.5433
A_3	0.5576	0.6452	0.4863
A_4	0.8159	0.4045	0.5639
A_5	0.8184	0.4403	0.5580

从表 6-3 中可以看出，各个备选方案的排序结果为 $A_4 > A_5 > A_1 > A_2 > A_3$，且最优备选方案为 A_4。事实上，本章所提的基于新型 Pearson 情景模糊相关系数的 TOPSIS 模型采用了新的相关系数，比现有的方法更加有效和合理。

现在利用 Wei 等[100] 提出的情景模糊投影的概念来解决本章所引用的实例，即用备选方案 A_i 与正理想点 A^+ 之间的投影 $\mathrm{Prj}_{A^+}(A_i)$ 来评估潜在的备选方案。基于该投影模型的计算结果为：

$\mathrm{Prj}_{A^+}(A_1)=0.235$，$\mathrm{Prj}_{A^+}(A_2)=0.297$，$\mathrm{Prj}_{A^+}(A_3)=0.156$，

$\mathrm{Prj}_{A^+}(A_4)=0.194$，$\mathrm{Prj}_{A^+}(A_5)=0.283$

因此，根据投影值 $\mathrm{Prj}_{A^+}(A_i)$ 值的降序进行排列，其排序结果为 $A_2>A_5>A_1>A_4>A_3$，与本章所提出的基于新型 Pearson 情景模糊相关系数的决策方法所得到的排序结果相同。通过对比讨论可以看出，所提方法为专家解决情景模糊环境下的不确定性多属性决策问题提供了合理的结果。

二、基于新型 T-球形模糊相关系数的多属性决策方法及其数值分析

模式识别是一个由于模糊特性而引起的有趣问题，其需要借助不同的模糊数据、SM、离散度等方法来处理。假设 $\{Q_1, Q_2, Q_3, \cdots, Q_n\}$ 是论域 $U=\{u_1, u_2, u_3, \cdots, u_t\}$ 中的已知 TSFSs，$Q_j=\left\{\left(u_l^n, \mu_{Q_j}^n(u_l), \vartheta_{Q_j}^n(u_l), \eta_{Q_j}^n(u_l)\right): u_l\in U, l=1, 2, \cdots, t\right\}$，$j=1, 2, \cdots, n$。设 $R=\{u_l^n, \mu_R^n(u_l), \vartheta_R^n(u_l), \eta_R^n(u_l) \mid u_l\in U, l=1, 2, \cdots, t\}$ 是未知模式，现需已知模式 $Q_j(j=1, 2, \cdots, n)$ 与未知模式 R 间的对应关系。

为了确定未知模式，我们将根据所提的 TSFCC 方法计算 $Q_j(j=1, 2, \cdots, n)$ 与 R 间的关联系数，并对所得出的关联系数进行排序。关联系数越大则说明未知模式 R 更接近于已知模式 $Q_j(j=1, 2, \cdots, n)$。

例 6.2　当风险投资项目达到一定阶段，如果风险投资家有足够的理由确定该项目失败或无法继续，或者已经预测该项目即使在未来勉强完成也严重缺乏市场和经济价值，则风险投资家将决定终止该风险投资项目。然而，当一个风险投资项目发展到一定阶段，其发展状况和前景与原计划有一定的不同，但仍有成功的希望和前景时，此时风险投资家就有了对项目是否做出终止决策的分歧。在实际的风险投资决策中，许多投资项目希望渺茫，因决策者对终止投资项目的犹豫不决最终导致了更为惨重的损失。因此，有必要慎重考虑风险投资项目的终止决策，并果断做出决定。本节将所提 TSFCC 方法应用于终止风险投资识别案例中。

假设一个风险投资项目 R 要从五个方面（属性）进行评估：管理质量（u_1）、员工素质（u_2）、产品技术特性（u_3）、营销能力（u_4）和政策因素（u_5）。

已知三个典型模式：成功项目(Q_1)、暂停项目(Q_2)、失败项目(Q_3)。三项模式的评价信息由 TSFNs 表示，具体如下：

$$Q_1=\left\{\left(u_l^n,\ \mu_{Q_1}^n(u_l),\ \vartheta_{Q_1}^n(u_l),\ \eta_{Q_1}^n(u_l)\right):\ u_l\in U,\ l=1,\ 2,\ 3,\ 4,\ 5\right\}$$

$$=\left\{\begin{array}{l}(u_1,\ 0.35,\ 0.56,\ 0.77),\ (u_2,\ 0.66,\ 0.78,\ 0.34),\\ (u_3,\ 0.57,\ 0.69,\ 0.78),\ (u_4,\ 0.35,\ 0.43,\ 0.58),\\ (u_5,\ 0.73,\ 0.44,\ 0.66)\end{array}\right\}$$

$$Q_2=\left\{\left(u_l^n,\ \mu_{Q_2}^n(u_l),\ \vartheta_{Q_2}^n(u_l),\ \eta_{Q_2}^n(u_l)\right):\ u_l\in U,\ l=1,\ 2,\ 3,\ 4,\ 5\right\}$$

$$=\left\{\begin{array}{l}(u_1,\ 0.33,\ 0.52,\ 0.68),\ (u_2,\ 0.50,\ 0.78,\ 0.55),\\ (u_3,\ 0.75,\ 0.56,\ 0.44),\ (u_4,\ 0.22,\ 0.65,\ 0.55),\\ (u_5,\ 0.44,\ 0.55,\ 0.66)\end{array}\right\}$$

$$Q_3=\left\{\left(u_l^n,\ \mu_{Q_3}^n(u_l),\ \vartheta_{Q_3}^n(u_l),\ \eta_{Q_3}^n(u_l)\right):\ u_l\in U,\ l=1,\ 2,\ 3,\ 4,\ 5\right\}$$

$$=\left\{\begin{array}{l}(u_1,\ 0.44,\ 0.32,\ 0.58),\ (u_2,\ 0.56,\ 0.33,\ 0.58),\\ (u_3,\ 0.53,\ 0.56,\ 0.45),\ (u_4,\ 0.39,\ 0.55,\ 0.66),\\ (u_5,\ 0.11,\ 0.64,\ 0.54)\end{array}\right\}$$

未知模式 R 的评价信息为：

$$R=\{(u_l^n,\ \mu_R^n(u_l),\ \vartheta_R^n(u_l),\ \eta_R^n(u_l)):\ u_l\in U,\ l=1,\ 2,\ 3,\ 4,\ 5\}$$

$$=\left\{\begin{array}{l}(u_1,\ 0.75,\ 0.58,\ 0.66),\ (u_2,\ 0.29,\ 0.36,\ 0.45),\\ (u_3,\ 0.57,\ 0.35,\ 0.66),\ (u_4,\ 0.22,\ 0.48,\ 0.68),\\ (u_5,\ 0.44,\ 0.85,\ 0.33)\end{array}\right\}$$

根据 TSFCC 来确定所列模式中的最佳模式，具体数据结果如表 6-4 所示。

表 6-4　未知模式 R 的相关系数信息

方法	Q_1，R	Q_2，R	Q_3，R	分类结果
γ（Q_i，R）	0.7536	0.8185	0.8585	Q_3

由定义 6.12 中的 TSFCC 的公式可得，Q_3 模式最接近未知模式 R。表 6-4 的分析结果被详细呈现在图 6-1 中。

图 6-1 中柱形的高度表示未知模式 R 与已知模式 Q_i($i=1$，2，3)的相似程度。柱形图越高，表示未知模式 R 越接近已知模式 Q_i。故而图 6-1 显示 Q_3 是最接近未知模式 R 的已知模式。

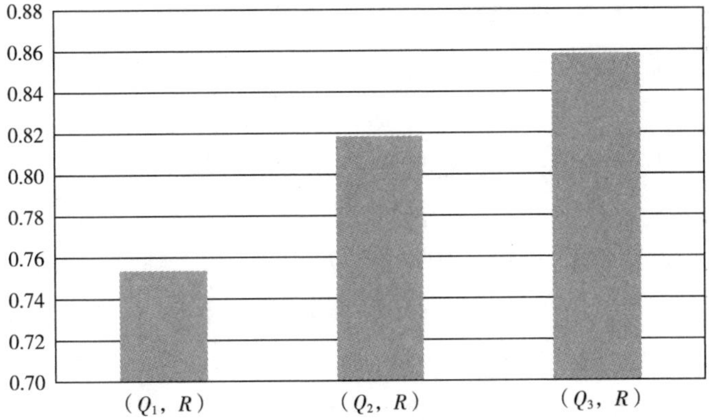

图 6-1　Q_j（$j=1, 2, 3$）与 R 间的相关系数值

本章将所提 TSFCC 与 Ullah 等[18] 提出的方法进行对比，通过例 6.1 的数据信息，比较分析两者得出的结果。具体的数据结果如表 6-5 和图 6-2 所示。表 6-5 显示，Q_3 是两类新型相关系数显示的最贴近的已知模式。从图 6-2 中可知，三类新型相关系数得出的结果都是兼容的，故可进一步证实本章所提方法的有效性。

表 6-5　比较结果分析

方法	Q_1，R	Q_2，R	Q_3，R	分类结果
TSFCC（本章方法）	0.7536	0.8185	0.8585	Q_3
CC1[18]	0.600539	0.600539	0.85125	Q_3
CC2[18]	0.399962	0.199858	0.20807	Q_1

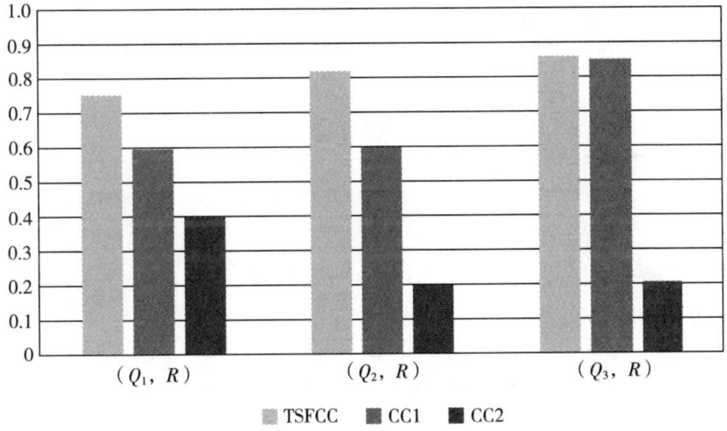

图 6-2　比较结果分析

下面进一步从医疗诊断案例对 TSFCC 方法进行分析，医疗诊断是根据医疗诊断中一个人的症状和行动来决定他/她是否需要接受治疗的过程，医疗诊断的显著特点是不确定性和数据模糊性。通过所提的 TSFCC 方法来处理医疗诊断难题。其中，病人症状价值由负责管理病人的医生根据其知识进行评估，通过一个病人症状与正常化症状之间的关联性确定最终所患疾病。

例 6.3 存在 4 个病人 $P=\{P_1, P_2, P_3, P_4\}$ 和 5 种疾病 $D=\{D_1, D_2, D_3, D_4, D_5\}$ = {胸闷、胃病、伤寒、疟疾、病毒性肝炎}，其症状集合表示为 $S=\{S_1, S_2, S_3, S_4, S_5\}$ = {胸痛、咳嗽、胃痛、头疼、发热}。患者的症状信息在表 6-6 中显示，为保证结果的有效性，与多种新型相关系数进行结果对比。

表 6-6 疾病的症状信息

症状	胸痛	咳嗽	胃痛	头疼	温度
胸闷	(0.55, 0.66, 0.55)	(0.22, 0.55, 0.65)	(0.33, 0.65, 0.78)	(0.48, 0.56, 0.72)	(0.36, 0.26, 0.77)
胃病	(0.65, 0.58, 0.77)	(0.38, 0.49, 0.56)	(0.71, 0.69, 0.50)	(0.44, 0.56, 0.35)	(0.65, 0.71, 0.56)
伤寒	(0.75, 0.58, 0.66)	(0.29, 0.36, 0.45)	(0.57, 0.35, 0.66)	(0.22, 0.48, 0.68)	(0.44, 0.85, 0.33)
疟疾	(0.58, 0.52, 0.66)	(0.71, 0.55, 0.44)	(0.44, 0.56, 0.35)	(0.36, 0.56, 0.80)	(0.39, 0.68, 0.33)
病毒性肝炎	(0.59, 0.66, 0.72)	(0.78, 0.45, 0.36)	(0.22, 0.68, 0.55)	(0.56, 0.42, 0.38)	(0.36, 0.48, 0.62)

表 6-6 和表 6-7 分别用 TSFS 表示的疾病症状信息和患者症状信息，表 6-8 为通过定义 6.12 得出的相关系数值。相关系数值越大，则说明患者被诊断为该疾病的可能性越大。表 6-8 结果显示，这 4 名患者 P_1，P_2，P_3，P_4 分别被诊断为胃病、胃病、疟疾、胸闷。根据表 6-8 的结果数据绘制出图 6-3。

表 6-7 患者的症状信息

患者	胸痛	咳嗽	胃痛	头疼	温度
P_1	(0.35, 0.56, 0.77)	(0.66, 0.78, 0.34)	(0.57, 0.69, 0.78)	(0.35, 0.67, 0.43)	(0.73, 0.44, 0.66)
P_2	(0.33, 0.52, 0.68)	(0.50, 0.78, 0.55)	(0.75, 0.56, 0.44)	(0.22, 0.65, 0.55)	(0.44, 0.55, 0.66)
P_3	(0.44, 0.32, 0.58)	(0.56, 0.33, 0.58)	(0.53, 0.56, 0.45)	(0.39, 0.55, 0.66)	(0.11, 0.64, 0.54)
P_4	(0.53, 0.64, 0.22)	(0.66, 0.43, 0.45)	(0.33, 0.65, 0.75)	(0.36, 0.55, 0.68)	(0.80, 0.55, 0.33)

表 6-8　相关系数信息

患者	胸闷	胃病	伤寒	疟疾	病毒性肝炎
P_1	0.8473	0.8828	0.7536	0.8260	0.8690
P_2	0.8398	0.9178	0.8185	0.8855	0.8111
P_3	0.8358	0.8890	0.8585	0.9401	0.8689
P_4	0.8681	0.8064	0.8213	0.8570	0.8212

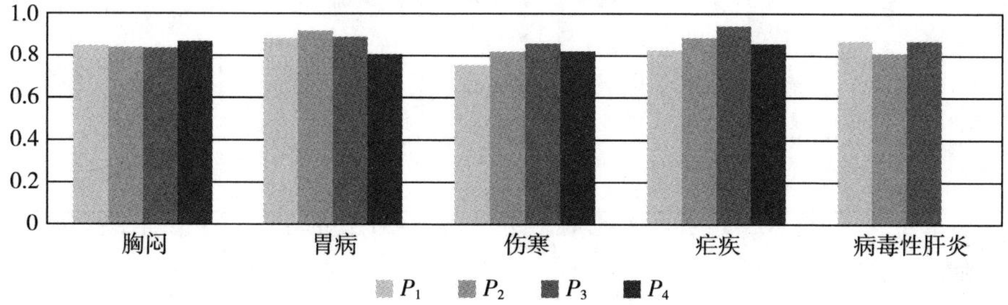

图 6-3　相关系数信息

表 6-9 显示了本章所提 TSFCC 与文献[18,83,85,86] 提出的相关系数的结果数据，显然，文献[83,85,86] 因其处理数据信息的限制性而无法得出结果。

表 6-9　不同相关系数理论下的结果信息

方法	排序结果	诊断结果
TSFCC	D2>D5>D1>D4>D3 D2>D4>D1>D4>D5 D4>D2>D5>D3>D1 D1>D4>D5>D3>D2	P_1 有胃病 P_2 有胃病 P_3 患有疟疾 P_4 胸闷
文献[18]	D2>D5>D1>D4>D3 D2>D4>D1>D5>D3 D4>D2>D3>D1>D5 D1>D4>D5>D3>D2	P_1 有胃病 P_2 有胃病 P_3 患有疟疾 P_4 胸闷
文献[83]	不适用	不适用
文献[86]	不适用	不适用
文献[85]	不适用	不适用
文献[87]	不适用	不适用

上述结果显示，本章所提方法与文献[18] 提出的方法结论一致：P_1 有胃病；P_2 有胃病；P_3 患有疟疾；P_4 胸闷，仅诊断过程中的排序结果存在细微差异。

第七章　单值中智模糊距离测度及决策方法研究

本章定义了 SVNFSs 的运算规则，进一步提出了基于 SVNFSs 距离测度的多属性决策方法。

第一节　现有单值中智模糊距离测度理论

定义 7.1[169-170]　设 M 为一论域，ρ 为论域 M 中的任一元素。隶属度函数、不确定性函数以及非隶属度函数分别定义为 α_A、β_A 以及 γ_A，它们为 $[0^{-1}, 1^{+}]$ 的标准或非标准子集，即

$$\alpha_A: M\to[0^{-1}, 1^{+}], \beta_A: M\to[0^{-1}, 1^{+}], \gamma_A: M\to[0^{-1}, 1^{+}] \tag{7-1}$$

其中，$0^{-}\leqslant \sup\alpha_A(\rho)+\sup\beta_A(\rho)+\sup\gamma_A(\rho)\leqslant 3^{+}$。

定义 7.2[169,171]　设 M 为一有限论域（Universe Of Discourse，UOD），则论域 M 上的一个 SVNFSs 用 N 表示，

$$N=\{\rho, \alpha_A(\rho), \beta_A(\rho), \gamma_A(\rho) \mid \rho\in M\},$$

$$\alpha_A: M\to[0, 1], \beta_A: M\to[0, 1], \gamma_A: M\to[0, 1] \tag{7-2}$$

其中，

$$0\leqslant\alpha_A(\rho)+\beta_A(\rho)+\gamma_A(\rho)\leqslant 3 \tag{7-3}$$

定义 7.3[169,171]　设 W 和 T 为论域 M 上的两个 SVNFSs，则从 $W\to T$ 的单值中智模糊关系（Single-Valued Neutrosophic Fuzzy Relation，SVNR）为 $W\times T$，由 T_{SVNR} 和 W_{SVNR} 表示。鉴于 SVNFSs 在处理不确定性方面的有效性，现已被广泛应

用于多属性决策过程[172-174]。

考虑到概率分布，Jensen-Shannon 差异度的平方被应用于构建距离测度，具体定义如下[175-176]，

$$JS(U,\ V)=\frac{1}{2}\left(KL\left(U,\ \frac{U+V}{2}\right)+KL\left(V,\ \frac{U+V}{2}\right)\right) \tag{7-4}$$

其中，

$$KL(U,\ V)=\sum_i e_i\log\left(\frac{e_i}{f_i}\right)\ (1\leqslant i\leqslant n) \tag{7-5}$$

为 Kullback-Leibler 差异度，且 $\sum_i e_i=\sum_i f_i=1$。

此外，JS（U，V）也可表示成如下形式：

$$\begin{aligned}JS(U,\ V)&=Z\left(\frac{U+V}{2}\right)-\frac{1}{2}Z(U)-\frac{1}{2}Z(V)\\&=\frac{1}{2}\left[\sum_i e_i\log\left(\frac{2e_i}{e_i+f_i}\right)+\sum_i f_i\log\left(\frac{2f_i}{e_i+f_i}\right)\right]\end{aligned} \tag{7-6}$$

其中，

$$\begin{aligned}&Z(U)=-\sum_i e_i\log e_i\\&Z(V)=-\sum_i f_i\log f_i(1\leqslant i\leqslant n)\end{aligned} \tag{7-7}$$

进而，可得 JS 的平方根为 $SR_{JS}=\sqrt{JS(U,\ V)}$。

性质[177]：

（1）对于 $(U,\ V)\in Z$，$SR_{JS}(U,\ V)\geqslant 0$。当且仅当 $U=V$ 时，$SR_{JS}(U,\ V)=0$。

（2）对于 $(U,\ V)\in Z$，$SR_{JS}(U,\ V)=SR_{JS}(V,\ U)$。

（3）对于 $(U,\ V,\ G)\in Z$，$SR_{JS}(U,\ G)+SR_{JS}(G,\ V)\geqslant SR_{JS}(U,\ V)$。

（4）对于 $(U,\ V)\in Z$，$SR_{JS}(U,\ V)\leqslant 1$。

上述对单值中智模糊集做简要介绍，下面对其距离测度进行分析，设 G 和 Y 为有限论域 $M=\rho_1,\ \rho_2,\ \cdots,\ \rho_n$ 上的两个 SVNFSs，其中

$$\begin{aligned}&G=\{\rho_i,\ \alpha_G(\rho_i),\ \beta_G(\rho_i),\ \gamma_G(\rho_i)\mid \rho_i\in M\}\\&Y=\{\rho_i,\ \alpha_Y(\rho_i),\ \beta_Y(\rho_i),\ \gamma_Y(\rho_i)\mid \rho_i\in M\}\end{aligned} \tag{7-8}$$

定义 7.4[178]　基于 Szmidt-Kacprzyk 距离测度，可得两个单 SVNFSs 间的距离测度的表达式如下：

$$d_{SK}^{Z}(G,\ Y)=\frac{1}{2n}\sum_{i=1}^{n}\left(|\alpha_G(\rho_i)-\alpha_Y(\rho_i)|+|\beta_G(\rho_i)-\beta_Y(\rho_i)|+|\gamma_G(\rho_i)-\gamma_Y(\rho_i)|\right)$$

$$d_{SK}^{U}(G,\ Y)=\left(\frac{1}{2n}\sum_{i=1}^{n}(\alpha_G(\rho_i)-\alpha_Y(\rho_i))^2+(\beta_G(\rho_i)-\beta_Y(\rho_i))^2+(\gamma_G(\rho_i)-\gamma_Y(\rho_i))^2\right)^{1/2} \tag{7-9}$$

定义 7.5[179] 基于 Grzegorzewski 距离测度，可得两个 SVNFSs 间的距离测度的表达式如下：

$$d_G(G,\ Y)=\frac{1}{n}\sum_{i=1}^{n}\max[|\alpha_G(\rho_i)-\alpha_Y(\rho_i)|,\ |\beta_G(\rho_i)-\beta_Y(\rho_i)|] \tag{7-10}$$

定义 7.6[180] 基于两个 SVNFSs，距离测度定义如下：

$$d_{W_1}(G,\ Y)=\frac{1}{n}\sum_{i=1}^{n}\left(\frac{|\alpha_G(\rho_i)-\alpha_Y(\rho_i)|+|\beta_G(\rho_i)-\beta_Y(\rho_i)|}{4}+\frac{\max(|\alpha_G(\rho_i)-\alpha_Y(\rho_i)|,\ |\beta_G(\rho_i)-\beta_Y(\rho_i)|)}{4}\right)$$

$$d_{W_1^2}(G,\ Y)=\frac{1}{n}\sum_{i=1}^{n}\left(\frac{|\alpha_G(\rho_i)-\alpha_Y(\rho_i)|+|\beta_G(\rho_i)-\beta_Y(\rho_i)|}{2}\right) \tag{7-11}$$

定义 7.7[180] 基于两个 SVNFSs，距离测度定义如下：

$$d_Y(G,\ Y)=\frac{1}{n}\sum_{i=1}^{n}\max[|\alpha_G(\rho_i)-\alpha_Y(\rho_i)|,\ |\beta_G(\rho_i)-\beta_Y(\rho_i)|\times|\gamma_G(\rho_i)-\gamma_Y(\rho_i)|] \tag{7-12}$$

第二节　新型单值中智模糊距离测度

根据上述的 SVNFSs 距离测度，结合 Jensen-Shannon 差异度，本节提出新的 SVNFSs 距离测度，并对其性质进行讨论。

定义 7.8 设 G 和 Y 为有限论域 UOD M 上的两个 SVNFSs，

$$G=\{\rho,\ \alpha_G(\rho),\ \beta_G(\rho),\ \gamma_G(\rho)\mid\rho\in M\}$$

$$Y=\{\rho,\ \alpha_Y(\rho),\ \beta_Y(\rho),\ \gamma_Y(\rho)\mid\rho\in M\} \tag{7-13}$$

其中，γ_G（ρ）和 γ_Y（ρ）分别表示 ρ 属于 G 和 Y 的犹豫度，*SVNFSs G* 和 Y 间的差异度为：

$$JS_{SVNFSs}(G, Y)=\frac{1}{2}\left[KL\left(G, \frac{G+Y}{2}\right)+KL\left(Y, \frac{G+Y}{2}\right)\right] \tag{7-14}$$

KL（G, Y）为 Kullback-Leibler 差异度，其表达式如下：

$$KL(G, Y)=\alpha_G(\rho)\log\frac{\alpha_G(\rho)}{\alpha_Y(\rho)}+\beta_G(\rho)\log\frac{\beta_G(\rho)}{\beta_Y(\rho)}+\gamma_G(\rho)\log\frac{\gamma_G(\rho)}{\gamma_Y(\rho)} \tag{7-15}$$

JS_{SVNFSs}（G, Y）可由式（7-16）替代，

$$\begin{aligned}JS_{SVNFSs}(G, Y)&=Z\left(\frac{G+Y}{2}\right)-\frac{1}{2}Z(G)-\frac{1}{2}Z(Y)\\&=\frac{1}{2}\left[\begin{array}{l}\alpha_G(\rho)\log\frac{2\alpha_G(\rho)}{\alpha_G(\rho)+\alpha_Y(\rho)}+\alpha_Y(\rho)\log\frac{2\alpha_Y(\rho)}{\alpha_G(\rho)+\alpha_Y(\rho)}+\\\beta_G(\rho)\log\frac{2\beta_G(\rho)}{\beta_G(\rho)+\beta_Y(\rho)}+\beta_Y(\rho)\log\frac{2\beta_Y(\rho)}{\beta_G(\rho)+\beta_Y(\rho)}+\\\gamma_G(\rho)\log\frac{2\gamma_G(\rho)}{\gamma_G(\rho)+\gamma_Y(\rho)}+\gamma_Y(\rho)\log\frac{2\gamma_Y(\rho)}{\gamma_G(\rho)+\gamma_Y(\rho)}\end{array}\right]\end{aligned} \tag{7-16}$$

Z（G）和 Z（Y）表示香农熵，如下：

$$\begin{aligned}Z(G)&=-(\alpha_G(\rho)\log\alpha_G(\rho)+\beta_G(\rho)\log\beta_G(\rho)+\gamma_G(\rho)\log\gamma_G(\rho))\\Z(Y)&=-(\alpha_Y(\rho)\log\alpha_Y(\rho)+\beta_Y(\rho)\log\beta_Y(\rho)+\gamma_Y(\rho)\log\gamma_Y(\rho))\end{aligned} \tag{7-17}$$

基于此，本节提出新的 SVNFSs 距离测度，定义如下：

定义 7.9 设 G 和 Y 为有限论域 UOD M 上的两个 SVNFSs，则 SVNFSs 的 G 和 Y 间的距离测度 d_ρ（G, Y）定义为：

$$d_\rho(G, Y)=\sqrt{JS_{SVNFSs}(G, Y)} \tag{7-18}$$

根据式（7-18）可知，当 SVNFSs 的 G 和 Y 间的偏差越大，则 $d_\rho(G, Y)$ 越大，反之，两者偏差缩小时，$d_\rho(G, Y)$ 越小。

命题 7.1 设 G、Y 和 K 为有限论域 UOD M 上的三个 SVNFSs，则

($G1$) 对于 $G, Y\in M$，当 $G=Y$ 时，$d_\rho(G, Y)=0$。

($G2$) 对于 $G, Y\in M$，$d_\rho(G, Y)=d_\rho(Y, G)$。

($G3$) 对于 $G, Y\in M$，$d_\rho(K, G)+d_\rho(G, Y)\geqslant d_\rho(K, Y)$。

($G4$) 对于 $K, G, Y\in M$，$0\leqslant d_\rho(G, Y)\leqslant 1$。

现对 ($G1$)($G2$)($G3$)($G4$) 进行证明，具体过程如下：

(**$G1$**)：对于 $G, Y\in M$，当

$$G=Y \tag{7-19}$$

可得

$$\alpha_G(\rho)=\alpha_Y(\rho),\ \beta_G(\rho)=\beta_Y(\rho),\ \gamma_G(\rho)=\gamma_Y(\rho) \tag{7-20}$$

进而可得

$$d_\rho(G,\ Y)=\frac{\sqrt{2}}{2}\begin{bmatrix}\alpha_G(\rho)\log\dfrac{2\alpha_G(\rho)}{\alpha_G(\rho)+\alpha_Y(\rho)}+\alpha_Y(\rho)\log\dfrac{2\alpha_Y(\rho)}{\alpha_G(\rho)+\alpha_Y(\rho)}+\\ \beta_G(\rho)\log\dfrac{2\beta_G(\rho)}{\beta_G(\rho)+\beta_Y(\rho)}+\beta_Y(\rho)\log\dfrac{2\beta_Y(\rho)}{\beta_G(\rho)+\beta_Y(\rho)}+\\ \gamma_G(\rho)\log\dfrac{2\gamma_G(\rho)}{\gamma_G(\rho)+\gamma_Y(\rho)}+\gamma_Y(\rho)\log\dfrac{2\gamma_Y(\rho)}{\gamma_G(\rho)+\gamma_Y(\rho)}\end{bmatrix}^{1/2}=0 \tag{7-21}$$

（**G2**）：给定 $d_\rho(G,\ Y)$，有

$$d_\rho(G,\ Y)=\frac{\sqrt{2}}{2}\begin{bmatrix}\alpha_G(\rho)\log\dfrac{2\alpha_G(\rho)}{\alpha_G(\rho)+\alpha_Y(\rho)}+\alpha_Y(\rho)\log\dfrac{2\alpha_Y(\rho)}{\alpha_G(\rho)+\alpha_Y(\rho)}+\\ \beta_G(\rho)\log\dfrac{2\beta_G(\rho)}{\beta_G(\rho)+\beta_Y(\rho)}+\beta_Y(\rho)\log\dfrac{2\beta_Y(\rho)}{\beta_G(\rho)+\beta_Y(\rho)}+\\ \gamma_G(\rho)\log\dfrac{2\gamma_G(\rho)}{\gamma_G(\rho)+\gamma_Y(\rho)}+\gamma_Y(\rho)\log\dfrac{2\gamma_Y(\rho)}{\gamma_G(\rho)+\gamma_Y(\rho)}\end{bmatrix}^{1/2} \tag{7-22}$$

给定 d_ρ（$Y,\ G$），有

$$d_\rho(Y,\ G)=\frac{\sqrt{2}}{2}\begin{bmatrix}\alpha_Y(\rho)\log\dfrac{2\alpha_Y(\rho)}{\alpha_G(\rho)+\alpha_Y(\rho)}+\alpha_G(\rho)\log\dfrac{2\alpha_G(\rho)}{\alpha_G(\rho)+\alpha_Y(\rho)}+\\ \beta_Y(\rho)\log\dfrac{2\beta_Y(\rho)}{\beta_G(\rho)+\beta_Y(\rho)}+\beta_G(\rho)\log\dfrac{2\beta_G(\rho)}{\beta_G(\rho)+\beta_Y(\rho)}+\\ \gamma_Y(\rho)\log\dfrac{2\gamma_Y(\rho)}{\gamma_G(\rho)+\gamma_Y(\rho)}+\gamma_G(\rho)\log\dfrac{2\gamma_G(\rho)}{\gamma_G(\rho)+\gamma_Y(\rho)}\end{bmatrix}^{1/2} \tag{7-23}$$

因此，可得

$$d_\rho(G,\ Y)=d_\rho(Y,\ G) \tag{7-24}$$

（**G3**）：给出四个待检验的假设 A_1，A_2，A_3，A_4

A_1：$\alpha_K(\rho)\leqslant\alpha_G(\rho)\leqslant\alpha_Y(\rho)$

A_2：$\alpha_Y(\rho)\leqslant\alpha_G(\rho)\leqslant\alpha_K(\rho)$

A_3：$\alpha_G(\rho)\leqslant\min\{\alpha_K(\rho),\ \alpha_Y(\rho)\}$

A_4：$\alpha_G(\rho)\geqslant\max\{\alpha_K(\rho),\ \alpha_Y(\rho)\}$ (7-25)

假设 A_1 和 A_2 显然成立，其中

$$|\alpha_K(\rho)-\alpha_Y(\rho)| \leqslant |\alpha_K(\rho)-\alpha_Y(\rho)| + |\alpha_G(\rho)-\alpha_Y(\rho)| \tag{7-26}$$

对于假设 A_3，有

$$\begin{aligned}&\alpha_K(\rho)-\alpha_G(\rho)\geqslant 0\\&\alpha_Y(\rho)-\alpha_G(\rho)\geqslant 0\end{aligned} \tag{7-27}$$

则

$$\begin{aligned}&|\alpha_K(\rho)-\alpha_G(\rho)|+|\alpha_G(\rho)-\alpha_Y(\rho)|-|\alpha_K(\rho)-\alpha_Y(\rho)|,\\&\begin{cases}\alpha_K(\rho)-\alpha_G(\rho)+\alpha_Y(\rho)-\alpha_G(\rho)-\alpha_K(\rho)+\alpha_Y(\rho)\text{，若 }\alpha_K(\rho)\geqslant\alpha_Y(\rho)\\\alpha_K(\rho)-\alpha_G(\rho)+\alpha_Y(\rho)-\alpha_G(\rho)+\alpha_K(\rho)-\alpha_Y(\rho)\text{，若 }\alpha_K(\rho)\leqslant\alpha_Y(\rho)\end{cases}\\&=2(\min\{\alpha_K(\rho),\ \alpha_Y(\rho)\}-\alpha_G(\rho))\geqslant 0\end{aligned} \tag{7-28}$$

类似地，对于假设 A_4，有

$$\begin{aligned}&|\alpha_K(\rho)-\alpha_G(\rho)|+|\alpha_G(\rho)-\alpha_Y(\rho)|-|\alpha_K(\rho)-\alpha_Y(\rho)|,\\&\begin{cases}\alpha_G(\rho)-\alpha_K(\rho)+\alpha_G(\rho)-\alpha_Y(\rho)-\alpha_K(\rho)+\alpha_Y(\rho)\text{，若 }\alpha_K(\rho)\geqslant\alpha_Y(\rho)\\\alpha_G(\rho)-\alpha_K(\rho)+\alpha_G(\rho)-\alpha_Y(\rho)+\alpha_K(\rho)-\alpha_Y(\rho)\text{，若 }\alpha_K(\rho)\leqslant\alpha_Y(\rho)\end{cases}\\&=2(\alpha_G(\rho)-\max\{\alpha_K(\rho),\ \alpha_Y(\rho)\})\geqslant 0\end{aligned} \tag{7-29}$$

在假设 A_3 和 A_4 成立的情况下，三角不等式成立，其中 A_3 和 A_4 表示为：

$$|\alpha_K(\rho)-\alpha_Y(\rho)|\leqslant|\alpha_K(\rho)-\alpha_G(\rho)|+|\alpha_G(\rho)-\alpha_Y(\rho)| \tag{7-30}$$

同样地，得到

$$\begin{aligned}&|\beta_K(\rho)-\beta_Y(\rho)|\leqslant|\beta_K(\rho)-\beta_G(\rho)|+|\beta_G(\rho)-\beta_Y(\rho)|\\&|\gamma_K(\rho)-\gamma_Y(\rho)|\leqslant|\gamma_K(\rho)-\gamma_G(\rho)|+|\gamma_G(\rho)-\gamma_Y(\rho)|\end{aligned} \tag{7-31}$$

因此，可以证明 d_ρ 有以下三角不等式特性，即

$$d_\rho(K,\ G)+d_\rho(G,\ Y)\geqslant d_\rho(K,\ Y) \tag{7-32}$$

(**G4**)：对于两个 SVNFSs G，$Y\in M$，有

$$\begin{aligned}d_{(G,Y)}=&\frac{\sqrt{2}}{2}\Bigg[\alpha_G(\rho)\log\frac{2\alpha_G(\rho)}{\alpha_G(\rho)+\alpha_Y(\rho)}+\alpha_Y(\rho)\log\frac{2\alpha_Y(\rho)}{\alpha_G(\rho)+\alpha_Y(\rho)}+\beta_G(\rho)\log\\&\frac{2\beta_G(\rho)}{\beta_G(\rho)+\beta_Y(\rho)}+\beta_Y(\rho)\log\frac{2\beta_Y(\rho)}{\beta_G(\rho)+\beta_Y(\rho)}+\gamma_G(\rho)\log\frac{2\gamma_G(\rho)}{\gamma_G(\rho)+\gamma_Y(\rho)}+\gamma_Y(\rho)\\&\log\frac{2\gamma_Y(\rho)}{\gamma_G(\rho)+\gamma_Y(\rho)}\Bigg]^{1/2}\\=&\frac{\sqrt{2}}{2}\Bigg[(\alpha_G(\rho)+\alpha_Y(\rho))\left(\frac{\alpha_G(\rho)}{\alpha_G(\rho)+\alpha_Y(\rho)}\log\frac{2\alpha_G(\rho)}{\alpha_G(\rho)+\alpha_Y(\rho)}+\frac{\alpha_Y(\rho)}{\alpha_G(\rho)+\alpha_Y(\rho)}\right.\\&\left.\log\frac{2\alpha_Y(\rho)}{\alpha_G(\rho)+\alpha_Y(\rho)}\right)+(\beta_G(\rho)+\beta_Y(\rho))\left(\frac{\beta_G(\rho)}{\beta_G(\rho)+\beta_Y(\rho)}\log\frac{2\beta_G(\rho)}{\beta_G(\rho)+\beta_Y(\rho)}+\right.\end{aligned}$$

$$\frac{\beta_Y(\rho)}{\beta_G(\rho)+\beta_Y(\rho)}\log\frac{2\beta_Y(\rho)}{\beta_G(\rho)+\beta_Y(\rho)}\Bigg)+(\gamma_G(\rho)+\gamma_Y(\rho))\Bigg(\frac{\gamma_G(\rho)}{\gamma_G(\rho)+\gamma_Y(\rho)}$$

$$\log\frac{2\gamma_G(\rho)}{\gamma_G(\rho)+\gamma_Y(\rho)}+\frac{\gamma_Y(\rho)}{\gamma_G(\rho)+\gamma_Y(\rho)}\log\frac{2\gamma_Y(\rho)}{\gamma_G(\rho)+\gamma_Y(\rho)}\Bigg)\Bigg]$$

$$=\left[\frac{1}{2}(G+Y)\left(1-Z\left(\frac{G}{G+Y},\ \frac{Y}{G+Y}\right)\right)\right]^{1/2} \tag{7-33}$$

当$0\leqslant\varsigma\leqslant1$，有

$$1-Z(\varsigma,\ 1-\varsigma)\leqslant|\varsigma-(1-\varsigma)| \tag{7-34}$$

进而结合式（7-33）可以得到

$$d_\rho(G,\ Y)\leqslant\left[\frac{1}{2}(G+Y)\left|\frac{G}{G+Y}-\frac{Y}{G+Y}\right|\right]^{1/2}=\left[\frac{1}{2}V(G,\ Y)\right]^{1/2} \tag{7-35}$$

其中，$V(G,\ Y)$表示变分距离（Variational Distance），$0\leqslant V(G,\ Y)\leqslant2$，进一步可得$0\leqslant d_\rho(G,\ Y)\leqslant1$。

定义 7.10 设 G 和 Y 为有限论域 UOD $M=\{\rho_1,\ \rho_2,\ \rho_3,\ \cdots,\ \rho_n\}$上的两个 SVNFSs，其中

$$\begin{aligned}G&=\{\langle\rho_i,\ \alpha_G(\rho),\ \beta_G(\rho),\ \gamma_G(\rho)\rangle\mid\rho_i\in M\}\\Y&=\{\langle\rho_i,\ \alpha_Y(\rho),\ \beta_Y(\rho),\ \gamma_Y(\rho)\rangle\mid\rho_i\in M\}\end{aligned} \tag{7-36}$$

则 G 和 Y 之间的标准化距离 d_η 定义如下：

$$d_\eta(G,\ Y)=\frac{1}{n}\sum_{i=1}^{n}d_\eta(G,\ Y)=$$

$$\frac{1}{n}\cdot\left[\begin{array}{l}\frac{1}{2}\Bigg(\alpha_G(\rho_i)\log\frac{2\alpha_G(\rho_i)}{\alpha_G(\rho_i)+\alpha_Y(\rho_i)}+\alpha_Y(\rho_i)\log\frac{2\alpha_Y(\rho_i)}{\alpha_G(\rho_i)+\alpha_Y(\rho_i)}+\\\beta_G(\rho_i)\log\frac{2\beta_G(\rho_i)}{\beta_G(\rho_i)+\beta_Y(\rho_i)}+\beta_Y(\rho_i)\log\frac{2\beta_Y(\rho_i)}{\beta_G(\rho_i)+\beta_Y(\rho_i)}+\\\gamma_G(\rho_i)\log\frac{2\gamma_G(\rho_i)}{\gamma_G(\rho_i)+\gamma_Y(\rho_i)}+\gamma_Y(\rho_i)\log\frac{2\gamma_Y(\rho_i)}{\gamma_G(\rho_i)+\gamma_Y(\rho_i)}\Bigg)\end{array}\right]^{1/2} \tag{7-37}$$

定义 7.11 设 G 和 Y 为有限论域 UOD $M=\{\rho_1,\ \rho_2,\ \rho_3,\ \cdots,\ \rho_n\}$上的两个 SVNFSs，其中

$$\begin{aligned}G&=\{\langle\rho_i,\ \alpha_G(\rho),\ \beta_G(\rho),\ \gamma_G(\rho)\rangle\mid\rho_i\in M\}\\Y&=\{\langle\rho_i,\ \alpha_Y(\rho),\ \beta_Y(\rho),\ \gamma_Y(\rho)\rangle\mid\rho_i\in M\}\end{aligned} \tag{7-38}$$

则 G 和 Y 之间的标准化距离 d_ζ 定义如下：

$$d_\zeta(G,\ Y)=\frac{1}{4n}\sum_{i=1}^{n} d_\zeta(G,\ Y)=\frac{1}{4n}\sum_{i=1}^{n}(|\alpha_G(\rho_i)-\alpha_Y(\rho_i)|+$$
$$|\beta_G(\rho_i)-\beta_Y(\rho_i)|+|\gamma_G(\rho_i)-\gamma_Y(\rho_i)|+2\max\{|\alpha_G(\rho_i)-\alpha_Y(\rho_i)|,$$
$$|\beta_G(\rho_i)-\beta_Y(\rho_i)|,\ |\gamma_G(\rho_i)-\gamma_Y(\rho_i)|\}) \tag{7-39}$$

下面将通过数值案例对所提出的新距离度量进行分析，具体过程如下：

例 7.1 假设 G、Y 和 R 为论域 UOD $M=\{\rho_1,\ \rho_2\}$ 上的 SVNFSs

$$G=\{\langle\rho_1,\ 0.2,\ 0.3,\ 0.7\rangle,\ \langle\rho_2,\ 0.30,\ 0.50,\ 0.8\rangle\}$$
$$Y=\{\langle\rho_1,\ 0.2,\ 0.3,\ 0.7\rangle,\ \langle\rho_2,\ 0.30,\ 0.50,\ 0.8\rangle\}$$
$$R=\{\langle\rho_1,\ 0.5,\ 0.25,\ 0.45\rangle,\ \langle\rho_2,\ 0.25,\ 0.35,\ 0.4\rangle\} \tag{7-40}$$

根据定义 7.10，SVNFSs 的 G、Y 和 R 之间的距离测度如下：

$$d_\eta(G,\ Y)=\frac{1}{n}\sum_{i=1}^{n} d_\eta(G,\ Y)$$
$$=\frac{1}{n}\left[\frac{1}{2}\left(\alpha_G(\rho_i)\log\frac{2\alpha_G(\rho_i)}{\alpha_G(\rho_i)+\alpha_Y(\rho_i)}+\alpha_Y(\rho_i)\log\frac{2\alpha_Y(\rho_i)}{\alpha_G(\rho_i)+\alpha_Y(\rho_i)}+\right.\right.$$
$$\beta_G(\rho_i)\log\frac{2\beta_G(\rho_i)}{\beta_G(\rho_i)+\beta_Y(\rho_i)}+\beta_Y(\rho_i)\log\frac{2\beta_Y(\rho_i)}{\beta_G(\rho_i)+\beta_Y(\rho_i)}+$$
$$\left.\left.\gamma_G(\rho_i)\log\frac{2\gamma_G(\rho_i)}{\gamma_G(\rho_i)+\gamma_Y(\rho_i)}+\gamma_Y(\rho_i)\log\frac{2\gamma_Y(\rho_i)}{\gamma_G(\rho_i)+\gamma_Y(\rho_i)}\right)\right]^{1/2} \tag{7-41}$$

进一步可得

$$d_\eta(G,\ Y)=0.0000,\ d_\eta(Y,\ G)=0.0000,\ d_\eta(G,\ R)=0.09875$$
$$d_\eta(R,\ G)=0.09875,\ d_\eta(Y,\ R)=0.09875,\ d_\eta(R,\ Y)=0.09875$$

由于 SVNFS A 与 SVNFS B 相同，因此 $d_\eta(G,\ Y)$ 等于零，且 $d_\eta(G,\ R)=d_\eta(Y,\ R)=0.09875$。此外，我们还得出 $d_\eta(G,\ Y)=d_\eta(Y,\ G)=0.0000$，$d_\eta(G,\ R)=d_\eta(R,\ G)=0.09875$，$d_\eta(Y,\ R)=d_\eta(R,\ Y)=0.09875$，这些结果有效地验证了新的距离度量的相关性质。

例 7.2 假设 G、Y 和 R 为论域 UOD $M=\{\rho_1,\ \rho_2\}$ 上的 SVNFSs：

$$G=\{\langle\rho_1,\ 0.3,\ 0.4,\ 0.6\rangle,\ \langle\rho_2,\ 0.30,\ 0.50,\ 0.8\rangle\}$$
$$Y=\{\langle\rho_1,\ 0.3,\ 0.4,\ 0.6\rangle,\ \langle\rho_2,\ 0.30,\ 0.50,\ 0.8\rangle\}$$
$$R=\{\langle\rho_1,\ 0.15,\ 0.35,\ 0.45\rangle,\ \langle\rho_2,\ 0.25,\ 0.35,\ 0.4\rangle\} \tag{7-42}$$

根据定义 7.10，SVNFSs 的 G、Y 和 R 之间的距离测度如下：

$$d_{\eta}(G,\ Y)=\frac{1}{n}\sum_{i=1}^{n}d_{\eta}(G,\ Y)$$
$$=\frac{1}{n}\left[\frac{1}{2}\left(\alpha_G(\rho_i)\log\frac{2\alpha_G(\rho_i)}{\alpha_G(\rho_i)+\alpha_Y(\rho_i)}+\alpha_Y(\rho_i)\log\frac{2\alpha_Y(\rho_i)}{\alpha_G(\rho_i)+\alpha_Y(\rho_i)}+\right.\right.$$
$$\beta_G(\rho_i)\log\frac{2\beta_G(\rho_i)}{\beta_G(\rho_i)+\beta_Y(\rho_i)}+\beta_Y(\rho_i)\log\frac{2\beta_Y(\rho_i)}{\beta_G(\rho_i)+\beta_Y(\rho_i)}+$$
$$\left.\left.\gamma_G(\rho_i)\log\frac{2\gamma_G(\rho_i)}{\gamma_G(\rho_i)+\gamma_Y(\rho_i)}+\gamma_Y(\rho_i)\log\frac{2\gamma_Y(\rho_i)}{\gamma_G(\rho_i)+\gamma_Y(\rho_i)}\right)\right]^{1/2} \tag{7-43}$$

进一步可得

$d_{\eta}(G,\ Y)=0.0000$，$d_{\eta}(Y,\ G)=0.0000$，$d_{\eta}(G,\ R)=0.2892$，

$d_{\eta}(R,\ G)=0.2892$，$d_{\eta}(Y,\ R)=0.2892$，$d_{\eta}(R,\ Y)=0.2892$

同样地，由于 SVNFS *A* 与 SVNFS *B* 相同，因此 $d_{\eta}(G,\ Y)$ 等于零，且 $d_{\eta}(G,\ R)=d_{\eta}(Y,\ R)=0.2892$。此外，$d_{\eta}(G,\ Y)=d_{\eta}(Y,\ G)=0.0000$，$d_{\eta}(G,\ R)=d_{\eta}(R,\ G)=0.2892$，$d_{\eta}(Y,\ R)=d_{\eta}(R,\ Y)=0.2892$。这些结果有效地验证了新的距离度量的相关性质。

例 7.3 假设 G、Y 和 R 为论域 UOD$M=\{\rho_1,\ \rho_2\}$ 上的 SVNFSs

$G=\{\langle\rho_1,\ 0.2,\ 0.3,\ 0.7\rangle,\ \langle\rho_2,\ 0.30,\ 0.50,\ 0.8\rangle\}$

$Y=\{\langle\rho_1,\ 0.2,\ 0.3,\ 0.7\rangle,\ \langle\rho_2,\ 0.30,\ 0.50,\ 0.8\rangle\}$

$R=\{\langle\rho_1,\ 0.5,\ 0.25,\ 0.45\rangle,\ \langle\rho_2,\ 0.25,\ 0.35,\ 0.4\rangle\}$ (7-44)

根据定义 7.11，SVNFSs 的 G、Y 和 R 之间的距离测度如下：

$$d_{\zeta}(G,\ Y)=\frac{1}{4n}\sum_{i=1}^{n}d_{\zeta}(G,\ Y)=\frac{1}{4n}\sum_{i=1}^{n}(|\alpha_G(\rho_i)-\alpha_Y(\rho_i)|+|\beta_G(\rho_i)-\beta_Y(\rho_i)|+|\gamma_G(\rho_i)-\gamma_Y(\rho_i)|+2\max\{|\alpha_G(\rho_i)-\alpha_Y(\rho_i)|,\ |\beta_G(\rho_i)-\beta_Y(\rho_i)|,\ |\gamma_G(\rho_i)-\gamma_Y(\rho_i)|\}) \tag{7-45}$$

进一步可得

$d_{\zeta}(G,\ Y)=0.0000$，$d_{\zeta}(Y,\ G)=0.0000$，$d_{\zeta}(G,\ R)=0.3250$

$d_{\zeta}(R,\ G)=0.3250$，$d_{\zeta}(Y,\ R)=0.3250$，$d_{\zeta}(R,\ Y)=0.3250$

由于 SVNFS *G* 与 SVNFS *Y* 相同，因此 $d_{\zeta}(G,\ Y)$ 等于零，且 $d_{\zeta}(G,\ R)=d_{\zeta}(Y,\ R)=0.325$。此外，我们还得出 $d_{\zeta}(G,\ Y)=d_{\zeta}(Y,\ G)=0.00$，$d_{\zeta}(G,\ R)=d_{\zeta}(R,\ G)=0.325$，以及 $d_{\zeta}(Y,\ R)=d_{\zeta}(R,\ Y)=0.325$。这些结果有效地验证了新的距离度量的相关性质。

例 7.4　假设 G、Y 和 R 为论域 UOD $M=\{\rho_1, \rho_2\}$ 上的 SVNFSs

$G=\{\langle\rho_1, 0.3, 0.4, 0.6\rangle, \langle\rho_2, 0.30, 0.50, 0.8\rangle\}$

$Y=\{\langle\rho_1, 0.3, 0.4, 0.6\rangle, \langle\rho_2, 0.30, 0.50, 0.8\rangle\}$

$$R=\{\langle\rho_1, 0.15, 0.35, 0.45\rangle, \langle\rho_2, 0.25, 0.35, 0.4\rangle\} \tag{7-46}$$

根据定义 7.11，SVNFSs 的 G、Y 和 R 之间的距离测度如下：

$$\begin{aligned} d_\zeta(G, Y) = \frac{1}{4n}\sum_{i=1}^{n} d_\zeta(G, Y) = \frac{1}{4n}\sum_{i=1}^{n}(&|\alpha_G(\rho_i) - \alpha_Y(\rho_i)| + \\ &|\beta_G(\rho_i) - \beta_Y(\rho_i)| + |\gamma_G(\rho_i) - \gamma_Y(\rho_i)| + \\ &2\max\{|\alpha_G(\rho_i) - \alpha_Y(\rho_i)|, |\beta_G(\rho_i) - \beta_Y(\rho_i)|, \\ &|\gamma_G(\rho_i) - \gamma_Y(\rho_i)|\}) \end{aligned} \tag{7-47}$$

进一步可得

$d_\zeta(G, Y)=0.0000$，$d_\zeta(Y, G)=0.0000$，$d_\zeta(G, R)=0.2688$

$d_\zeta(R, G)=0.2688$，$d_\zeta(Y, R)=0.2688$，$d_\zeta(R, Y)=0.2688$

同样地，由于 SVNFS 的 G 与 SVNFS 的 Y 相同，因此 $d_\zeta(G, Y)$ 等于零，且 $d_\zeta(G, R)=d_\zeta(Y, R)=0.2688$。此外，$d_\zeta(G, Y)=d_\zeta(Y, G)=0.00$，$d_\zeta(G, R)=d_\zeta(R, G)=0.2688$，以及 $d_\zeta(Y, R)=d_\zeta(R, Y)=0.2688$。这些结果有效地验证了新的距离度量的相关性质。

基于上述实例及文献中给出的一些现有距离度量方法，使用表 7-2 的假设条件在表 7-1 中展示距离测度结果，其图形表示如图 7-1 所示。表 7-1 的图形表示如图 7-2 所示。

表 7-1　各实例在不同距离测量下的比较

距离	*CaseI*	*CaseII*	*CaseIII*	*CaseIV*
d_{SK}^{Z}	0.3	0.21	0.41	0.19
d_{SK}^{U}	0.29	0.31	0.41	0.18
d_G	0.23	0.11	0.27	0.19
d_{W1}	0.18	0.05	0.23	0.15
d_Y	0.18	0.06	0.18	0.11
$d_{W_1^2}$	0.18	0.05	0.23	0.06

表 7-2 两种 SVNFSs G_i，Y_i 在不同实例下的假设

SVNFSs	*Case* Ⅰ	*Case* Ⅱ
A_i	$\{\langle\rho_1, 0.2, 0.3, 0.7\rangle, \langle\rho_2, 0.30, 0.50, 0.8\rangle\}$	$\{\langle\rho_1, 0.2, 0.3, 0.7\rangle, \langle\rho_2, 0.30, 0.50, 0.8\rangle\}$
B_i	$\{\langle\rho_1, 0.5, 0.25, 0.45\rangle, \langle\rho_2, 0.25, 0.35, 0.4\rangle\}$	$\{\langle\rho_1, 0.27, 0.35, 0.75\rangle, \langle\rho_2, 0.35, 0.5, 0.18\rangle\}$
SVNFSs	*Case* Ⅲ	*Case* Ⅳ
A_i	$\{\langle\rho_1, 0.2, 0.35, 0.75\rangle, \langle\rho_2, 0.38, 0.58, 0.8\rangle\}$	$\{\langle\rho_1, 0.2, 0.35, 0.75\rangle, \langle\rho_2, 0.38, 0.58, 0.8\rangle\}$
B_i	$\{\langle\rho_1, 0.1, 0.3, 0.5\rangle, \langle\rho_2, 0.2, 0.15, 0.18\rangle\}$	$\{\langle\rho_1, 0.25, 0.5, 0.9\rangle, \langle\rho_2, 0.40, 0.35, 0.65\rangle\}$

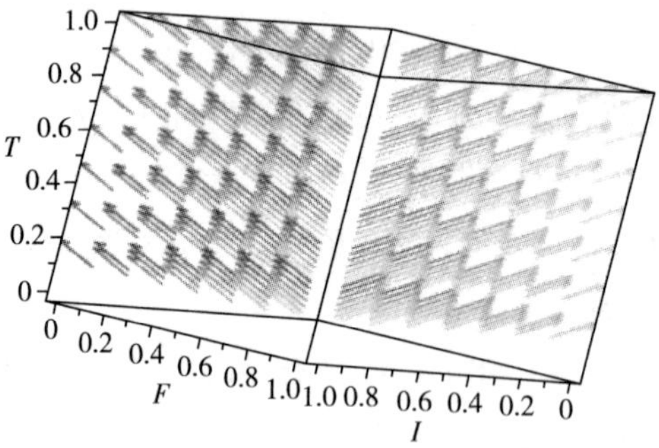

图 7-1 Case Ⅰ，Ⅱ，Ⅲ，Ⅳ下的距离测度

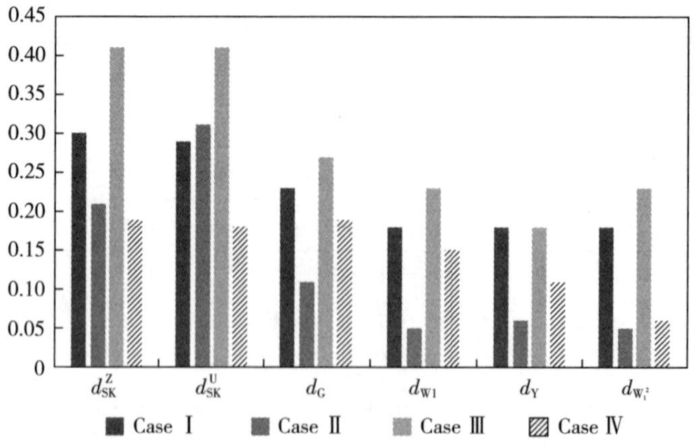

图 7-2 表 7-1 中的距离测度对比分析

第三节 基于新型单值中智模糊距离测度的决策方法及其数值分析

例 7.5 一个由 3 名专家组成的面试小组，需要从 4 名候选人中根据评估属性包括专业态度、工作经验和薪资要求等选择最佳候选人。面试小组的专家们被提供了 5 个语言变量，分别是“非常低”、“低”、“平均”、“高”和“非常高”，以表达他们的评估意见。这些语言变量被用来构建决策矩阵，专家们为每个评估属性分配了权重，其中专业态度的权重较高、工作经验的权重非常高、薪资要求的权重为平均。这些语言变量以单值中智模糊集(SVNFSs)的形式进行建模，具体参数如下：非常低(0.1，0.1，0.3)，低(0.1，0.3，0.5)，平均(0.3，0.5，0.7)，高(0.5，0.7，0.9)和非常高(0.7，0.9，0.9)。利用这些语言变量构建了基于 SVNFSs 的决策矩阵，如表 7-3 所示。

表 7-3 决策矩阵

候选人	专业态度	工作经验	薪资要求
候选人 1	ξ_{11}	ξ_{12}	ξ_{13}
候选人 2	ξ_{21}	ξ_{22}	ξ_{23}
候选人 3	ξ_{31}	ξ_{32}	ξ_{33}
候选人 4	ξ_{41}	ξ_{42}	ξ_{43}

基于表 7-3，可得如表 7-4 所示的标准化决策矩阵。

表 7-4 标准化决策矩阵

候选人	专业态度	工作经验	薪资要求
候选人 1	0.33，0.62，1	0.55，0.92，1	0.2，0.14，0.11
候选人 2	0.55，0.77，1	0.33，0.77，1	0.33，0.2，0.14
候选人 3	0.55，0.92，1	0.33，0.55，0.77	1，0.33，0.2
候选人 4	0.11，0.25，0.5	0.11，0.47，0.77	1，0.43，0.2

下面将这些标准化评估值与相应的权重相乘，得到加权标准化决策矩阵，如表 7-5 所示。

表 7-5　加权标准化决策矩阵

候选人	专业态度	工作经验	薪资要求
候选人 1	0.16，0.43，0.9	0.38，0.82，0.9	0.06，0.07，0.07
候选人 2	0.27，0.53，0.9	0.23，0.69，0.9	0.09，0.1，0.9
候选人 3	0.27，0.64，0.9	0.23，0.49，0.69	0.3，0.16，0.14
候选人 4	0.05，0.17，0.5	0.07，0.42，0.69	0.3，0.21，0.14

首先计算出模糊正理想解 A^+ 和模糊负理想解 A^-，其结果如下所示：模糊正理想解 $A^+=\{(0.27,\ 0.64,\ 0.9),\ (0.38,\ 0.82,\ 0.9),\ (0.3,\ 0.21,\ 0.14)\}$，模糊负理想解 $A^-=\{(0.05,\ 0.17,\ 0.5),\ (0.07,\ 0.42,\ 0.69),\ (0.06,\ 0.07,\ 0.07)\}$。基于和模糊负理想解，结合所提出的距离度量计算接近度系数(Closeness Coefficient)：

$$CC_i=(p_i^-)/(p_i^++p_i^-)$$

其中，CC_i 是候选人 i 的接近度系数，p_i^+ 表示与模糊正理想解的距离，p_i^- 表示与模糊负理想解的距离。根据计算得到的接近度系数，可得候选人的顺排序为 2>3>1>4。

为进一步验证本章所提方法的有效性，考虑将本章所提方法与 Szmidt 和 Kacprzyk[178] 以及 Yang 和 Francisco 提出的距离度量方法[180] 进行对比。基于表 7-5 分别计算本章所提距离度量方法与 Szmidt 和 Kacprzyk 以及 Yang 和 Francisco 的距离度量方法的测算结果，确定了 4 名候选人的排序，如表 7-6 所示。

表 7-6　比较分析

排名	CC_i（定义 7.4）	排名	CC_i（定义 7.6）	排名	CC_i（定义 7.7）	排名	CC_i（定义 7.10）	排名	CC_i（定义 7.11）	排名
1	0.691	3	0.640	2	0.542	3	0.649	3	0.675	3
2	0.750	1	0.709	1	0.636	2	0.760	1	0.755	1
3	0.699	2	0.630	3	0.800	1	0.692	2	0.471	2
4	0.182	4	0.115	4	0.320	4	0.200	4	0.189	4

根据表 7-6 所示的结果，各距离度量方法的候选人理想选择始终是候选人 1，表明本章所提出距离度量方法的有效性。基于 Yang 和 Francisco 提出的距离度量方法，备选项的排序是2＞3＞1＞4，与本章所提距离度量方法的排序结果相对应。

第八章　智能产品供应商决策应用

随着科技的飞速发展，微电子和芯片的应运产生正在改变人们对智能产品的认知，它们可以直接从现场获取信息，并替代人做出判断和选择，并已发展到广义上的集网络、信息、数字于一体的综合系统。

参照以往学者的研究，将智能产品定义为可供企业生产经营或用户日常消费使用的智能产品，这些产品在用户无须操作的情况下实现自主运行与管理，其实现方式一般是通过嵌入智能操作系统，实现对智能对象（如微处理器、传感器等）的控制。智能产品包含智能组件、物理组件以及将两者进行互联的组件，这三个要素被称为智能产品的核心要素。特别地，智能产品除了传统产品硬件的物理功能外，还应实现产品使用和消费过程的互联互通，实现消费需求的智能化满足。此外，智能产品会主动获取与产品使用频率、时长等相关的数据，自动实现信息的归纳与演绎推理[181]。一个产品是否智能取决于它是否包含以下三个要素：第一，感知，即是否能感受到外界的实时动态和需求；第二，智能决策，包括判断和执行两个层次，即根据外部条件的变化独立判断和执行，而不是由人来操作和控制；第三，人机交互，即当情况突然发生变化或者人的需求发生变化时，可以根据变化的情况及时地调整。

智能技术的应用主要表现在智能联结（Connection）、智能感知（Awareness）、决策优化（Optimization）、智能分析（Analysis）和智能控制（Control）这五个方面，通过智能化技术的应用，在产品研发、生产及销售一体的传统生态系统与创新生态系统中，实现动态感知与连接，兼具过程可视化、服务自主化以及执行自动化，并在此基础上实现决策最优化，从而实现系统中技术间的互动耦合以及利益相关者间的资源互补性发展，实现感知—相关利益方—联结—流程的交互，这对于提升服务质量，实现技术发展优化，创造新型的智能应用和服务并进一步地提升组织资源配置效率具有重要作用[182]。

智能产品研究已广泛应用于企业生产制造、供应链、产品生命周期管理等领域。以制造业生产控制体系中引入智能产品为例，学者提出基于 Agent 的分布式生产控制框架，用于支持动态性制造情境中复杂的个性化高定产品，如何实现准时化供应及即时生产策略，从而减少成本、提升管理效率。在供应链领域，如何利用智能产品的信息收集和状态监测等特征来提高物流效率，也是近年来学者们关注的热点问题。e-FREIGHT 和 EURIDICE 项目组织提出的"智能货仓"概念，"智能货仓"通过将电子信息流与货仓场景及位置感应系统纳入同一网络体系，实现用户与货仓、用户与外部环境的协调和统一。此外，欧盟国家内部的 INTEGRITY、SMART-CM 和 ADVANCE 等项目，虽然设立的目标不同，但有一点类似，即均致力于智能化系统的开发与完善，通过产品传输中的实时在线数据管理，实现诸如安全管理、计划实施以及海关管理等各方面的目标。围绕产品生命周期的开始阶段，有学者建议金属零件一生产出来就应配备智能识别标签，将网络中单元与相应的物理金属零件实体联系起来，为实现这一目标，可以将 RFID 标签集成并嵌入到各个金属零件中，进而实现生产、运输及装配全过程中的实时监控，以及最终产品的溯源。

当今，工业 4.0 提到要打造数字化工厂、智能工厂，制造企业升级发展的必由之路一定是集成高度数据化、智能化、网络化的供应链体系，并在供应链系统中具有集成应用，也是供应链智慧化应用的具体表现。同时，采用智能决策方法，提高现代供应链系统的智能化和自动化，实现响应速度快的高品质服务是现代物流与供应链行业发展的宗旨。

第一节　产品智能化对供应商选择及供应链结构的影响

将不确定多属性决策方法应用到供应商选择问题中，虽然许多研究者进行了并且还在继续进行相关的研究工作，且积累了一定的研究成果，但也仅限于传统商业模式下的供应商选择问题。本节讨论产品智能化商业模式下的供应商选择和供应链结构问题。

2011 年汉诺威工业博览会上德国提出工业 4.0 概念，使 C2M(Customer-to-Manufactory)模式在“工业互联网”背景下产生，它是基于社区 SNS 平台以及 B2C 平台模式上的一种新型的电子商务互联网商业模式。在此模式下，生产制造商直面消费者，通过去中间商方式实现产销一体，避免了商品流通过程中的层层加码，让消费者以较低的价格购买到适合自身消费特性及主观意愿的高质量产品，由用户需求驱动生产制造，其核心是产品智能化和以消费者为中心的用户思维。智能产品通过软件定制产品，以实现个性化的需求，其供应链也呈现出与传统产品的供应链不同的特征，首先表现在产品与服务共存方面，其次表现在供应链结构网状化方面，如通用电气 GE 将飞机发动机销售给飞机制造公司如波音，制造商将发动机装配到飞机上，制造出整架飞机，再将飞机销售给用户如东方航空公司。三方之间形成如图 8-1 所示的串行关系。

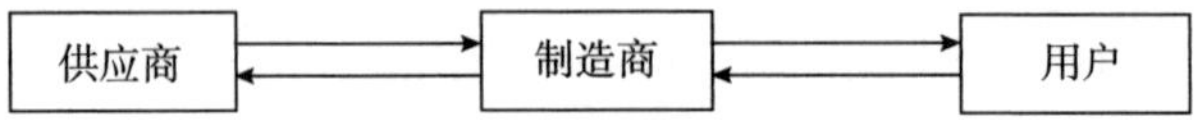

图 8-1　传统飞机供应链串行结构

现在，GE 在飞机发动机上使用传感器，通过传感器得到用户对发动机的使用数据，再对数据进行分析，能够为用户提供增值服务，如降低东航的发动机的维修成本，提高发动机的使用效率，从而为东航增值。这样原本没有直接关联的供应商与用户，就形成了一种新的关联，从而三方之间就形成了一个三角形的网络结构，如图 8-2 所示。

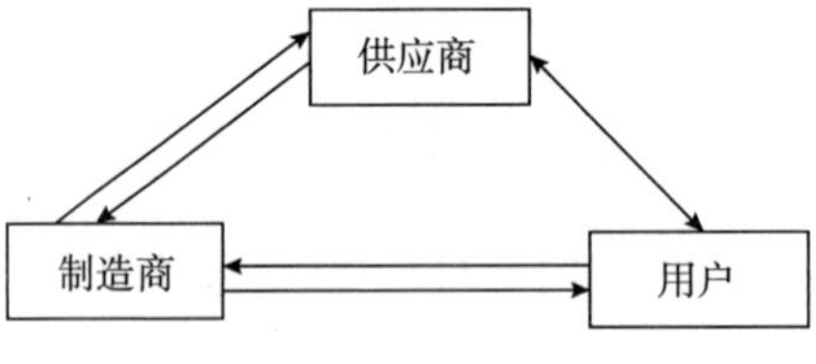

图 8-2　部件智能化后的飞机供应链网状结构

可以看出，C2M 模式下产品智能化时用户参与的广度与深度都与过往完全不同，他们会参与产品的设计、生产、营销、售后各个环节。这就导致了传统的串行流程结构(设计→生产→营销→售后)变成了网状结构，同时，智能产品需尽快地将产品投向市场，通过用户广泛参与，不断修改产品以实现快速迭代。不同于传统商业模式，C2M 模式的这些特征迫使制造商对供应商提出更高的要求，相应的供应商选择问题也变得更加复杂。

第二节　智能产品供应商评价指标体系构建

供应商选择及评价问题是国内外学者近年来关注的热点问题之一，特别是在复杂不确定环境下的相关研究。如施华[183]在系统回顾相关理论的基础上，立足于异质性评价信息场景，就如何选择可持续的供应商提出了三个不同的选择模型以弥补现有方法的不足，大幅提高了可持续供应商决策的有效性。宋玮[184]将绿色供应商的静态与动态选择纳入同一框架，同时，在动态选择以及制造任务分配的集成研究过程中加入风险及柔性因素，对绿色供应商进行排序并择优，基于“考虑行为”、“有限理性”等思想，构建了考虑行为的绿色供应商静态选择问题的研究框架，并研究了包含“缺陷信息”的绿色供应商动态选择方法和考虑风险和柔性因素的绿色供应商动态选择及制造任务分配问题。然而，如今许多智能设备已经不是简单聚集，而是以互联网为依托，通过自主感知及信息源，精准预测信息流向。仅仅考虑传统产品及其商业模式下的供应商选择及供应商评价则会造成智能产品供应链的特性缺失。

综合对智能产品供应商评价指标的分析，结合 C2M 供应链管理的特征，本节从指标选取的原则和评价指标的分析两方面着手，构建智能产品供应商评价指标体系。

首先，由于智能产品行业具有数字化、智能化、网络化等特性，企业在选择指标评价智能产品供应商时，应遵循以下原则：

(1)全面性原则。评价指标体系除需体现被评价对象的实际情况外，还需重点考虑智能产品特有的高科技和快速迭代等属性。不仅如此，在构建指标体系的过程中，还需持续且全面地考虑评价体系应涵盖的内容。

(2)科学性原则。评价指标要分级明确、重点突出、易实施、可操作性强，即指标的设立要讲究科学性、概念清晰、边界感强、计算方法明确。

(3)实用性原则。评价指标要尽可能简单实用，易于操作，还要剔除一些对评价结果影响程度小的指标。此外，对于定量指标，要保证数据的可获得性和可量化性，适用于目前智能产品的科技水平。

(4)定性与定量相结合原则。定量指标客观、直接、有说服力，而定性指标则考虑比较全面、易变通。对智能产品供应商的评价很难做到完全量化衡量，而定性指标虽然可以反映指标的性质但不够客观。因此，将定性与定量指标结合起来使用更具科学性和可操作性。

其次，评价指标的分析是构建智能产品供应商评价指标体系的关键环节。科学合理地选取评价指标对于评价指标体系的构建至关重要，一直以来，国内外众多学者在制造业、物流与供应链等领域开展供应商评价的相关研究，并取得了大量有价值的研究成果，如 Dickson[107]通过问卷调查分析总结出制造业领域供应商的 23 项评价准则并对其进行重要性排序。Yahya 和 Kingsman[110]通过调研分析得出质量、财务、交货、技术水平等 8 项供应商评价体系，并运用 AHP 法得到每个指标的权重。从大量的文献研究结论可以看出，产品价格、质量、供应能力、技术水平等评价指标受重视程度比较高，然而，仅以这些评价指标作为智能产品指标选取的依据是并不充分的。因此，需要进一步探究智能产品供应商的评价指标问题。

对于智能产品供应商的选择，除了需要考虑质量、价格、环境绩效等影响因素外，还需考虑供应商的供货速度和用户参与度(广度和深度)。这是因为传统企业首先做出产品，其次通过广告引导消费者，最后通过中间环节传递到用户手中，而互联网企业则是把企业、产品、用户三者通过互联网连接在一起，甚至整合成一体，并将产品的设计、营销、销售整合在一起。同时，互联网思维讲究的是快，很多产品就不能等到完善完美再推出，这也是智能产品需要迭代的原因。基于此，本章引入迭代度这一指标(属性)体现供应商的供货速度和用户参与度(广度和深度)，它与成本、质量、迭代度、售后服务和运营能力共 5 个指标作为智能产品供应商评价一级指标，其中，及时性、服务质量和信用情况、注册资本、营收利润分别作为售后服务和运营能力的二级指标，具体评价指标如表 8-1 所示。

表 8-1　智能产品供应商评价指标

一级指标	二级指标
成本	采购费用
质量	产品质量

续表

一级指标	二级指标
迭代度	供货及时性、用户参与度
售后服务	及时性、服务质量
运营能力	信用情况、注册资本、营收利润

第三节　案例应用研究

飞机是由数百万个零部件及系统设备组成的大型复杂高科技产品，具有技术要求高、集成难度大、研制周期长、市场准入门槛高、经费投入巨大等特点，这些特点决定了飞机研制必须充分依靠外部供应商的力量，因此供应商管理对飞机项目的研制异常重要。

以飞机制造公司波音为例，波音公司前身是1916年由威廉·波音创办的太平洋航空制品公司，经过几十年的组建和发展，于1961年正式成立波音公司，总部设在西雅图，后迁至芝加哥，制造工厂位于华盛顿州和堪萨斯州。2000年，波音公司出资37亿美元收购通用汽车公司旗下休斯电子公司的航天和通信业务部，一跃成为世界上最大的商业卫星制造商。波音公司已成为世界上最大的航空公司、世界航空工业的主力军，也是美国航空航天局(NASA)最大的承包商，其主要业务包含研发、销售空中运输装备并提供相关支持服务，研发制造战略战术导弹和航空航天产品。

波音公司的采购模式为全球集采，这与我国的飞机制造商采购模式不同，如我国C919大型客机采用的是“主制造商—供应商”采购管理模式。全球集采可以充分发挥采购的规模优势，有利于制造企业的集中监管，具有采购成本低、操作规范和社会影响面广等特点。事实上，一架飞机包含数以百万计的零部件，虽然国际范围内飞机整机的研发制造和生产高度集中，且已形成寡头垄断局面，但随着信息化的飞速发展和国际贸易广泛合作，飞机制造工业已形成以整机制造商(即主制造商)为核心的主系统承包商、分系统承包商和部件供应商的产业供应链[185]。然而，尽管整机制造企业为寡头或多头垄断，发动机和机载系统供应商也相对集中，但飞机零部件配套相关企业却相对分散，特别是在飞机发动机中传感器等智能产品的数量、质量、迭代性能等需求日益增长背景下，对这类智能产品的品质提升要求也是当今飞机制造企业需面临的实际问题。这就意味着在飞机研发制造过程中需要更多、更优秀、更具时代感的供应商共同参与。

现在，对于飞机制造公司波音而言，需选择飞机发动机传感器智能产品厂商，安装智能产品以全面提升操控系统综合能力和智能水平。考虑成本、质量、迭代度等多种因素，同时满足安全实用、精准灵敏的条件，使得波音公司能将发动机传感器智能产品以最优的品质装配到飞机上。智能产品厂商即合作伙伴的选择是波音要考虑的关键环节，现有 4 个备选企业 $x_i(i=1, \cdots, 4)$供选择，分别是罗尔斯—罗伊斯公司、通用电气 GE 公司、普拉特·惠特尼集团公司、联合发动机制造集团公司，以备战略合作。

以本书第二章提出的直觉不确定语言信息集成算子及决策方法为例，考虑决策环境为以直觉不确定语言信息表示的情形。现有 3 位决策专家 $d_k(k=1, 2, 3)$，由主客观赋权法得其权重向量为 $u=(u_1, u_2, u_3)^T=(0.35, 0.4, 0.25)^T$，依据智能产品供应商评价体系成本、质量、迭代度、售后服务和运营能力 5 个因素(属性)$g_j(j=1, \cdots, 5)$，设其权重 $\omega=(0.25, 0.2, 0.15, 0.25, 0.15)^T$，决策专家 $d_k \in D$ 基于方案 $x_i \in X$ 按属性 $g_j \in G$ 评价，得到以直觉不确定语言数表示的决策矩阵 $A^{(k)}=(a_{ij}^{(k)})_{l\times n}$，如表 8-2~表 8-4 所示。

表 8-2 决策矩阵 $A^{(1)}$

因素	x_1	x_2	x_3	x_4
g_1	$\langle[s_1, s_2], (0.4, 0.4)\rangle$	$\langle[s_1, s_3], (0.5, 0.2)\rangle$	$\langle[s_2, s_2], (0.6, 0.3)\rangle$	$\langle[s_1, s_2], (0.4, 0.4)\rangle$
g_2	$\langle[s_2, s_3], (0.5, 0.3)\rangle$	$\langle[s_2, s_3], (0.4, 0.5)\rangle$	$\langle[s_1, s_2], (0.5, 0.3)\rangle$	$\langle[s_2, s_3], (0.5, 0.3)\rangle$
g_3	$\langle[s_1, s_2], (0.5, 0.2)\rangle$	$\langle[s_2, s_4], (0.6, 0.2)\rangle$	$\langle[s_2, s_3], (0.5, 0.2)\rangle$	$\langle[s_1, s_1], (0.2, 0.4)\rangle$
g_4	$\langle[s_2, s_3], (0.3, 0.4)\rangle$	$\langle[s_1, s_2], (0.7, 0.2)\rangle$	$\langle[s_1, s_2], (0.5, 0.5)\rangle$	$\langle[s_1, s_2], (0.5, 0.4)\rangle$
g_5	$\langle[s_2, s_3], (0.5, 0.2)\rangle$	$\langle[s_1, s_2], (0.2, 0.5)\rangle$	$\langle[s_3, s_4], (0.6, 0.4)\rangle$	$\langle[s_2, s_3], (0.6, 0.1)\rangle$

表 8-3 决策矩阵 $A^{(2)}$

因素	x_1	x_2	x_3	x_4
g_1	$\langle[s_1, s_2], (0.5, 0.4)\rangle$	$\langle[s_1, s_3], (0.4, 0.5)\rangle$	$\langle[s_2, s_2], (0.7, 0.3)\rangle$	$\langle[s1, s2], (0.5, 0.3)\rangle$
g_2	$\langle[s_1, s_2], (0.5, 0.4)\rangle$	$\langle[s_2, s_3], (0.2, 0.5)\rangle$	$\langle[s_1, s_2], (0.4, 0.3)\rangle$	$\langle[s2, s3], (0.4, 0.2)\rangle$
g_3	$\langle[s_3, s_4], (0.3, 0.6)\rangle$	$\langle[s_2, s_4], (0.8, 0.1)\rangle$	$\langle[s_2, s_3], (0.4, 0.5)\rangle$	$\langle[s1, s1], (0.2, 0.4)\rangle$
g_4	$\langle[s_1, s_2], (0.4, 0.3)\rangle$	$\langle[s_1, s_2], (0.6, 0.2)\rangle$	$\langle[s_1, s_2], (0.6, 0.1)\rangle$	$\langle[s1, s2], (0.5, 0.4)\rangle$
g_5	$\langle[s_2, s_3], (0.2, 0.4)\rangle$	$\langle[s_1, s_2], (0.7, 0.3)\rangle$	$\langle[s_3, s_4], (0.5, 0.4)\rangle$	$\langle[s2, s3], (0.6, 0.1)\rangle$

表 8-4 决策矩阵 $A^{(3)}$

因素	x_1	x_2	x_3	x_4
g_1	$\langle[s_1, s_1], (0.2, 0.4)\rangle$	$\langle[s_1, s_2], (0.4, 0.3)\rangle$	$\langle[s_2, s_2], (0.5, 0.2)\rangle$	$\langle[s_2, s_2], (0.4, 0.3)\rangle$
g_2	$\langle[s_1, s_2], (0.5, 0.4)\rangle$	$\langle[s_1, s_2], (0.6, 0.3)\rangle$	$\langle[s_2, s_3], (0.5, 0.3)\rangle$	$\langle[s_1, s_2], (0.4, 0.2)\rangle$
g_3	$\langle[s_1, s_2], (0.3, 0.6)\rangle$	$\langle[s_2, s_4], (0.6, 0.2)\rangle$	$\langle[s_2, s_2], (0.4, 0.5)\rangle$	$\langle[s_1, s_1], (0.6, 0.4)\rangle$
g_4	$\langle[s_2, s_3], (0.4, 0.3)\rangle$	$\langle[s_1, s_2], (0.7, 0.2)\rangle$	$\langle[s_2, s_3], (0.5, 0.5)\rangle$	$\langle[s_2, s_3], (0.4, 0.3)\rangle$
g_5	$\langle[s_1, s_1], (0.4, 0.3)\rangle$	$\langle[s_3, s_4], (0.5, 0.3)\rangle$	$\langle[s_2, s_2], (0.2, 0.4)\rangle$	$\langle[s_3, s_4], (0.5, 0.2)\rangle$

基于以上决策信息，下面利用基于直觉不确定语言信息集成算子的多属性决策方法进行求解，步骤如下：

步骤 1： 由于所有属性值具有相同测度单元属性最大化，因此无须进行决策信息标准化。

步骤 2： 利用 IULGHHWA 算子通过式（2-39）对决策矩阵 $A^{(k)}=(\alpha_{ij}^{(k)})_{5\times4}$，$k=1, 2, 3$ 进行集成，得到综合直觉不确定语言决策矩阵 $A=(\alpha_{ij})_{5\times4}$。这里，不失一般性，令 $\lambda=1$、$\zeta=2$，与 IULGHHWA 算子关联的权重向量由 Gaussian 分布

方法得到 $w=(0.2429, 0.5142, 0, 2429)^T$：

$$A=(\alpha_{ij})_{5\times 4}=\begin{bmatrix} \langle[s_1, s_{1.8}], (0.38, 0.4)\rangle & \langle[s_{1.8}, s_{2.8}], (0.48, 0.38)\rangle \\ \langle[s_2, s_{2.3}], (0.6, 0.28)\rangle & \langle[s_{1.6}, s_{1.9}], (0.45, 0.33)\rangle \\ \langle[s_{1.7}, s_{2.7}], (0.5, 0.36)\rangle & \langle[s_{1.7}, s_{2.4}], (0.45, 0.32)\rangle \\ \langle[s_{1.8}, s_{2.7}], (0.46, 0.26)\rangle & \langle[s_{1.9}, s_{2.6}], (0.4, 0.23)\rangle \\ \langle[s_{1.9}, s_{2.4}], (0.38, 0.45)\rangle & \langle[s_{2.4}, s_4], (0.67, 0.19)\rangle \\ \langle[s_2, s_{2.3}], (0.4, 0.21)\rangle & \langle[s_1, s_{1.6}], (0.25, 0.4)\rangle \\ \langle[s_{2.1}, s_3], (0.35, 0.39)\rangle & \langle[s_{1.8}, s_{2.6}], (0.67, 0.2)\rangle \\ \langle[s_2, s_{3.1}], (0.59, 0.21)\rangle & \langle[s_{1.7}, s_{2.6}], (0.46, 0.33)\rangle \\ \langle[s_{2.1}, s_{2.7}], (0.41, 0.32)\rangle & \langle[s_{2.3}, s_3], (0.5, 0.31)\rangle \\ \langle[s_{2.4}, s_{3.1}], (0.49, 0.4)\rangle & \langle[s_2, s_{3.2}], (0.54, 0.13)\rangle \end{bmatrix}$$

步骤 3：通过 IULGHHWA 算子进一步计算综合群体偏好值 $\alpha_i(i=1, 2, 3, 4)$

$\alpha_1=\langle[s_{1.6}, s_{2.5}], (0.4, 0.37)\rangle$，$\alpha_2=\langle[s_2, s_{3.1}], (0.56, 0.29)\rangle$

$\alpha_3=\langle[s_{2.1}, s_{2.8}], (0.51, 0.29)\rangle$，$\alpha_4=\langle[s_{1.6}, s_{2.6}], (0.44, 0.26)\rangle$

步骤 4：计算综合群体偏好值 $\alpha_i(i=1, 2, 3, 4)$ 的期望值 $E(\alpha_i)$

$E(\alpha_1)=1.056$，$E(\alpha_2)=1.619$，$E(\alpha_3)=1.495$，$E(\alpha_4)=1.239$

步骤 5：根据 $E(\alpha_i)$ 对方案进行排序择优，有

$E(\alpha_2)>E(\alpha_3)>E(\alpha_4)>E(\alpha_1)$

因此，最佳伙伴企业为通用电气 GE 公司 x_2。

第四节　对比分析

现以本书第三章提出的基于球形模糊信息的多属性决策方法对最优方案进行抉择。假设 3 位决策专家 $d_k(k=1, 2, 3)$ 依据表 8-1 构建智能产品供应商评价体系，即成本、质量、迭代度、售后服务和运营能力 5 个因素（属性）$g_j(j=1, \cdots, 5)$，对各方案 $x_i\in X$ 下的属性 $g_j\in G$ 进行评价，得到以球形模糊数 SFN 表示的决策矩阵 $D_k=(a_{ij}^{(k)})_{l\times n}$，如表 8-5～表 8-7 所示。

表 8-5　球形模糊矩阵 D_1

方案	g_1	g_2	g_3	g_4	g_5
x_1	(0.26, 0.53, 0.15)	(0.13, 0.12, 0.88)	(0.59, 0.50, 0.43)	(0.67, 0.50, 0.30)	(0.31, 0.21, 0.71)
x_2	(0.40, 0.31, 0.23)	(0.45, 0.67, 0.39)	(0.07, 0.81, 0.43)	(0.72, 0.31, 0.41)	(0.11, 0.25, 0.82)
x_3	(0.69, 0.16, 0.34)	(0.07, 0.81, 0.24)	(0.91, 0.21, 0.03)	(0.71, 0.41, 0.13)	(0.34, 0.25, 0.51)
x_4	(0.77, 0.16, 0.20)	(0.50, 0.25, 0.31)	(0.80, 0.42, 0.40)	(0.70, 0.32, 0.40)	(0.33, 0.44, 0.65)

表 8-6　球形模糊矩阵 D_2

方案	g_1	g_2	g_3	g_4	g_5
x_1	(0.67, 0.24, 0.66)	(0.63, 0.39, 0.62)	(0.93, 0.16, 0.18)	(0.67, 0.50, 0.31)	(0.91, 0.01, 0.21)
x_2	(0.59, 0.80, 0.05)	(0.42, 0.05, 0.79)	(0.12, 0.52, 0.67)	(0.50, 0.52, 0.63)	(0.50, 0.65, 0.22)
x_3	(0.12, 0.32, 0.87)	(0.21, 0.51, 0.51)	(0.01, 0.85, 0.44)	(0.69, 0.64, 0.27)	(0.19, 0.73, 0.62)
x_4	(0.57, 0.44, 0.55)	(0.75, 0.32, 0.48)	(0.21, 0.63, 0.66)	(0.29, 0.85, 0.07)	(0.57, 0.68, 0.39)

表 8-7　球形模糊矩阵 D_3

方案	g_1	g_2	g_3	g_4	g_5
x_1	(0.62, 0.26, 0.14)	(0.47, 0.32, 0.69)	(0.26, 0.07, 0.80)	(0.46, 0.70, 0.20)	(0.27, 0.14, 0.81)
x_2	(0.26, 0.76, 0.18)	(0.26, 0.25, 0.80)	(0.02, 0.11, 0.91)	(0.32, 0.34, 0.71)	(0.10, 0.52, 0.77)
x_3	(0.59, 0.39, 0.58)	(0.19, 0.46, 0.77)	(0.31, 0.44, 0.62)	(0.21, 0.66, 0.33)	(0.31, 0.15, 0.91)
x_4	(0.17, 0.06, 0.90)	(0.44, 0.55, 0.66)	(0.52, 0.12, 0.70)	(0.20, 0.78, 0.46)	(0.03, 0.64, 0.75)

下面根据第三章提出的决策方法进行方案评估和选择。具体步骤如下：

步骤1：由于 g_j（$j=2$，…，5）是效益型属性，而 g_1 是成本型属性，因此需对决策矩阵进行标准化，根据第三章提出的标准化方法对上述原始评价信息进行标准化后的矩阵如表 8-8～表 8-10 所示。

表 8-8　标准化球形决策矩阵 r^1

方案	g_1	g_2	g_3	g_4	g_5
x_1	(0.15, 0.53, 0.26)	(0.13, 0.12, 0.88)	(0.59, 0.50, 0.43)	(0.67, 0.50, 0.30)	(0.31, 0.21, 0.71)
x_2	(0.23, 0.31, 0.40)	(0.45, 0.67, 0.39)	(0.07, 0.81, 0.43)	(0.72, 0.31, 0.41)	(0.11, 0.25, 0.82)
x_3	(0.34, 0.16, 0.69)	(0.07, 0.81, 0.24)	(0.91, 0.21, 0.03)	(0.71, 0.41, 0.13)	(0.34, 0.25, 0.51)
x_4	(0.20, 0.16, 0.77)	(0.50, 0.25, 0.31)	(0.80, 0.42, 0.40)	(0.70, 0.32, 0.40)	(0.33, 0.44, 0.65)

表 8-9　标准化球形决策矩阵 r^2

方案	g_1	g_2	g_3	g_4	g_5
x_1	(0.66, 0.24, 0.67)	(0.63, 0.39, 0.62)	(0.93, 0.16, 0.18)	(0.67, 0.50, 0.31)	(0.91, 0.01, 0.21)
x_2	(0.05, 0.80, 0.59)	(0.42, 0.05, 0.79)	(0.12, 0.52, 0.67)	(0.50, 0.52, 0.63)	(0.50, 0.65, 0.22)
x_3	(0.87, 0.32, 0.12)	(0.21, 0.51, 0.51)	(0.01, 0.85, 0.44)	(0.69, 0.64, 0.27)	(0.19, 0.73, 0.62)
x_4	(0.55, 0.44, 0.57)	(0.75, 0.32, 0.48)	(0.21, 0.63, 0.66)	(0.29, 0.85, 0.07)	(0.57, 0.68, 0.39)

表 8-10　标准化球形决策矩阵 r^3

方案	g_1	g_2	g_3	g_4	g_5
x_1	(0.14, 0.26, 0.62)	(0.47, 0.32, 0.69)	(0.26, 0.07, 0.80)	(0.46, 0.70, 0.20)	(0.27, 0.14, 0.81)
x_2	(0.18, 0.76, 0.26)	(0.26, 0.25, 0.80)	(0.02, 0.11, 0.91)	(0.32, 0.34, 0.71)	(0.10, 0.52, 0.77)

续表

方案	g_1	g_2	g_3	g_4	g_5
x_3	(0.58, 0.39, 0.59)	(0.19, 0.46, 0.77)	(0.31, 0.44, 0.62)	(0.21, 0.66, 0.33)	(0.31, 0.15, 0.91)
x_4	(0.90, 0.06, 0.17)	(0.44, 0.55, 0.66)	(0.52, 0.12, 0.70)	(0.20, 0.78, 0.46)	(0.03, 0.64, 0.75)

步骤 2：使用 *SFWA* 算子集成个体标准化球形模糊决策矩阵，从而得到群决策矩阵，如表 8-11 所示。

表 8-11　球形模糊群决策矩阵

方案	g_1	g_2	g_3	g_4	g_5
x_1	(0.35, 0.35, 0.51)	(0.42, 0.28, 0.73)	(0.64, 0.26, 0.42)	(0.62, 0.55, 0.28)	(0.54, 0.11, 0.54)
x_2	(0.15, 0.62, 0.44)	(0.39, 0.32, 0.65)	(0.08, 0.52, 0.65)	(0.53, 0.40, 0.57)	(0.26, 0.48, 0.57)
x_3	(0.61, 0.28, 0.44)	(0.16, 0.60, 0.48)	(0.40, 0.52, 0.34)	(0.58, 0.56, 0.24)	(0.27, 0.42, 0.65)
x_4	(0.52, 0.25, 0.54)	(0.59, 0.35, 0.47)	(0.49, 0.43, 0.58)	(0.41, 0.65, 0.28)	(0.35, 0.59, 0.57)

步骤 3：根据第三章提出的球形模糊熵，通过以下公式计算每个属性的权重：

$$\beta_q = \frac{1 + \frac{1}{n}\sum_{\rho=1}^{n}(P_i\log(P_i) + I_i\log(I_i) + N_i\log(N_i))}{\sum_{q=1}^{n}\left(1 + \frac{1}{n}\sum_{\rho=1}^{n}P_i\log(P_i) + I_i\log(I_i) + N_i\log(N_i)\right)}$$

可得属性权重 $\beta = \{\beta_1 = 0.203,\ \beta_2 = 0.197,\ \beta_3 = 0.205,\ \beta_4 = 0.194,\ \beta_5 = 0.201\}^T$。

步骤 4：利用第三章所提出的球形模糊对数集成算子，即 *L-SFWA*、*L-SFOWA*、*L-SFHWA*、*L-SFWG*、*L-SFOWG* 和 *L-SFHWG* 对备选方案的综合评价值进行集成（不失一般性，设 $\sigma = 0.05$），结果如下所示。

（1）基于对数球形模糊加权平均（*L-SFWA*）算子的集成结果如表 8-12 所示。

表 8-12　运用 *L-SFWA* 算子集成结果

方案	综合评价值
x_1	(0.96962, 0.02158, 0.05608)
x_2	(0.82349, 0.04521, 0.07003)
x_3	(0.92278, 0.04692, 0.04045)
x_4	(0.96459, 0.04561, 0.04974)

(2) 基于对数球形模糊有序加权平均 (*L-SFOWA*) 算子的集成结果如表 8-13 所示。

表 8-13　运用 *L-SFOWA* 算子集成结果

方案	综合评价值
x_1	(0.97580, 0.01247, 0.04396)
x_2	(0.89670, 0.03749, 0.06639)
x_3	(0.95363, 0.03890, 0.03116)
x_4	(0.96839, 0.03300, 0.04344)

(3) 基于对数球形模糊混合加权平均集成 (*L-SFHWA*) 算子的集成结果如表 8-14 所示。

表 8-14　运用 *L-SFHWA* 算子集成结果

方案	综合评价值
x_1	(0.96385, 0.00695, 0.02177)
x_2	(0.87286, 0.01989, 0.03267)
x_3	(0.94061, 0.02067, 0.01612)
x_4	(0.95392, 0.01734, 0.02200)

(4) 基于对数球形模糊加权几何 (*L-SFWG*) 算子的集成结果如表 8-15 所示。

表 8-15　运用 *L-SFWG* 算子集成结果

方案	综合评价值
x_1	(0.96929, 0.02929, 0.06770)

续表

方案	综合评价值
x_2	(0.79865, 0.04983, 0.07297)
x_3	(0.91856, 0.05237, 0.04987)
x_4	(0.96445, 0.05423, 0.05350)

步骤 5：计算企业 x_i（$i=1, 2, 3, 4$）的得分值 $\widetilde{S}(\log_\sigma \varepsilon_\rho)$ 和精确值 $\widetilde{A}(\log_\sigma \varepsilon_\rho)$，如表 8-16 和表 8-17 所示。

表 8-16 *L-SFWA* 算子的方案得分

方案	$\widetilde{S}(\log_{0.05} x_i)$	$\widetilde{A}(\log_{0.05} x_i)$
x_1	0.998019	0.998019
x_2	0.921498	0.921500
x_3	0.986556	0.986558
x_4	0.997292	0.997295

表 8-17 *L-SFOWA* 算子的方案得分

方案	$\widetilde{S}(\log_{0.05} x_i)$	$\widetilde{A}(\log_{0.05} x_i)$
x_1	0.998751	0.998751
x_2	0.975255	0.975255
x_3	0.995307	0.995308
x_4	0.997852	0.997853

步骤 6：根据方案得分大小进行排序并得出最优方案，如表 8-18～表 8-19 所示。

表 8-18 *L-SFHWA* 算子的方案得分

方案	$\widetilde{S}(\log_{0.05} x_i)$	$\widetilde{A}(\log_{0.05} x_i)$
x_1	0.997178	0.997178
x_2	0.961514	0.961514
x_3	0.992197	0.992198
x_4	0.995368	0.995368

表 8-19 *L-SFWG* 算子的方案得分

方案	$\widetilde{S}$ ($\log_{0.05}x_i$)	$\widetilde{A}$ ($\log_{0.05}x_i$)
x_1	0.997974	0.997974
x_2	0.894784	0.894787
x_3	0.984976	0.984980
x_4	0.997268	0.997273

表 8-20 方案得分排序结果

算子	$\widetilde{S}$ ($\log_\sigma x_1$)	$\widetilde{S}$ ($\log_\sigma x_2$)	$\widetilde{S}$ ($\log_\sigma x_3$)	$\widetilde{S}$ ($\log_\sigma x_4$)	排序
L-SFWA	0.998019	0.921498	0.986555	0.997292	$x_1>x_4>x_3>x_2$
L-SFOWA	0.998751	0.975254	0.995307	0.997852	$x_1>x_4>x_3>x_2$
L-SFHWA	0.997178	0.961514	0.992197	0.995368	$x_1>x_4>x_3>x_2$
L-SFWG	0.997974	0.894784	0.984976	0.997268	$x_1>x_4>x_3>x_2$

基于不同集成方法下的方案得分和排序如图 8-3 所示。

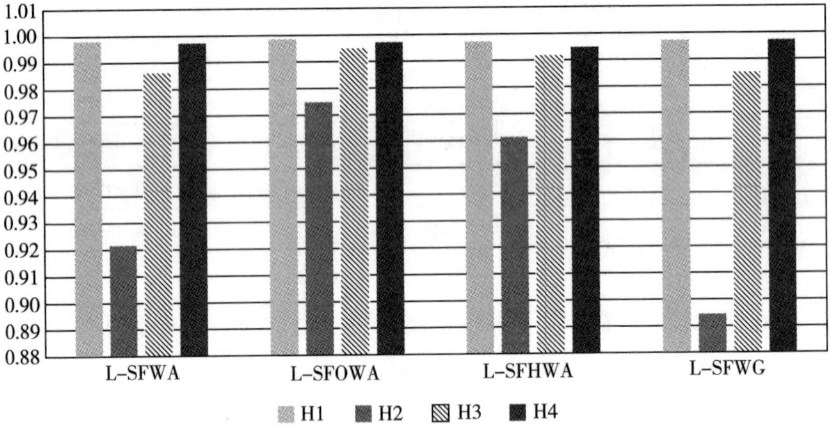

图 8-3 基于不同集成方法的方案得分和排序

从以上结果可以看出，采用不同的集成方法得到的备选方案排序一致，最佳备选方案都为 x_1，进一步说明所提出方法的稳定性。根据之前的计算和分析可知，依据第二章的 IULGHHWA 算子得到最佳方案为 x_2，和基于第三章的对数球形模糊集成算子的最佳方案不同。其主要原因在于专家决策信息的表达方式的差异，直觉不确定语言信息和球形模糊数是两类性质不同的表征方式，其运算规则和集成方法不同，从而导致最终决策结果的差异。

现以第六章提出的新型 Pearson 情景模糊相关系数为例，考虑决策环境为 PFS 的情形，其主要步骤如下：

步骤1：3 位决策专家 $d_k(k=1, 2, 3)$ 基于方案 $x_i \in X$ 按属性 $g_j \in G$ 评价，得到情景模糊决策矩阵 $A^{(k)}=(a_{ij}^{(k)})_{l\times n}$，结果如表 8-21～表 8-23 所示。

表 8-21　决策矩阵 $A^{(1)}$

方案	g_1	g_2	g_3	g_4	g_5
x_1	(0.60, 0.24, 0.10)	(0.88, 0.03, 0.04)	(0.49, 0.20, 0.19)	(0.68, 0.11, 0.15)	(0.82, 0.10, 0.04)
x_2	(0.79, 0.11, 0.06)	(0.78, 0.11, 0.08)	(0.02, 0.68, 0.11)	(0.82, 0.03, 0.04)	(0.66, 0.21, 0.11)
x_3	(0.73, 0.03, 0.02)	(0.08, 0.39, 0.06)	(0.17, 0.60, 0.11)	(0.75, 0.10, 0.03)	(0.77, 0.03, 0.06)
x_4	(0.68, 0.11, 0.03)	(0.21, 0.57, 0.13)	(0.04, 0.79, 0.05)	(0.75, 0.12, 0.10)	(0.95, 0.02, 0.01)

表 8-22　决策矩阵 $A^{(2)}$

方案	g_1	g_2	g_3	g_4	g_5
x_1	(0.54, 0.21, 0.08)	(0.71, 0.02, 0.13)	(0.51, 0.22, 0.07)	(0.59, 0.03, 0.21)	(0.79, 0.05, 0.03)
x_2	(0.83, 0.10, 0.04)	(0.72, 0.15, 0.09)	(0.05, 0.78, 0.04)	(0.72, 0.02, 0.09)	(0.56, 0.11, 0.15)
x_3	(0.64, 0.04, 0.05)	(0.12, 0.09, 0.08)	(0.07, 0.81, 0.10)	(0.82, 0.06, 0.05)	(0.79, 0.10, 0.08)
x_4	(0.78, 0.15, 0.03)	(0.11, 0.67, 0.13)	(0.07, 0.67, 0.12)	(0.76, 0.08, 0.07)	(0.87, 0.03, 0.06)

表 8-23　决策矩阵 $A^{(3)}$

方案	g_1	g_2	g_3	g_4	g_5
x_1	(0.47, 0.32, 0.13)	(0.72, 0.12, 0.07)	(0.54, 0.23, 0.10)	(0.72, 0.13, 0.04)	(0.68, 0.25, 0.14)

续表

方案	g_1	g_2	g_3	g_4	g_5
x_2	(0.69, 0.20, 0.07)	(0.69, 0.17, 0.14)	(0.24, 0.52, 0.05)	(0.82, 0.07, 0.03)	(0.72, 0.05, 0.07)
x_3	(0.82, 0.07, 0.06)	(0.32, 0.43, 0.29)	(0.31, 0.41, 0.21)	(0.49, 0.30, 0.11)	(0.57, 0.23, 0.16)
x_4	(0.65, 0.22, 0.14)	(0.54, 0.27, 0.23)	(0.12, 0.59, 0.15)	(0.56, 0.21, 0.15)	(0.83, 0.06, 0.02)

步骤 2：由于 g_1 是成本型指标，需要对原始决策矩阵进行标准化，如表 8-24~表 8-26 所示。

表 8-24　决策矩阵 $A^{(1)}$

方案	g_1	g_2	g_3	g_4	g_5
x_1	(0.10, 0.24, 0.60)	(0.88, 0.03, 0.04)	(0.49, 0.20, 0.19)	(0.68, 0.11, 0.15)	(0.82, 0.10, 0.04)
x_2	(0.06, 0.11, 0.79)	(0.78, 0.11, 0.08)	(0.02, 0.68, 0.11)	(0.82, 0.03, 0.04)	(0.66, 0.21, 0.11)
x_3	(0.02, 0.03, 0.73)	(0.08, 0.39, 0.06)	(0.17, 0.60, 0.11)	(0.75, 0.10, 0.03)	(0.77, 0.03, 0.06)
x_4	(0.03, 0.11, 0.68)	(0.21, 0.57, 0.13)	(0.04, 0.79, 0.05)	(0.75, 0.12, 0.10)	(0.95, 0.02, 0.01)

表 8-25　决策矩阵 $A^{(2)}$

方案	g_1	g_2	g_3	g_4	g_5
x_1	(0.08, 0.21, 0.54)	(0.71, 0.02, 0.13)	(0.51, 0.22, 0.07)	(0.59, 0.03, 0.21)	(0.79, 0.05, 0.03)
x_2	(0.04, 0.10, 0.83)	(0.72, 0.15, 0.09)	(0.05, 0.78, 0.04)	(0.72, 0.02, 0.09)	(0.56, 0.11, 0.15)
x_3	(0.05, 0.04, 0.64)	(0.12, 0.09, 0.08)	(0.07, 0.81, 0.10)	(0.82, 0.06, 0.05)	(0.79, 0.10, 0.08)
x_4	(0.03, 0.15, 0.78)	(0.11, 0.67, 0.13)	(0.07, 0.67, 0.12)	(0.76, 0.08, 0.07)	(0.87, 0.03, 0.06)

表 8-26 决策矩阵 $A^{(3)}$

方案	g_1	g_2	g_3	g_4	g_5
x_1	(0.13, 0.32, 0.47)	(0.72, 0.12, 0.07)	(0.54, 0.23, 0.10)	(0.72, 0.13, 0.04)	(0.68, 0.25, 0.14)
x_2	(0.07, 0.20, 0.69)	(0.69, 0.17, 0.14)	(0.24, 0.52, 0.05)	(0.82, 0.07, 0.03)	(0.72, 0.05, 0.07)
x_3	(0.06, 0.07, 0.82)	(0.32, 0.43, 0.29)	(0.31, 0.41, 0.21)	(0.49, 0.30, 0.11)	(0.57, 0.23, 0.16)
x_4	(0.14, 0.22, 0.65)	(0.54, 0.27, 0.23)	(0.12, 0.59, 0.15)	(0.56, 0.21, 0.15)	(0.83, 0.06, 0.02)

步骤 3：利用情景模糊加权平均算子对专家个体意见进行集成，得到情景模糊群决策矩阵，如表 8-27 所示。

表 8-27 情景模糊群决策矩阵

方案	g_1	g_2	g_3	g_4	g_5
x_1	(0.10, 0.24, 0.54)	(0.79, 0.04, 0.07)	(0.50, 0.21, 0.10)	(0.66, 0.07, 0.12)	(0.78, 0.10, 0.05)
x_2	(0.04, 0.12, 0.78)	(0.74, 0.14, 0.10)	(0.04, 0.74, 0.06)	(0.79, 0.03, 0.05)	(0.64, 0.11, 0.11)
x_3	(0.06, 0.04, 0.71)	(0.16, 0.22, 0.10)	(0.11, 0.73, 0.10)	(0.74, 0.11, 0.05)	(0.74, 0.08, 0.09)
x_4	(0.05, 0.15, 0.71)	(0.28, 0.50, 0.15)	(0.06, 0.71, 0.09)	(0.72, 0.12, 0.10)	(0.90, 0.03, 0.02)

步骤 4：计算情景模糊正理想方案 $p^+=\{p_1^+, p_2^+, \cdots, p_n^+\}$ 和情景模糊负理想方案 $p^-=\{p_1^-, p_2^-, \cdots, p_n^-\}$，计算结果如下：

$$p^+=\{(0.10, 0.04, 0.54), (0.79, 0.04, 0.07), (0.50, 0.21, 0.06), (0.79, 0.03, 0.05), (0.90, 0.03, 0.02)\}$$

$$p^-=\{(0.04, 0.24, 0.78), (0.16, 0.50, 0.15), (0.04, 0.74, 0.10), (0.66, 0.12, 0.12), (0.64, 0.11, 0.11)\}$$

步骤 5：根据式（6-25）~式（6-26），分别计算备选方案 $x_i \in X$ 与正负理想方案中各元素的加权相关系数，计算结果如表 8-28~表 8-31 所示。

表 8-28 r_E (p^i, p^+), r_E (p^i, p^-) 计算结果

方案	$r_E(p^i, p^+)$	$r_E(p^i, p^-)$
x_1	0.9844	0.5976
x_2	0.8802	0.7652
x_3	0.7176	0.9967
x_4	0.7925	0.9778

表 8-29 r_I (p^i, p^+), r_I (p^i, p^-) 计算结果

方案	$r_I(p^i, p^+)$	$r_I(p^i, p^-)$
x_1	0.4263	0.1916
x_2	0.9921	0.8502
x_3	0.9647	0.8788
x_4	0.7877	0.9870

表 8-30 r_N (p^i, p^+), r_N (p^i, p^-) 计算结果

方案	$r_N(p^i, p^+)$	$r_N(p^i, p^-)$
x_1	0.9931	0.9892
x_2	0.9935	0.9971
x_3	0.9959	0.9960
x_4	0.9968	0.9947

表 8-31 r_T (p^i, p^+), r_T (p^i, p^-) 计算结果

方案	$r_T(p^i, p^+)$	$r_T(p^i, p^-)$
x_1	0.4057	−0.2066
x_2	−0.1735	−0.0192
x_3	−0.1864	0.4616
x_4	0.6271	−0.2153

步骤 6：根据式（6-25）~式（6-26），计算各个备选方案 $x_i \in X$ 的情景模糊加权相关系数 $r^w(p_i, p^+)$ 和 $r^w(p_i, p^-)$，计算结果如表 8-32 所示。

步骤 7：根据式（6-27），计算各个备选方案 $x_i \in X$ 的 $CC^w(p_i)$，结果如表 8-32 所示。

表 8-32　各个备选方案的计算结果

	$r^w(p^i, p^+)$	$r^w(p^i, p^-)$	$CC^w(p^i)$
x_1	0.7024	0.3929	0.5500
x_2	0.6731	0.6483	0.5037
x_3	0.6230	0.8333	0.4696
x_4	0.8011	0.6860	0.5165

从表 8-32 可以看出，各个备选方案的排序结果为 $x_1 > x_4 > x_2 > x_3$，因此最优备选方案为 x_1。

若只考虑将情景模糊正理想方案 p^+ 作为参考点，那么得到的排序结果为 $x_4 > x_1 > x_2 > x_3$。若只考虑情景模糊负理想方案 p^- 作为参考点，那么得到的排序结果为 $x_1 > x_2 > x_4 > x_3$。显然，选择不同的参考点可能会导致不同的排序结果。可以看出，由于该方法充分考虑了正理想解和负理想解，因此，得到的结果更加科学合理。

本章研究了智能产品供应商决策应用，就产品智能化对供应商选择及供应链结构的影响进行了深入研究，讨论了产品智能化商业模式下的供应商选择和供应链结构问题。综合对智能产品供应商评价指标的分析，结合 C2M 供应链管理的特征，从指标选取的原则和评价指标的分析两个方面着手，构建了成本、质量、迭代度、售后服务和运营能力共 5 个指标作为智能产品供应商评价一级指标，及时性、服务质量和信用情况、注册资本、营收利润分别作为售后服务和运营能力的二级指标的智能产品供应商评价指标体系。以飞机制造公司波音对发动机传感器智能产品厂商选择问题为例，基于直觉不确定语言信息集成算子的决策方法进行算例分析，验证了所提方法的有效性。在决策环境为 SFS 的情形下，利用第三章提出的基于球形模糊信息集成算子的决策方法，对比不同的集成方法得到的备选方案排序情况有所差异，但是最佳备选方案都相同，从而进一步说明该方法的有效性。依据第二章的 IULGHHWA 算子得到的最佳方案和基于第三章、第六章方法得到的最佳方案不同，其主要原因是由于专家决策信息的表征方式的差异，直觉不确定语言信息和 SFN 是两类性质不同的表征方式，其运算规则和集成方法不同，从而导致最终决策结果的差异。

第九章　本书结论与展望

不确定信息下的模糊多属性决策理论在不同领域已得到深入的研究和广泛的应用。然而，已有研究大多从模糊性（亦此亦彼性）角度出发，并未考虑不确定性中的随机性，或者未将两者有机地结合起来考虑问题。因此，本书引入直觉不确定语言信息、球形模糊集、单值中智集、广义正交模糊软粗糙集等复杂模糊信息来刻画评价信息的不确定性和模糊性，进而提出几类复杂模糊信息下的多属性决策方法，以丰富不确定环境下多属性决策的研究内容。

第一节　本书的主要研究成果

本书针对提出的基于复杂模糊信息的多属性决策问题，提出了适用于不同复杂模糊信息类型的研究框架，具体研究成果如下：

（1）提出了基于直觉不确定语言信息的若干信息集成方法。考虑 Hamacher 算子的优良特性，结合直觉不确定语言决策环境，提出了直觉不确定语言 Hamacher 运算法则。考虑到现有加权平均 WA 算子只关注了直觉不确定语言变量的自身权重，而有序加权平均 OWA 算子只关注了其所在位置的权重，无法同时处理自身权重和位置权重的情况，基于此，提出直觉不确定语言 Hamacher 算子以克服 WA 算子和 OWA 算子的局限性。

（2）提出了基于球形模糊集的若干信息集成方法。依据球形模糊集以隶属度、犹豫度、非隶属度和拒绝度四个维度处理不确定和模糊信息的优势，结合现有模糊熵、毕达哥拉斯模糊熵，提出球形模糊熵以处理不确定性信息，并进一步提出球形模糊对数运算法则以及相应的对数集成算子。鉴于区间值 T-球形模糊集的四个维度都为区间［0，1］的子集，提出了一系列基于区间值 T-球形模糊集的 Hamacher 集成算子。

（3）提出了基于复杂模糊信息的若干相关系数和距离测度。考虑到球形模糊集和现有相关系数测度的局限性，结合 T-球形模糊集表达范围的极广性，提出改进的 T-球形模糊相关系数测度，能够更加灵活地处理 T-球形模糊环境下的不确定性信息。考虑到情景模糊集可使决策者能够轻松地处理不确定性和模糊性问题，结合 Pearson 相关系数，提出新的情景模糊相关系数和情景模糊贴近系数。鉴于单值中智集在实际决策过程中被广泛应用于表征不确定、不精确、部分和不一致的信息，提出两种新的单值中智模糊集距离测度。

（4）提出基于广义正交模糊软粗糙集的若干信息集成方法。鉴于广义正交模糊软粗糙集是软集、粗糙集和广义正交模糊集的混合结构，是一种处理不确定、不一致和不完全信息的强大数学工具，提出一系列广义正交模糊软粗糙集信息集成算子。

第二节　本书的主要贡献

本书依托基于复杂模糊信息的多属性决策问题，从理论、方法与数值分析层面展开系统性研究，并以实际案例分析所提出的基于复杂模糊信息的多属性决策方法的有效性和优越性。本书主要贡献包括如下：

（1）总结并提炼了基于复杂模糊信息的多属性决策问题。考虑到实际决策环境存在大量的不确定和模糊性因素，分析了基于各类复杂模糊信息的多属性决策问题的研究现状，总结并提炼了基于复杂模糊信息的多属性决策问题，构建了较为系统的、有参考价值的研究问题体系。

（2）提出了一系列应用于解决复杂模糊信息多属性决策问题的理论框架。针对不同类型模糊信息的多属性决策问题，构建相应的一般性、标准化的决策理论模型，形成了一套复杂模糊信息背景下的决策体系，丰富了现有不确定环境下的决策理论，为后续学者对复杂模糊信息理论的研究提供了一定的借鉴意义。

（3）根据实际决策环境中存在的基于复杂模糊信息的多属性决策问题，通过文献调研、专家访谈、信息采集、模型构建等方式，借助 Matlab、Python 等计算机软件工具，将实际决策问题具体化、定量化，形成可具体分析的决策结果，并将研究结果应用于解决智能产品供应商选择、高新技术企业风险评估、企业财务绩效评估等实际决策问题，同时，为其他基于复杂模糊信息的多属性决策问题提供了参考和指导作用。

第三节 本书的研究局限及未来展望

本书对几类复杂模糊信息下的多属性决策方法进行了研究，拓展并深化了相关理论与方法，但部分研究仍有待进一步完善，下面提出一些可继续深入研究或拓展的方向：

（1）现实中普遍存在多阶段多粒度多属性群决策问题、交互式多属性群决策问题和一致性群决策问题等诸多现实问题，如何将诸如此类的群决策方法有效地融入到复杂模糊信息下的多属性群决策研究的问题中，并有效改进或解决各类方法中算法的一致性问题，均可以作为以后研究的方向。

（2）决策方案的可信度也应是决策过程关注的焦点。本书所提出的决策方法及过程，虽然在理论及智能产品、供应商选择等领域得到验证，但在其他领域或决策情境中，决策方案是否最优以及能否得到管理者的认可尚需进一步考虑。未来的研究可将心理学、社会学、行为运作管理和组织行为学等相关学科及理论加入到复杂模糊信息下的多属性群决策问题中来，以此拓宽本书所提方法的普适性。此外，还将考虑本书所提方法在人员评估、医疗人工智能、能源管理和供应商选择评估等不同领域的研究创新方法。

（3）本书研究的决策理论与方法未考虑群决策过程中决策专家间的社会网络关系以及决策群体间的共识达成过程。在群决策背景下，专家间的意见偏差将导致决策群体产生冲突性，未达成意见共识的决策结果无法使所有专家信服，因此消除群体意见冲突，达成群体共识是今后研究的一个方向。此外，专家间的社会网络关系会影响专家在群体中的权重以及共识达成，如何将社会网络引入群体共识过程是今后研究的另一个重点。

参考文献

[1] Zadeh L A. Fuzzy sets [J]. Information and Control, 1965, 8 (3): 338-353.

[2] Atanassov K T. Intuitionistic fuzzy sets [J]. Fuzzy Sets Systems, 1986, 20 (1): 87-96.

[3] Yager R R. Pythagorean fuzzy subsets [C] . In 2013 Joint IFSA World Congress and NAFIPS Annual Meeting (IFSA/NAFIPS) (pp. 57-61) . IEEE.

[4] Yager R R. Generalized orthopair fuzzy sets [J]. IEEE Transactions on Fuzzy Systems, 2016, 25 (5): 1222-1230.

[5] Atanassov K T. Interval valued intuitionistic fuzzy sets [J]. IEEE Transactions on Fuzzy Systems, 1986: 139-177.

[6] Zadeh L A. The concept of a linguistic variable and its application to approximate reasoning—I [J]. Information Sciences, 1975, 8 (3): 199-249.

[7] Peng X, Yang Y. Fundamental properties of interval-valued Pythagorean fuzzy aggregation operators [J]. International Journal of Intelligent Systems, 2016, 31 (5): 444-487.

[8] Joshi B P, Singh A, Bhatt P K, et al. Interval valued q-rung orthopair fuzzy sets and their properties [J]. Journal of Intelligent & Fuzzy Systems, 2018, 35 (5): 5225-5230.

[9] Cuong B C, Kreinovich V. Picture fuzzy sets [J]. Journal of Computer Science and Cybernetics, 2014, 30 (4): 409-420.

[10] Liu P D, Munir M, Mahmood T, et al. Some similarity measures for interval-valued picture fuzzy sets and their applications in decision making [J]. Information, 2019, 10 (12): 369.

[11] Jan N, Ali Z, Ullah K, et al. Some generalized distance and similarity measures for picture hesitant fuzzy sets and their applications in building material recognition and multi-attribute decision making [J]. Punjab University Journal of Mathematics, 2019, 51 (7): 51-70.

[12] Ullah K, Ali Z, Jan N, et al. Multi-attribute decision making based on averaging aggregation operators for picture hesitant fuzzy sets [J]. Technical Journal of University of Engineering & Technology Taxila, 2018, 23 (4): 84-95.

[13] Mahmood T, Ali Z. The fuzzy cross-entropy for picture hesitant fuzzy sets and their application in multi criteria decision making [J]. Punjab University Journal of Mathematics, 2020, 52 (10): 55-82.

[14] Mahmood T, Ullah K, Khan Q, et al. An approach toward decision-making and medical diagnosis problems using the concept of spherical fuzzy sets [J]. Neural Computing and Applications, 2019, 31 (11): 7041-7053.

[15] Ullah K, Hassan N, Mahmood T, et al. Evaluation of investment policy based on multi-attribute decision-making using interval valued T-spherical fuzzy aggregation operators [J]. Symmetry, 2019, 11 (3): 357.

[16] Ullah K, Mahmood T, Jan N. Similarity measures for T-spherical fuzzy sets with applications in pattern recognition [J]. Symmetry, 2018, 10 (6): 193.

[17] Garg H, Munir M, Ullah K, et al. Algorithm for T-spherical fuzzy multi-attribute decision making based on improved interactive aggregation operators [J]. Symmetry, 2018, 10 (12): 670.

[18] Ullah K, Garg H, Mahmood T, et al. Correlation coefficients for T-spherical fuzzy sets and their applications in clustering and multi-attribute decision making [J]. Soft Computing, 2020, 24 (3): 1647-1659.

[19] Wu M Q, Chen T Y, Fan J P. Divergence measure of T-spherical fuzzy sets and its applications in pattern recognition [J]. IEEE Access, 2019 (8): 10208-10221.

[20] Liu P D, Khan Q, Mahmood T, et al. T-spherical fuzzy power Muirhead mean operator based on novel operational laws and their application in multi-attribute group decision making [J]. IEEE Access, 2019 (7): 22613-22632.

[21] Munir M, Kalsoom H, Ullah K, et al. T-spherical fuzzy Einstein hybrid ag-

gregation operators and their applications in multi-attribute decision making problems [J]. Symmetry, 2020, 12 (3): 365.

[22] Pawlak Z. Rough sets [J]. International Journal of Computer & Information Sciences, 1982 (11): 341-356.

[23] Ali M I, Davvaz B, Shabir M. Some properties of generalized rough sets [J]. Information Sciences, 2013 (224): 170-179.

[24] Chen D G, Wang C Z, Hu Q H. A new approach to attribute reduction of consistent and inconsistent covering decision systems with covering rough sets [J]. Information Sciences, 2007, 177 (17): 3500-3518.

[25] Li T J, Leung Y, Zhang W X. Generalized fuzzy rough approximation operators based on fuzzy coverings [J]. International Journal of Approximate Reasoning, 2008, 48 (3): 836-856.

[26] Ali M I, Mahmood T, Hussain A. A study of generalized roughness in-fuzzy filters of ordered semigroups [J]. Journal of Taibah University for Science, 2018, 12 (2): 163-172.

[27] Mahmood T, Ali M I, Hussain A. Generalized roughness in fuzzy filters and fuzzy ideals with thresholds in ordered semigroups [J]. Computational and Applied Mathematics, 2018 (37): 5013-5033.

[28] Hussain A, Ali M I, Mahmood T. Generalized roughness of q-fuzzy ideals in ordered semigroups [J]. Journal of New Theory, 2019 (26): 32-53.

[29] Zhu W. Generalized rough sets based on relations [J]. Information Sciences, 2007, 177 (22): 4997-5011.

[30] Chakrabarty K, Gedeon T, Koczy L. Intuitionistic fuzzy rough set [C] // Proceedings of 4th joint conference on information sciences (JCIS), Durham, NC. 1998: 211-214.

[31] Huang B, Wei D K, Li H X, et al. Using a rough set model to extract rules in dominance-based interval-valued intuitionistic fuzzy information systems [J]. Information Sciences, 2013 (221): 215-229.

[32] Jena S P, Ghosh S K, Tripathy B K. Intuitionistic fuzzy rough sets [J]. Notes Intuitionistic Fuzzy Sets, 2002, 8 (1): 1-18.

[33] Samanta S K, Mondal T K. Intuitionistic fuzzy rough sets and rough intu-

itionistic fuzzy sets [J]. Journal of Fuzzy Mathematics, 2001, 9 (3): 561-582.

[34] Zhou L, Wu W Z, Zhang W X. On characterization of intuitionistic fuzzy rough sets based on intuitionistic fuzzy implicators [J]. Information Sciences, 2009, 179 (7): 883-898.

[35] Molodtsov D. Soft set theory-first results [J]. Computers & Mathematics with Applications, 1999, 37 (4-5): 19-31.

[36] Maji P K, Biswas R K, Roy A R. Fuzzy soft sets [J]. Journal of Fuzzy Mathematics, 2001 (9): 589-602.

[37] Maji P K, Biswas R, Roy A R. Intuitionistic fuzzy soft sets [J]. Journal of Fuzzy Mathematics, 2001, 9 (3): 677-692.

[38] Agarwal M, Biswas K K, Hanmandlu M. Generalized intuitionistic fuzzy soft sets with applications in decision-making [J]. Applied Soft Computing, 2013, 13 (8): 3552-3566.

[39] Hussain A, Ali M I, Mahmood T. Pythagorean fuzzy soft rough sets and their applications in decision-making [J]. Journal of Taibah University for Science, 2020, 14 (1): 101-113.

[40] Riaz M, Hashmi M R. Soft rough Pythagorean m-polar fuzzy sets and Pythagorean m-polar fuzzy soft rough sets with application to decision-making [J]. Computational and Applied Mathematics, 2020, 39 (1): 16.

[41] Hussain A, Ali M I, Mahmood T, et al. q-Rung orthopair fuzzy soft average aggregation operators and their application in multicriteria decision-making [J]. International Journal of Intelligent Systems, 2020, 35 (4): 571-599.

[42] Xu Z S. Intuitionistic fuzzy aggregation operators [J]. IEEE Transactions on Fuzzy Systems, 2007, 15 (6): 1179-1187.

[43] Xu Z S, Yager R R. Some geometric aggregation operators based on intuitionistic fuzzy sets [J]. International Journal of General Systems, 2006, 35 (4): 417-433.

[44] Zhao H, Xu Z S, Ni M F, et al. Generalized aggregation operators for intuitionistic fuzzy sets [J]. International Journal of Intelligent Systems, 2010, 25 (1): 1-30.

[45] Wang W Z, Liu X W. Intuitionistic fuzzy geometric aggregation operators

based on Einstein operations [J]. International Journal of Intelligent Systems, 2011, 26 (11): 1049-1075.

[46] Wang W Z, Liu X W. Intuitionistic fuzzy information aggregation using Einstein operations [J]. IEEE Transactions on Fuzzy Systems, 2012, 20 (5): 923-938.

[47] Yager R R. Pythagorean membership grades in multicriteria decision making [J]. IEEE Transactions on fuzzy systems, 2013, 22 (4): 958-965.

[48] Peng X D, Yang Y. Pythagorean fuzzy Choquet integral based MABAC method for multiple attribute group decision making [J]. International Journal of Intelligent Systems, 2016, 31 (10): 989-1020.

[49] Garg H. A new generalized Pythagorean fuzzy information aggregation using Einstein operations and its application to decision making [J]. International Journal of Intelligent Systems, 2016, 31 (9): 886-920.

[50] Garg H. Generalized Pythagorean fuzzy geometric aggregation operators using Einstein t-norm and t-conorm for multicriteria decision-making process [J]. International Journal of Intelligent Systems, 2017, 32 (6): 597-630.

[51] Wu S J, Wei G W. Pythagorean fuzzy Hamacher aggregation operators and their application to multiple attribute decision making [J]. International Journal of Knowledge-Based and Intelligent Engineering Systems, 2017, 21 (3): 189-201.

[52] Garg H. Confidence levels based Pythagorean fuzzy aggregation operators and its application to decision-making process [J]. Computational and Mathematical Organization Theory, 2017, 23 (4): 546-571.

[53] Wei G W, Lu M. Pythagorean fuzzy power aggregation operators in multiple attribute decision making [J]. International Journal of Intelligent Systems, 2018, 33 (1): 169-186.

[54] Wei G W. Pythagorean fuzzy interaction aggregation operators and their application to multiple attribute decision making [J]. Journal of Intelligent & Fuzzy Systems, 2017, 33 (4): 2119-2132.

[55] Liu P D, Wang P. Some q-rung orthopair fuzzy aggregation operators and their applications to multiple-attribute decision making [J]. International Journal of Intelligent Systems, 2018, 33 (2): 259-280.

[56] Liu P D, Liu J L. Some q-rung orthopai fuzzy Bonferroni mean operators

and their application to multi-attribute group decision making [J]. International Journal of Intelligent Systems, 2018, 33 (2): 315-347.

[57] Jana C, Muhiuddin G, Pal M. Some Dombi aggregation of q-rung orthopair fuzzy numbers in multiple-attribute decision making [J]. International Journal of Intelligent Systems, 2019, 34 (12): 3220-3240.

[58] Wang J, Zhang R T, Zhu X M, et al. Some q-rung orthopair fuzzy Muirhead means with their application to multi-attribute group decision making [J]. Journal of Intelligent & Fuzzy Systems, 2019, 36 (2): 1599-1614.

[59] Joshi B P, Gegov A. Confidence levels q-rung orthopair fuzzy aggregation operators and its applications to MCDM problems [J]. International Journal of Intelligent Systems, 2020, 35 (1): 125-149.

[60] Yang Z, Li X, Cao Z, et al. Q-rung orthopair normal fuzzy aggregation operators and their application in multi-attribute decision-making [J]. Mathematics, 2019, 7 (12): 1142.

[61] Hussain A, Ali M I, Mahmood T. Hesitant q-rung orthopair fuzzy aggregation operators with their applications in multi-criteria decision making [J]. Iranian Journal of Fuzzy Systems, 2020, 17 (3): 117-134.

[62] Hussain A, Ali M I, Mahmood T, et al. Group-based generalized q-rung orthopair average aggregation operators and their applications in multi-criteria decision making [J]. Complex & Intelligent Systems, 2021, 7 (1): 123-144.

[63] Ali M I, Feng F, Liu X Y, et al. On some new operations in soft set theory [J]. Computers & Mathematics with Applications, 2009, 57 (9): 1547-1553.

[64] Arora R, Garg H. A robust aggregation operators for multi-criteria decision-making with intuitionistic fuzzy soft set environment [J]. Scientia Iranica, 2018, 25 (2): 931-942.

[65] Garg H, Arora R. Generalized intuitionistic fuzzy soft power aggregation operator based on t-norm and their application in multicriteria decision-making [J]. International Journal of Intelligent Systems, 2019, 34 (2): 215-246.

[66] Arora R. Intuitionistic fuzzy soft aggregation operator based on Einstein norms and its applications in decision-making [C] //Intelligent Systems Design and Applications: 18th International Conference on Intelligent Systems Design and Applica-

tions (ISDA 2018) held in Vellore, India, December 6-8, 2018, Volume 1. Springer International Publishing, 2020: 998-1008.

[67] Verma R. Generalized Bonferroni mean operator for fuzzy number intuitionistic fuzzy sets and its application to multi-attribute decision-making [J]. International Journal of Intelligent Systems, 2015 (30): 499-519.

[68] Verma R, Sharma B D. A new measure of inaccuracy with its application to multi-criteria decision-making under intuitionistic fuzzy environment [J]. Journal of Intelligent Fuzzy Systems, 2014 (27): 1811-1824.

[69] Ashraf S, Abdullah S, Mahmood T, et al. Mahmood T. Spherical fuzzy sets and their applications in multi-attribute decision-making problems [J]. Journal of Intelligent Fuzzy Systems, 2019 (36): 2829-2844.

[70] Jana C, Senapati T, Pal M, et al. Picture fuzzy Dombi aggregation operators: Application to MADM process [J]. Applied Soft Computing, 2019 (74): 99-109.

[71] Ashraf S, Mahmood T, Abdullah S, et al. Different approaches to multi-Criteria group decision making problems for picture fuzzy environment [J]. Bull Brazilian Mathematics Society, 2019 (50): 373-397.

[72] Hwang C M, Yang M S, Hung W L, et al. A similarity measure of intuitionistic fuzzy sets based on the Sugeno integral with its application to pattern recognition [J]. Information Sciences, 2012 (189): 93-109.

[73] Zeng S Z, Zhou J M, Zhang C H, et al. Intuitionistic fuzzy social network hybrid MCDM model for an assessment of digital reforms of manufacturing industry in China [J]. Technological Forecasting and Social Change, 2022 (176): 121435.

[74] Boran F E, Akay D. A biparametric similarity measure on intuitionistic fuzzy sets with applications to pattern recognition [J]. Information Sciences, 2014 (255): 45-57.

[75] Firozja M A, Agheli B, Jamkhaneh E B. A new similarity measure for Pythagorean fuzzy sets [J]. Complex & Intelligent Systems, 2020, 6 (1): 67-74.

[76] Zeng S Z, Zhang N, Zhang C H, et al. Social network multiple-criteria decision-making approach for evaluating unmanned ground delivery vehicles under the Pythagorean fuzzy environment [J]. Technological Forecasting and Social Change,

2022 (175): 121414.

[77] Zhang Q, Hu J H, Feng J F, et al. New similarity measures of Pythagorean fuzzy sets and their applications [J]. IEEE Access, 2019 (7): 138192-138202.

[78] Farhadinia B, Effati S, Chiclana F. A family of similarity measures for q-rung orthopair fuzzy sets and their applications to multiple criteria decision making [J]. International Journal of Intelligent Systems, 2021, 36 (4): 1535-1559.

[79] Garg H, Ali Z, Mahmood T. Generalized dice similarity measures for complex q-rung orthopair fuzzy sets and its application [J]. Complex & Intelligent Systems, 2021 (7): 667-686.

[80] Luo M X, Zhang Y. A new similarity measure between picture fuzzy sets and its application [J]. Engineering Applications of Artificial Intelligence, 2020 (96): 103956.

[81] Zhao R R, Luo M X, Li S G. A dynamic distance measure of picture fuzzy sets and its application [J]. Symmetry, 2021, 13 (3): 436.

[82] Verma R, Rohtagi B. Novel similarity measures between picture fuzzy sets and their applications to pattern recognition and medical diagnosis [J]. Granular Computing, 2022, 7 (4): 761-777.

[83] Mitchell H B. A correlation coefficient for intuitionistic fuzzy sets [J]. International Journal of Intelligent Systems, 2004, 19 (5): 483-490.

[84] Thao N X. A new correlation coefficient of the intuitionistic fuzzy sets and its application [J]. Journal of Intelligent & Fuzzy Systems, 2018, 35 (2): 1959-1968.

[85] Garg H, Rani D. A robust correlation coefficient measure of complex intuitionistic fuzzy sets and their applications in decision-making [J]. Applied Intelligence, 2019 (49): 496-512.

[86] Thao N X. A new correlation coefficient of the Pythagorean fuzzy sets and its applications [J]. Soft Computing, 2020, 24 (13): 9467-9478.

[87] Garg H. A novel correlation coefficients between Pythagorean fuzzy sets and its applications to decision-making processes [J]. International Journal of Intelligent Systems, 2016, 31 (12): 1234-1252.

[88] Riaz M, Habib A, Khan M J, et al. Correlation coefficients for cubic bipolar fuzzy sets with applications to pattern recognition and clustering analysis [J]. IEEE Access, 2021 (9): 109053-109066.

[89] Mahmood T, Ali Z. Entropy measure and TOPSIS method based on correlation coefficient using complex q-rung orthopair fuzzy information and its application to multi-attribute decision making [J]. Soft Computing, 2021 (25): 1249-1275.

[90] Singh S, Ganie A H. On a new picture fuzzy correlation coefficient with its applications to pattern recognition and identification of an investment sector [J]. Computational and Applied Mathematics, 2022 (41): 1-35.

[91] Joshi R, Kumar S. A novel VIKOR approach based on weighted correlation coefficients and picture fuzzy information for multicriteria decision making [J]. Granular Computing, 2022, 7 (2): 323-336.

[92] 李兴国. 基于灰色关联分析的犹豫模糊多属性决策模型构建及其应用 [J]. 模糊系统与数学, 2019, 33 (5): 127-135.

[93] 王军. 基于正交模糊信息集成算子的多属性决策方法研究 [D]. 北京: 北京交通大学, 2019.

[94] Peng X D, Yang Y. Some results for Pythagorean fuzzy sets [J]. International Journal of Intelligent Systems, 2015 (30): 1133-1160.

[95] Zhang X L. Multicriteria Pythagorean fuzzy decision analysis: A hierarchical QUALIFLEX approach with the closeness index-based ranking methods [J]. Information Sciences, 2016 (330): 104-124.

[96] Zeng S Z, Chen J P, Li X S. A hybrid method for Pythagorean fuzzy multiple-criteria decision-making [J]. International Journal of Information Technology and Decision Making, 2016 (15): 403-422.

[97] 钟方源. 基于模糊理论的产品创新设计方案选择多属性决策方法研究 [N]. 广州: 暨南大学, 2020.

[98] Herrera F, Herrera-Viedma E, Chiclana F. Multi-person decision-making based on multiplicative preference relations [J]. European Journal of Operational Research, 2001, 129 (2): 372-385.

[99] Xu Z S. On consistency of the weighted geometric mean complex judgement matrix in AHP [J]. European Journal of Operational Research, 2000, 126 (3): 683-687.

[100] Wei G W, Alsaadi F E, Hayat T, et al. Projection models for multiple attribute decision making with picture fuzzy information [J]. International Journal of Ma-

chine Learning and Cybernetics, 2018 (9): 713-719.

[101] Wang L, Zhang H Y, Wang J Q, et al. Picture fuzzy normalized projection-based VIKOR method for the risk evaluation of construction project [J]. Applied Soft Computing, 2018 (64): 216-226.

[102] Zhang X Y, Wang X K, Yu S M, et al. Location selection of offshore wind power station by consensus decision framework using picture fuzzy modelling [J]. Journal of Cleaner Product, 2018 (202): 980-992.

[103] Zeng S Z, Asharf S, Arif M, et al. Application of exponential Jensen picture fuzzy divergence measure in multi-criteria group decision making [J]. Mathematics, 2019 (7): 191.

[104] Liu P D, You X L. Bidirectional projection measure of linguistic neutrosophic numbers and their application to multi-criteria group decision making [J]. Computers and Industrial Engineering, 2019 (128): 447-457.

[105] Zhang L, Zhan J M, Alcantud J C R. Novel classes of fuzzy soft β-coverings-based fuzzy rough sets with applications to multi-criteria fuzzy group decision making [J]. Soft Computing, 2019, 23 (14): 5327-5351.

[106] Li C H. Sourcing for supplier effort and competition: Design of the supply base and pricing mechanism [J]. Management Science, 2013, 59 (6): 1389-1406.

[107] Dickson G. An analysis of vendor selection systems and decisions [J]. Journal of Purchasing, 1966 (2): 5-17.

[108] Jiang H, Han W. Review of vendor selection criteria and methods [J]. Science-technology and Management, 2001.

[109] Wilson E L. The relative importance of supplier selection criteria: A review and update [J]. International Journal of Purchasing and Materials Management, 2006 (25): 35-41.

[110] Yahya S, Kingsman B. Vender rating for an entrepreneur development programme: A case study using the analytic hierarchy process method [J]. Journal of Operational Research Society, 2009 (50): 916-930.

[111] 邹平，袁亦男．基于 EAHP 和 GRAP 的供应商选择 [J]. 系统工程理论与实践，2009，29 (3)：69-75.

[112] 马士华，林勇．供应链管理 [M]．北京：机械工业出版社，2002.

［113］胡奇英．供应链管理与商业模式：分析与设计［M］．北京：清华大学出版社，2016.

［114］郭亚军．综合评价理论、方法及应用［M］．北京：科学出版社，2007.

［115］苏为华．综合评价技术的扩展与集成问题研究［M］．北京：中国统计出版社，2007.

［116］Jadidi O，Zolfaghari S，Cavalieri S. A new normalized goal programming model for multi-objective problems：A case of supplier selection and order allocation［J］. International Journal of Production Economics，2014（148）：158-165.

［117］Hammami R，Temponi C，Frein Y. A scenario-based stochastic model for supplier selection in global context with multiple buyers，currency fluctuation uncertainties，and price discounts［J］. European Journal of Operational Research，2014（233）：159-170.

［118］Kumar A，Jain V，Kumar S. A comprehensive environment friendly approach for supplier selection［J］. Omega，2014（42）：109-123.

［119］Wei G W. Grey relation analysis model for dynamic hybrid multiple attribute decision making［J］. Knowledge-Based Systems，2011（24）：672-679.

［120］Wan S P，Wang Q Y，Dong J Y. The extend VIKOR method for multi-attribute group decision making with triangular intuitionistic fuzzy numbers［J］. Knowledge-Based Systems，2013（52）：65-77.

［121］Wu Y N，Chen K F，Zeng B X，et al. Supplier selection in nuclear power industry with extended VIKOR method under linguistic information［J］. Applied Soft Computing，2016（48）：444-457.

［122］Liu H C，You X Y，Liu H C，et al. GSES using interval 2-tuple linguistic VIKOR method［J］. Green Supplier Evaluation and Selection：Models，Methods and Applications，2021：133-151.

［123］Choudhary D，Shankar R. A goal programming model for joint decision making of inventory lot-size，supplier selection and carrier selection［J］. Computers & Industrial Engineering，2014（71）：1-9.

［124］Krishankumar R，Mishra A R，Ravichandran K S，et al. Interval-valued probabilistic uncertain linguistic information for decision-making：Selection of hydrogen production methodology [J]. Soft Computing, 2021, 25 (14): 9121-9138.

[125] Liu J P, Zheng Y, Zhou L G, et al. A novel probabilistic linguistic decision-making method with consistency improvement algorithm and DEA cross-efficiency [J]. Engineering Applications of Artificial Intelligence, 2021, 99 (2): 104108.

[126] Herrera F, Martínez L. A 2-tuple fuzzy linguistic representation model for computing with words [J]. IEEE Transactions on Fuzzy Systems, 2000, 8 (6): 746-752.

[127] Gong J W, Liu H C, You X Y, et al. An integrated multi-criteria decision making approach with linguistic hesitant fuzzy sets for E-learning website evaluation and selection [J]. Applied Soft Computing, 2021, 102 (3): 107118.

[128] Amindousta A, Ahmeda S, Saghafiniab A, et al. Sustainable supplier selection: A ranking model based on fuzzy inference system [J]. Applied Soft Computing, 2012 (12): 1668-1677.

[129] Memon M S, Lee Y H. Group multi-criteria supplier selection using combined grey systems theory and uncertainty theory [J]. Expert Systems with Applications, 2015 (42): 7951-7959.

[130] 刘思峰，杨英杰，吴利丰．灰色系统理论及其应用 [M]．北京：科学出版社，2014.

[131] 李登峰．直觉模糊集决策与对策分析方法 [M]．北京：国防工业出版社，2012.

[132] Wood D A. Supplier selection for development of petroleum industry facilities, applying multi-criteria decision making techniques including fuzzy and intuitionistic fuzzy TOPSIS with flexible entropy weighting [J]. Journal of Natural Gas Science and Engineering, 2016 (28): 594-612.

[133] Awasthi A, Kannan G. Green supplier development program selection using NGT and VIKOR under fuzzy environment [J]. Computers & Industrial Engineering, 2016 (91): 100-108.

[134] Pazhani S, Ventural J A, Mendoza A. A serial inventory system with supplier selection and order quantity allocation considering transportation costs [J]. Applied Mathematical Modelling, 2016 (40): 612-634.

[135] Heese H S. Inventory record inaccuracy, double marginalization, and

RFID adoption [J]. Production and Operations Management, 2007, 16 (5): 542-553.

[136] Lee I, Lee B C. An investment evaluation of supply chain RFID technologies: A normative modeling approach [J]. International Journal of Production Economics, 2010, 125 (2): 313-323.

[137] Gaukler G M, Seifert R W, Hausman W H. Item-level RFID in the retail supply chain [J]. Production and Operations Management, 2007, 16 (1): 65-76.

[138] Grunow M, Piramuthu S. RFID in highly perishable food supply chains-Remaining shelf life to supplant expiry date? [J]. International Journal of Production Economics, 2013, 146 (2): 717-727.

[139] Ketzenberg M, Bloemhof J, Gaukler G. Managing perishables with time and temperature history [J]. Production and Operations Management, 2015, 24 (1): 54-70.

[140] 刘晓慧，郑广泽. C2M 模式下服装智能个性化定制的优势及发展 [J]. 服装学报，2016，1 (5)：477-481.

[141] 徐婧. 电子商务平台从 C2B 向 C2M 模式变革的机遇与挑战 [J]. 企业改革与管理，2017 (2)：58.

[142] 王中兴，陈晶，兰继斌. 基于直觉不确定语言新集成算子的多属性决策方法 [J]. 系统工程理论与实践，2016，36 (7)：1871-1878.

[143] Silambarasan I, Sriram S. Hamacher sum and Hamacher product of fuzzy matrices [J]. Intern J. Fuzzy Mathematical Archive, 2017, 13 (2): 191-198.

[144] 刘培德，张新. 直觉不确定语言集成算子及在群决策中的应用 [J]. 系统工程理论与实践，2012，32 (12)：2704-2711.

[145] Liu P D, Jin F. Methods for aggregating intuitionistic uncertain linguistic variables and their application to group decision making [J]. Information Sciences, 2012 (205): 58-71.

[146] 中华人民共和国国家质量监督检验检疫总局　中国国家标准化管理委员会. 风险管理原则与实施指南 GB/T24353-2009 [M]. 北京：中国标准出版社，2009.

[147] 舒化鲁. 企业经营风险管控体系构建方法 [M]. 上海：立信会计出版社，2015.

［148］ Xian S D, Jing N, Xue W T, et al. A new intuitionistic fuzzy linguistic hybrid aggregation operator and its application for linguistic group decision making [J]. International journal of intelligent systems, 2017, 32 (12): 1332-1352.

［149］ Ashraf S, Abdullah S. Spherical aggregation operators and their application in multiattribute group decision-making [J]. International Journal of Intelligent Systems, 2019 (34): 493-523.

［150］ Sloane N, Wyner A. A mathematical theory of communication [M]. Wiley-IEEE Press, 2009.

［151］ Chen T Y, Li C H. Determining objective weights with intuitionistic fuzzy entropy measures: A comparative analysis [J]. Information Sciences, 2010 (180): 4207-4222.

［152］ 黄俊，杨紫锐，殷丽梅，等．国产机器人企业研发效率评价及影响因素研究——基于 DEA-Tobit 两阶段分析法［J］．科技进步与对策，2017，34（18）：101-106.

［153］ 张炜，赵玉帛．人工智能企业创新效率评价及影响因素研究——基于 Super DEA-Tobit 模型［J］．技术经济与管理研究，2021（8）：41-45.

［154］ 杜丹丽，曾小春．速度特征视角的我国高新技术企业创新能力动态综合评价研究［J］．科研管理，2017，38（7）：44-53.

［155］ Oussalah M. On the use of Hamacher's t-norms family for information aggregation [J]. Information Sciences, 2003 (153): 107-154.

［156］ Huang J Y. Intuitionistic fuzzy Hamacher aggregation operators and their application to multiple attribute decision making [J]. Journal of Intelligent & Fuzzy Systems, 2014, 27 (1): 505-513.

［157］ Liu P D. Some Hamacher aggregation operators based on the interval-valued intuitionistic fuzzy numbers and their application to group decision making [J]. IEEE Transactions on Fuzzy Systems, 2013, 22 (1): 83-97.

［158］ Gao H. Pythagorean fuzzy Hamacher prioritized aggregation operators in multiple attribute decision making [J]. Journal of Intelligent & Fuzzy Systems, 2018, 35 (2): 2229-2245.

［159］ Darko A P, Liang D C. Some q-rung orthopair fuzzy Hamacher aggregation operators and their application to multiple attribute group decision making with modified

EDAS method [J]. Engineering Applications of Artificial Intelligence, 2020 (87): 103259.

[160] Jana C, Pal M. Assessment of enterprise performance based on picture fuzzy Hamacher aggregation operators [J]. Symmetry, 2019, 11 (1): 75.

[161] Ullah K, Mahmood T, Garg H. Evaluation of the performance of search and rescue robots using T-spherical fuzzy Hamacher aggregation operators [J]. International Journal of Fuzzy Systems, 2020, 22 (2): 570-582.

[162] Riaz M, Farid H M A, Karaaslan F, et al. Some q-rung orthopair fuzzy hybrid aggregation operators and TOPSIS method for multi-attribute decision-making [J]. Journal of Intelligent & Fuzzy Systems, 2020, 39 (1): 1227-1241.

[163] Singh P. Correlation coefficients for picture fuzzy sets [J]. Journal of Intelligent and Fuzzy Systems, 2014, 28 (2): 1-12.

[164] Chen J, Chen Y, Vanhaverbeke W. The influence of scope, depth, and orientation of external technology sources on the innovative performance of Chinese firms [J]. Technovation, 2011 (31): 362-373.

[165] 李扬，沈志渔. 创业型企业的新技术商业化过程机理研究 [J]. 市场经济纵横，2011 (5): 31-34.

[166] 张继林. 价值网络下企业开放式技术创新过程模式及运营条件研究 [D]. 天津：天津大学，2009.

[167] Zahra S A, Nielsen A P. Sources of capabilities, integration and technology commercialization [J]. Strategic Management Journal, 2002, 23 (5): 377-398.

[168] 唐方成. 新技术的商业化战略 [M]. 北京：科学出版社，2010.

[169] Wang H, Smarandache F, Zhang Y, et al. Single valued neutrosophic sets [J]. Infinite Study, 2010 (12).

[170] Das S, Guha D, Mesiar R. Extended Bonferroni mean under intuitionistic fuzzy environment based on a strict t-conorm [J]. IEEE Transactions on Systems, Man, and Cybernetics: Systems, 2016, 47 (8): 2083-2099.

[171] Biswas P, Pramanik S, Giri B C. Some distance measures of single valued neutrosophic hesitant fuzzy sets and their applications to multiple attribute decision making [J]. New Trends in Neutrosophic Theory and Applications, 2016: 55-63.

[172] Gupta P, Lin C T, Mehlawat M K, et al. A new method for intuitionistic

fuzzy multiattribute decision making [J]. IEEE Transactions on Systems, Man, and Cybernetics: Systems, 2015, 46 (9): 1167-1179.

[173] Zavadskas E K, Antucheviciene J, Hajiagha S H R, et al. Extension of weighted aggregated sum product assessment with interval-valued intuitionistic fuzzy numbers (WASPAS-IVIF) [J]. Applied Soft Computing, 2014 (24): 1013-1021.

[174] Khalil A M, Cao D, Azzam A, et al. Combination of the single-valued neutrosophic fuzzy set and the soft set with applications in decision-making [J]. Symmetry, 2020, 12 (8): 1361.

[175] Lin J. Divergence measures based on the Shannon entropy [J]. IEEE Transactions on Information Theory, 1991, 37 (1): 145-151.

[176] Yager R R. OWA aggregation of intuitionistic fuzzy sets [J]. International Journal of General Systems, 2009, 38 (6): 617-641.

[177] Endres D M, Schindelin J E. A new metric for probability distributions [J]. IEEE Transactions on Information Theory, 2003, 49 (7): 1858-1860.

[178] Szmidt E, Kacprzyk J. Distances between intuitionistic fuzzy sets [J]. Fuzzy Sets and Systems, 2000, 114 (3): 505-518.

[179] Grzegorzewski P. Distances between intuitionistic fuzzy sets and/or interval-valued fuzzy sets based on the Hausdorff metric [J]. Fuzzy Sets and Systems, 2004, 148 (2): 319-328.

[180] Wang W Q, Xin X L. Distance measure between intuitionistic fuzzy sets [J]. Pattern Recognition Letters, 2005, 26 (13): 2063-2069.

[181] 李韬奋. 智能互联产品内容个性化对用户价值影响的实证研究 [D]. 西安: 西北工业大学, 2017.

[182] Allmendinger G, Lombregliar. Four strategies for the age of smart services [J]. Harvard Business Review, 2005, 83 (10): 131.

[183] 施华. 复杂不确定环境下可持续供应商综合选择模型与应用研究 [D]. 上海: 上海大学, 2020.

[184] 宋玮. 考虑行为的绿色供应商多属性决策研究 [D]. 西安: 西安电子科技大学, 2019.

[185] 袁文峰. 大型客机项目供应商管理若干关键问题研究 [D]. 南京: 南京航空航天大学, 2013.